前 言

近代欧洲文明是如何形成的

在我看来，文明主要体现在两方面：人类社会的发展和人类自身的发展；社会、政治上的发展和内部的、精神思想上的发展。——弗朗索瓦·基佐

本书根据基佐于 1828 年在巴黎大学时的授课讲义编译而成，基佐在本书中回溯了欧洲文明的进程，从罗马帝国的覆灭和蛮族的入侵开始，一直到 19 世纪。

欧洲文明自米诺斯文明始，迄今已有约 5000 年的历史，经过希腊的奠基、罗马的发展，逐渐有了近代欧洲文明的雏形。

476 年，西罗马帝国最后一个皇帝罗慕路斯·奥古斯都被罢黜，后世常将之视为西欧奴隶社会结束的象征。此后，罗马逐渐走向衰落，欧洲文明进入一个新的纪元。

大部分人都将近代欧洲文明视为古代希腊－罗马文明的直接延续，基佐在本书中对这一问题发表了自己的看法，从人文与社会的角度解释了近代欧洲文明体系的形成。他将近代欧洲文明的发展分为三个阶段：蛮族入侵到宗教战争（5 世纪到 12 世纪）；宗教战争结束与君主制崛起（12 世纪到 16 世纪）；文艺复兴开启，封建社会结束（16 世纪到 19 世纪）。

近代欧洲文明在罗马帝国的废墟上建立起来，是一种多元化的融合性产物，罗马帝国留下的市镇制度、蛮族入侵带来的封建制度以及基督教会为民众带来的心灵力量，等等，这些要素相互作用促进了近代欧洲文明的形成。

除此之外，他在书中还回顾了构成近代社会的主要元素，比如：封建贵族、教会、市镇和王权。他研究了这些元素或是相继发生，或是同时进行的发展过程以及这些元素在历史过程中衍生出来的变体。他探寻了在诸如宗教战争、16 世纪宗教革命和 17 世纪英国革命这类改变了世界面貌的大事件中，各个元素带来的影响。他非常详细地描述了在历史

另一半欧洲史

罗马帝国覆灭后的欧洲

A.D.500
——
A.D.1828

HISTOIRE GÉNÉRALE DE LA CIVILISATION EN EUROPE

弗朗索瓦·基佐——著
杨燕萍——译

中国画报出版社·北京

图书在版编目（CIP）数据

另一半欧洲史 / (法) 弗朗索瓦・基佐著 ; 杨燕萍译 . -- 北京 : 中国画报出版社 , 2022.3

书名原文 : Histoire générale de la civilisation en Europe

ISBN 978-7-5146-2063-4

Ⅰ . ①另… Ⅱ . ①弗… ②杨… Ⅲ . ①欧洲—历史—研究 Ⅳ . ① K500.7

中国版本图书馆 CIP 数据核字 (2021) 第 257848 号

另一半欧洲史

〔法〕弗朗索瓦・基佐 著 杨燕萍 译

出 版 人：于九涛
责任编辑：程新蕾
责任印制：焦　洋
营销编辑：孙小雨

出版发行：中国画报出版社
地　　址：中国北京市海淀区车公庄西路 33 号　邮编：100048
发 行 部：010-88417438　010-68414683（传真）
总编室兼传真：010-88417359　版权部：010-88417359

开　　本：16 开（787mm × 1092mm）
印　　张：21
字　　数：345 千字
版　　次：2022 年 3 月第 1 版　2022 年 3 月第 1 次印刷
印　　刷：运河（唐山）印务有限公司
书　　号：ISBN 978-7-5146-2063-4
定　　价：68.00 元

的进程中秘密发生的融合和内部的转变，描述了在中世纪互相争斗的各个元素如何逐步被瓦解，并最终分化成了近代社会中的两股重要力量——人民和政府。路易十四的统治以及他与威廉三世长期的对抗，还有18世纪的法国，这些一直都是欧洲文明的摇篮和核心，影响深远。

本书在新版编辑过程中，选取了大量历史同时期（5世纪到19世纪）的油画作品，包括宗教、人像、城市及战争等，以还原当时的景象。

本书是研究欧洲历史和文明史的重要书籍。短短几行字实在无法概括我们能从本书中学到的知识，敬请广大读者通过阅读来一探究竟。

目录

Content

第一讲 何为文明

HISTOIRE DE LA CIVILISATION EUROPÉENNE

欧洲文明史—法国在欧洲文明中的角色—文明能被叙述—文明是历史中最普遍的一个元素—“文明”一词最常见的含义—构成文明的两大因素：1.社会的发展；2.个人的发展—对于这一观点的论证—上述的两大因素相继产生且存在着必然的联系—人类所处的社会环境是否完全决定了他们的命运？—从两种视角来看待和讲述文明史—简单介绍课程计划—目前人类精神思想所处的状态以及文明的未来。

各位，你们的欢迎让我备受感动。我认为这说明我们之间一直存在着一种感应，即便我们分别了很长时间。这种感应一直存在着，今天我在这里就好像看到了七年前那一拨、那一代常常来听我讲座的人。抱歉，你们这么热烈的欢迎实在让我有些受宠若惊……我又回到了这里，我总觉得似乎所有的人和事也回到了这里，一切都没有改变。然而，一切都变了，先生们，一切都发生了巨大的改变！七年前，我们来到这里，心中怀着不安、伤感和沉重；我们自知周遭都是困难甚至是危难；我们感觉自己像是被卷入了某种邪恶，无论我们多么严肃、冷静、谨慎地去试图摆脱都无济于事。今天，无论是你们，还是我，都是满怀信心和希望，都是带着一颗和平的心和自由的思想而来的。我们只能通过一种办法来郑重地表示我们的感谢了，那就是在我们的会议和研究中保持冷静和谨慎，而我们之前也一直是这么做的，虽然我们常常担心因为某些束缚和阻碍，这种冷静和谨慎会缺席。请允许我这么说：机会这种东西是敏感而脆弱的；居安思危，我们在面对希望时的态度应该跟我们在面对恐惧时的态度是一样的，就如同人在康复期时要保持他在发病期时所有的那种谨慎。我很确信这一点你们以后就会明白的。我们之间的这种感应，这种意见、感受和想法快速且密切的匹配，曾在艰难时期将我们紧紧联系在一起，让我们不去犯错。在美好年代里，它依然会将我们联系在一起，让我们一同去摘取最美的果实。我对此坚信，我相信你们也是。如此，那我也就别无所求了。

从现在开始到学期末，我们的时间不多。我没有太多的时间去构思我要给你们上的这门课。我想了一下，如何在留给我的这有限的时间里把一个主题论述清楚。从文明发展的角度去看欧洲近代史，整体地介绍一下欧洲文明史的总体情况，包括它的起源、它的发展、它的宗旨以及它的特点。我认为在这个学期之内我们可以完成以上相关内容的讲授，于是我最终决定将它定为了我们这门课的主题。

说到欧洲文明史，很显然，欧洲文明史是真实存在的。欧洲各国各自的文明史表现出了某种统一性。虽然它们发生的时间、地点和背景大相径庭，但它们的起因十分类似，所遵循的思想或原则也基本一致，在各国历史中所导向的结果也几乎是一样的。因此我想把欧洲文明史作为一个整体来进行讨论。

另一方面，很显然，我们不可能在某一个欧洲国家和它的历史中找到所有的欧洲文明及其发展的整个历程。虽然欧洲文明史的确呈现出了某种统一性，但它的多样性也不可小觑；它所有的变化和发展并不是在某一个特殊的国家里完成的。它的面貌和特点是分散的：为了找到欧洲文明史中的各个元素，我们有时候需要去法国，有时候需要去英国，有时候是德国，或者是西班牙。

研究和学习欧洲历史时要摆正自己的位置。我们不能去取悦任何人，也不能去附庸自己的国家。我没有任何奉承的意思，但我认为法国曾经是欧洲文明的摇篮和中心。但如果有人说，法国在任何时候、任何领域都走在其他国家前面，那就太夸张了。在历史的长河里，意大利的艺术成就曾高于法国；英国的政治制度曾优于法国。也许，在某些时期或是从其他某些角度上来看，我们还能找到比法国做得更好的欧洲国家，但我们不能否认，在文明这一领域，法国一旦落后，马上就会重新振作，奋起直追，很快就能与其他

1807 年，安东尼 · 让 · 格罗的绘画作品《拿破仑在埃劳战场上》

国家旗鼓相当甚至超越它们。不仅如此，即使这些思想、这些文明制度，如果我可以这么说的话，是在其他国家孕育而生的，但如果想要让它们在别的国家进行传播，变得更有生命力、更普及，能够服务于全欧洲文明的发展，那它们还得经过法国。法国就像是它们的第二故乡，人杰地灵，它们从这里重新起航并征服了整个欧洲。各个文明要素和重要观点在世界各地的传播和发展几乎无一不经由法国。这都是因为在法国智慧中，有某种东西是利于交际、容易让人产生好感、能够更加快速且有效传播的：可能是语言，也可能是独特的思维方式或风俗习惯；更通俗的观点有利于大众传播，易于接纳。总的来说，法国和法国文明具有清晰、交际性强、能让人产生好感的特点，这些优点最终也让法国走在了欧洲文明的最前列。

因此，当我们想要研究欧洲文明史的时候，选择法国作为研究的中心绝对不是出于约定俗成或任意武断；相反，这种选择其实是将我们置于欧洲文明的中心，置于我们研究主体的中心。

在此，我要特意强调一下：文明跟其他的事物一样，是可以被研究、描绘和叙述的。

近来，我们强调历史事实及其传播的重要性，这也不无道理：没有比历史事实更真实的事物了。但实际上，我们还有更多的事实需要传播，它们各式各样，有一些我们在刚开始的时候甚至都不相信它们是真实存在的。有些事实是具体可见的，比如战争冲突和政府官方的文书；有些则是精神思想上的、被隐藏起来的，但它们同样也是真实存在的。有些事实是个人性质的，有它们自己的名字；有些则是大众性质的，没有具体的名字，甚至很难确定它们具体发生的年份和日期，但是，它们跟其他的历史事件一样，是历史不可分割的一部分。

实际上，我们习惯称为历史哲学的那部分事实、各个事件相互之间的关系、将它们联系起来的纽带、事件的起因和结果，统统都属于历史，它们跟外显性更强的事实，比如战争，并没有什么区别。当然，这一类的事实梳理起来要更困难一些，而且我们也常常会犯错。想要赋予这些事实以生机，将它们以清晰且生动的形式呈现出来是非常不容易的一件事，但这并不能改变它们的本质，它们也是历史重要的一部分。

文明史就是上述这种事实之一，是一种被隐藏的、复杂的、普遍的事实。我承认，想要去描述它是非常困难的，但这并不意味着它是不存在的，它有权利被描述、被传播。我们也许会对它有很多疑问，我们也许会想，它究竟是好的还是坏的呢。对此，有些人可能会遗憾痛心，有些人则会鼓掌称赞。我们也许会自问，文明属不属于普世事实，人类社会是否存在一种普世文明、一种共同的人类命运；在人类一代又一代的繁衍生息中，有没有某些东西能像存款一样，不但没有遗失，反而变得更多，并最终战胜时间，走到最后。对于我个人而言，我认为一种普遍的人类命运是真实存在的，我认为文明的跨代传播就像代代相传的存款，因此，我觉得撰写一本文明通史是可行的。如果我们不提那些既抽象又难以回答的问题，如果我们只关注某些时期或某些区域，只关注在某段时期或某些族群中发生的历史，很明显，文明在这些限制条件下有它自己的历史并且可以被描述和传播。我非常想告诉大家，文明史是最重要的一类历史，它囊括了其他所有类型的历史。

文明其实就是由其他事实汇集起来的一种广泛的、最终的事实，不是吗？你们仔细想一想那些构成了民族历史的事实，那些被我们习惯性地看作他们生活中固定部分的事实；想一想它的法规制度、它的工业、它的战争、它的政治中的所有细节。当我们想要从整体和相互联系这两个方面去观察、评价这些事实时，我们要怎么做？我们会去想，它们为民族的文明贡献了什么，它们在其中扮演了什么样的角色，它们参与了哪些部分，它们带来了什么影响。经过这么一思考，我们不仅能对这些事实有一个全面的看法，还能了解它们的真正价值，这就好像我们在计量汇入海洋的那些河流的水量一样。文明就像是海洋一样，是一个民族的财富，它汇集了人民的生活要素和生存力量。有些事实因为其自身有害的属性而被憎恶，因为它们给人类造成了沉重的负面影响，比如专制和无政府。但是，如果它们在某种程度上为文明的发展做出了贡献，让文明得以大步向前发展，那好，在某种程度上，我们可以替它们辩解，原谅它们不好的属性和它们犯下的过错。也因此，我们在探察到了文明以及使之丰腴起来的其他事实之后，很容易忘记人类曾为之付出过的代价。

有一些事实甚至都不属于社会范畴，而是属于个人范畴的。它们的着重点似乎是在人类的灵魂而非政治生活上，比如宗教信仰、哲学思想、科学、文学和艺术。这些事实作用的对象是人，或是为了使后者变得更完美，或是为了使其变得更有魅力，它们要达到的最终目的更多的是一种自我内部的完善或个人喜好的满足，而不是改善社会环境。而这些事实其实也需要从文明的角度去观察它们。一直以来，无论在哪个国家，宗教都自认为它教化了民众并引以为荣，科学、文学和艺术这些给人在智识和道德上带来快乐的事物也是如此。当人们发现这些事物确实值得赞颂时，便开始想着要去称赞它们、尊敬它们。于是我们看到，那些伟大、崇高、不受外界因素干扰、只与人类灵魂相关联的事物变得越来越重要，它们因为跟文明之间存在着某种联系而变得更加高尚。这就是文明给与其相关的事物的价值。不仅如此，当人们谈起上述的那些事物时，宗教信仰、哲学思想、科学、文学和艺术，我们会先从它们对文明的影响这一角度着手。这种影响在某段时期或某种程度上，甚至变成了判断它们价值和作用的决定性标准。

我再问一下，从它自身来看，这个如此重要、如此广泛、如此珍贵并集中表现了各民族人民生命和生活的事物是什么？

在这里，我尽量避免深究纯哲学的东西，也不会从某些理性原则去推出文明的本质属性——这种方法很可能会导致某些错误。我们在这里要谈论的只是一个需要去观察和描述的事实。

长期以来，在很多国家里，当人们在使用“文明”一词时，往往附加了一些或是比较明确，或是比较广泛的概念；但在使用这个词的时候，所有人都能理解对方要表达的意思。我们就先来研究一下这个词的含义，它广泛的、人文的、普遍的含义。实际上，相比那些在表面上看起来非常详细、在科学上非常严谨的定义，人类对那些含义广泛的词汇的常规理解涵盖了更多的真理。人类的常识赋予了这些词汇共同的含义，而常识是一种人类的智慧。一个词的共同含义是在事物出现后逐步形成的。当某个事物出现以后，人类可能会先用某个已知词汇来代指它，然后开始自然地接受它。慢慢地，词汇的含义变宽、变广，人类需要根据事物本身的属性，把不同的事物和不同的含义跟某一个词联系起来。相反，当我们用科学去给某一个词下定义的时候，这种定义是一个人或者一小群人的成果，发生在这些人身上的某些特殊事件不仅对他们个人的思想造成了影响，也会影响他们对于某个词的定义。因此，科学上的定义往往都更狭隘，也因此缺少了大众常识理解所拥有的那种真实。如果我们一开始就试着对“文明”一词做一个科学的定义看起来会比较详细清晰，但是，如果我们能把“文明”这个词的词义当作一个事实来进行研究，根据人类的常识去探寻它的所有含义，我们将会在对文明本身的理解上前进一大步。

在开始研究文明之前，我会先提出几个假设。我会描绘几种社会形态，然后我们一起来看看，人类广泛的直觉是否能够从中辨认出受到文明教化的人们处在什么发展阶段，看看它是否符合人类本能赋予“文明”一词的含义。

第一个假设：在这个族群中生活的人享有比较温和、便利的外部生活条件。他们的赋税不多，也不怎么受苦，在私人关系领域，正义可以得到伸张，用一句话来概括，从整体上看，人们享有的物质资料比较丰富而且能够被恰当地分配。但是，在这个族群里，文化和思想道德的发展受到了限制，比较迟钝，缺乏活力。注意我说的是受到限制而不是受到压迫，因为这里的人没有感受到被压迫。我们不是没有这样的例子。以前有很多小型的贵族共和国，在那里生活的人被当成牲畜一般对待。他们的确能得到照料，也不缺乏物质资料，但他们没有文化和精神道德上的创造活动。那么这还能算是文明吗？在这种环境下生活的人可以说自己是文明人吗？

第二个假设：在这个族群中生活的人物质条件没有那么好，生活也没有那么方便，不过也还算过得去。在这个社会里，人们在文化和精神道德上的需求没有被忽视，他们享有某种精神食粮，他们被灌输高尚、纯洁的情操，他们的宗教信仰和道德情操达到了一定的发展水平。不过在这当中，却有人费尽心机地要抑制自由在他们身上发展。的确，虽然他们在文化和精神道德上的需求能够被满足，就像在其他地方人们在物质上的需求可以得到满足一样。但是在这里，每个人对于真理该知晓多少都会被具体地衡量和估算，没有人可以自己去寻找真理。这种精神道德生活的特点就是停滞不前，一些地方很多居民都曾处于这种情况，人性发展受到了神权统治的抑制，印度教就是一个例子。在此，我要提出跟刚才一样的问题：在这种环境下生活的人可以说自己是文明人吗？

第三个假设，我们把条件的性质变一下：在这个族群里生活的人享有某种个体自由，但是这个社会极其杂乱无序，非常不平等。在这里，武力和运气才是王道。这里的每个人都一样，如果不够强大，就会被欺压，受尽苦难。这种社会的主要特点就是暴力。所有人都知道，欧洲曾经就经历过这种社会状态。这是一种文明社会吗？的确，在这当中也许有某些文明正在发展，但是，支配着这种社会的绝对不是我们人类常识所认为的那种文明。

第四个、也是最后一个假设。在这个社会当中，个人享有非常充分的自由，不平等现象在人与人之间很少出现，或者就算出现，也可能只是暂时的。每个人基本上都能做自己想做的事情，拥有的权势跟周围的人相比也都差不多。但是，在这个社会里，基本不存在广泛利益，几乎没有公共舆论，没有共同情感，也没有社会性。简而言之，在这里，个人的生存和生活是独立于他人展开的，相互之间没有互动和影响。族群的后代对于这种社会状态也是照单全收，不做任何改变。野蛮部落就是这样的，它的确有自由和平等，但是我们确定它没有文明。

我还可以做更多的假设，但是我觉得以上这些例子已经足以让我们明白文明这个词最普遍、最恰当的含义。

很显然，我刚才所提到的任何一种社会状态在人的常识里都跟文明搭不上边。为什么呢？我认为“文明”这个词首先应该涵括进步和发展这一事实（这是从我刚才给你们列举的假设中总结出来的）。进步和发展唤醒了行进中的人的意识，促使人类去改变现状而不是更换居住地，扩大并改善人类的生存环境。在我看来，进步和发展是文明这个词所包含的最根本的含义。

什么是进步？什么是发展？这才是最难回答的问题。

从词源学的角度来看，我们能得到清晰且满意的答案：它指的是公民生活的完善，确切地说是社会的发展和人际关系的发展。

这其实也是我们在提到“文明”这个词的时候，人的大脑的第一反应。我们马上就会想到社会关系的扩大，想到它最重要的影响以及它最好的组织方式：一方面是社会生产力的提高；另一方面是力量和物质资料得到更加均等的分配。

各位，这就是全部了吗？我们已经把“文明”这个词所有恰当的、惯用的含义都说尽了吗？它就没有别的含义了吗？

提出这些问题就好像是在说：归根结底，人类的生存空间不就是一个聚集了很多的人，讲求秩序，追求物质资料富足的社会吗？越是有大量的工作，劳动分配越是均等，人类就越是离达成目标、实现进步越近。

人会本能地抵触这种狭隘的对于人类命运的定义。在人的眼中，首先，“文明”这个词包含了某种更广泛、更复杂的东西，要高于单纯地完善社会关系、力量和社会财富。

这个词所包含的事实以及民众对这个词的普遍理解都跟人的这种本能是一致的。

举个例子，让我们一起看看共和时期美好年代的罗马。它结束了第二次布匿战争[①]，道德情操的发展到达了巅峰，正向着世界帝国的目标前进，它的社会明显处于进步当中。再看看奥古斯都[②]统治下的罗马，此时的帝国开始衰落，社会停滞不前，有害的道德准则处在肆虐的边缘。尽管如此，所有人都认为、都宣称奥古斯都时期的罗马比法布里基乌斯[③]或是辛辛纳图斯[④]时期的罗马更加文明。

再让我们去看看别的国家，看看17世纪和18世纪的法国，从社会角度来看，17、18世纪的法国在财富总量和分配上都不如其他的一些欧洲国家，比如荷兰和英国。我相信在荷兰和英国，社会活动的规模更大，增长更快，社会分配做得也比法国更好。但是，如果你们去问问你们的常识，它会告诉你们17、18世纪的法国才是欧洲文明程度最高的国家。整个欧洲都是这么认为的，我们在欧洲的文学作品中也都可以找到这种观点的踪迹。

我们还可以举出更多这样的例子，在某些国家，社会积累了更多的财

① 第二次布匿战争：布匿一词源于当时罗马对迦太基的称呼（法语写作Punique）。历史上古罗马和古迦太基为争夺地中海沿岸霸权发生过三次战争（前264—前146）。第二次布匿战争（前218—前201）是三次战争中最著名的一次。迦太基主帅汉尼拔率6万大军穿过阿尔卑斯山，入侵罗马。罗马则出兵马赛切断汉尼拔的补给。此时迦太基国内矛盾激发，汉尼拔回军驰援，罗马乘机进攻迦太基。迦太基战败，丧失了全部海外领地，交出了舰船，并向罗马赔款。

② 盖乌斯·屋大维·奥古斯都：罗马帝国的第一位元首，统治罗马长达40年，是世界历史上最为重要的人物之一。

③ 法布里基乌斯：古罗马早期英雄人物，公元前282年、公元前278年以及公元前273年曾任执政官，公元前275年任监察官。

④ 辛辛纳图斯：罗马共和国时期的政治家，曾任古罗马执政官。

富，增长更快，分配更合理；但是，在人本能的直觉和常识看来，这些国家的文明程度要低于其他一些在纯社会方面发展较差的国家。

究竟是什么以文明的名义给了这些国家这样的特权，弥补了它们缺失的东西，保留了它们在人们心中的形象？

有一个理由非常引人注目，那就是社会生活的发展：个人生活和个人内部的发展，个人才能、感知和思想的发展。当一个社会没有其他社会那么完美时，人性在这里会显得更加伟大和有力量。我们解开了大量的知识和道德难题，却还有很多的社会难题要去攻克。有很多人处于无钱无权的境地，但是也有很多人在这个世界上发光发热。文学、科学和艺术熠熠生辉。在世界各地，只要能够看到这束光，这束从人的本性里散发出来的、被歌颂的光，人类就能够去创造出这种可以带来崇高享受的宝藏。人发现并命名了文明。

因此，文明其实包含了两个层面，存在两种情况，并且以两种方式表现出来：社会活动的发展和个人活动的发展，社会的进步和人类的进步。一旦人的外部环境扩大、变得有活力、变得更好；一旦人隐藏的本质能够被展现出来，释放它的耀眼和伟大，哪怕社会处于非常不完美的状态，人类也会欢迎并拥抱文明。

如果我没有弄错的话，这就是我们简单地通过常识进行分析后得出来的结论，我觉得它是非常正确的。当我们去研究历史，去研究那些跟文明相关的重大事件的属性，或者去研究在我们看来促进了文明发展的那些事物的属性时，总能看到我刚刚所讲的那两个因素中的一个。我们总能看到一些跟社会或个人发展相关的重大事件，有一些事物总是能从内部改变一个人，改变他的信仰、他的习性、他的外部环境、他与同伴之间的关系，比如基督教。无论是在它刚出现的时候，还是在它出现后的前几个世纪里，它的作用对象都不是社会。它曾公开表示不会去改变当时的社会状态，它告诉奴隶要服从主人，它没有批判过任何当下存在的社会问题或不平等现象。但是，没有人

1847 年，托马斯 · 斯库尔绘画作品《颓废的罗马人》

在这幅画的中央展现了一群放荡的狂欢者，他们筋疲力尽、幻想破灭，但仍在唱歌跳舞。

斯库尔借此讽刺当时的法国社会，批评了法国在君主制下的道德败坏，其统治者因为一系列丑闻而名誉扫地

会去否认基督教是文明中的一个重大事实吧？为什么呢？因为它从内部改变了人，改变了人的信仰和感知；因为它塑造了智慧的、讲道德的人类。

我们常见的另一种性质的重大事件是作用于外部环境而非个人内在的，它改变并重塑了社会。这类重大事件对文明的发展同样也起到了决定性的作用。纵观历史，无论在哪个国家，那些促进了文明发展的重大事件无一不对社会或个人这两个方面产生了影响。

如果我没有弄错的话，这就是文明这个词最普遍、最恰当的含义。我不觉得这是我对文明一词的定义，我觉得这是我从整体上对它做出的一种比较全面的观察和描述。现在我们了解了文明的两大元素，那么，请告诉我，这两大元素中的任何一个能否独立构成文明呢？如果社会发展或者个人发展是独立存在的，那还会产生文明吗？人类能从中识

1846 年，埃斯基维尔的绘画作品《诗人聚会》

别出文明吗？或者说，这两大元素之间是否存在着一种紧密且必然的联系，相辅相成，即便不能同时出现，也是前后相继产生的？

我觉得我们也许可以从三个角度去处理这个问题。我们可以去研究文明这两大元素的本质，去看看它们是否是紧密且必要地联系在一起的。我们可以回溯历史，看看它们是独立于对方单独地出现的，还是一个接一个相继出现的。我们甚至可以问问大家对这个问题是怎么看的，问问我们的常识。我选择先从常识这方面着手。

当一个国家的社会环境发生了很大的改变时，财富和力量得到了极大的发展，社会财富分配有了革命性的转变，这种新现象的出现会遭遇反对者，会受到争议，这是肯定的。这些反对者会说些什么呢？他们会说这种社会环境的进步不会改善也不会给人带来同等的精神上的、内在的改变。支持社会发展的人则会积极地对此做出回击，他们认为，社会进步一定会带来精神道德上的进步；如果外部环境得到了改善，人的精神思想也会得到矫正，变得高尚、纯洁。以上就是社会新现象的出现会引发的争论。

如果我们把这个假设调转一下，假设精神道德先得到了发展。这时候，那些致力于发展精神道德的人都是如何承诺的呢？在社会发展的初期，那些力图去打磨、去校正社会风俗道德的宗教统治者、智者和诗人承诺过什么？他们承诺会改善社会环境，让财产分配更加平等。我问问大家，这些争论，又或者说这些承诺意味着什么？它们意味着人类本能地、自发地认为文明的两大元素——社会发展和精神发展，是密切地联系在一起的，只要能找到其中的一个，就一定能找到另一个。正因为人有这种本能的想法，所以会为了支持或反对这两种发展中的一种而肯定或否认它们之间存在的联系。我们知道，如果能够说服民众，让大家都认为社会环境的改善会阻碍人的内部发展，那么社会变革就会被贬低、被削弱；相反，如果有人向民众保证社会环境的改善会带来个人的完善，那么大家也都会倾向于相信这种承诺并对此大力鼓吹。很明显，一切都说明人类其实本能地相信文明的两大元素是相互联系并相辅相成的。

回溯一下世界历史，我们会得到同样的答案。我们会发现所有重要的人的内部发展都有利于社会发展，所有重要的社会发展都有利于人的发展。这两者之中总会有一个占主导地位，璀璨生辉，让整体发展具有某种独特的特点。偶尔也会出现在间隔了很久以后，在历经了成百上千的变化和阻碍之后，后出现的元素才得以发展并在某种程度上进一步完善由先出现的元素开启的文明发展。当我们仔细去观察时，就能找到它们之间的关联。天意在时间上是不受任何限制的，它在为某个事物的发生埋下了种子之后，并不急于一定要在第二天看到果实，有时候为了等待时机，熬几个世纪也是可能的。它的这种逻辑其实也不是没有道理，毕竟这样一来它就可以让人类慢慢地去接受这个事物了。天意在时间上是非常自在随意的，它在时间轴上如行云流水，就像是荷马故事中可以在空间上自由穿越的神一样。它每走一步，几个世纪就过去了。人类等待了多少个世纪，经历了多少重大事件才最终看到基督教对社会产生了巨大影响？但它最终的确是发生了，不是吗？

我们再从历史转移到文明两大元素的性质，得到的结果也还会是一样的。人人都有这样的经历。当在人的身上发生了某种精神道德上的改变时，当他被输入某种观念、某种德行或是某种才能时，简单来说，就是当他的个人得到了发展时，他最需要的是什么呢？他最需要的是把他的感知传递到外部的世界中去，是把他的想法付诸实践。一旦人掌握了某种东西，一旦他认为自己获得了新的发展，收获了新的价值，他就会立刻产生一种使命感，觉得自己被本能，被一种内部的声音逼迫着、推动着要去把自己的这种变化和提高拓宽，弘扬到自身以外的世界中去。那些伟大的革新者就是这样，他们在自身获得了改变之后，便被这种内在的需求驱动着改变了世界的样貌。这是在人的内部发生的变化，让我们再来看看另一种：社会发生了一场革命后，变得更加有秩序，权利和物资在群众中得到了更好的分配，换句话说就是这个世界变得更加纯净和美丽了。无论是政府的行为还是寻常百姓之间的关系都变得更好。你们认为这样的情况，这种外部环境的改善不会对人的内在，对人性造成影响吗？我们刚才假设的这些社会模板，我们讲的这些例子以及人的各种习惯都基于一个观点，那就是一个好的、合理的外部世界或早或晚会带来，或者至少可以说完善内在世界同等性质、同等重要性的改变；一个更好的世界、一个更加合理的世界会让人自身变得更加正直。内部世界随外部世界而变，外部世界也同样随着内部世界的改变而改变。文明的这两大元素是相互紧密联系在一起的，虽然它们有可能要历经诸多的变化才能彼此相会，但它们一定会相遇的，这是它们自然的属性，是历史的一般事实，也是人类出自本能的观念。

我并没有对文明这个事实做出详尽的解释，我只是用一种比较完整却不沉重的方式去向大家展现什么是文明。我认为我已经对它进行了描绘、限定，也提到了关于它的几个主要的、基本的问题。到此，我应该可以停下来了。但是，我还是想再提几个问题。严格来说，这些问题不算历史问题，我也不认为它们只是假设，它们更像是某种推测。对于这些问题，人类往往只能抓住它的其中一端，却总是够不着它的另一端，也不能把它的首尾连接起来。这些问题非常真实，不管人类的意愿如何，它都会随时出现在人们的眼前。所以，我们要好好地琢磨一下这些问题。

我们刚刚说了，文明由两大元素构成，即社会的发展和人的发展。那么它们当中哪一个是目的，哪一个是途径呢？难道人的全面发展——个人能力、感知、思想、整个人，是为了完善他所处的社会环境和他所生活在的这个地球吗？还是说，社会环境的改善、社会的进步，还有社会本身都只是为个人的发展提供平台、场合和动力？简而言之，到底是社会为了服务个人而进步，还是个人为了服务社会而成长呢？想要回答这个问题，还要看人类命运是否完全是纯社会性的，要看社会是否占据了人的全部，又或者人本身是否具有某种不寻常的、高于肉体存在的东西。

我有一位朋友，我很荣幸能跟他成为朋友。他参加过很多像今天这样的会议，更是众多很厉害、讨论很激烈的会议上的常客。无论到哪儿，他说的话都有很重的分量，他就是罗耶·科拉德先生。罗耶·科拉德先生曾经回答过这个问题。他在他关于圣物亵渎法案的讲话中，表露了自己对这个问题的看法。我在他的一篇讲话中找到了下面这两句话："人类社会在地球上诞生、发展、死亡，如此这般完成了它们的命运……但人不是这样的。人一旦参与了社会改造，他就能留下他身上最宝贵的那个部分，那些他为了贴近未来、靠近未知世界里的未知财富而发掘出来的高等能力……我们都是个体的人，我们都一样，我们是真正拥有永生这一天赋的生物。我们的命运跟国家的命运不一样。"

还有一个问题，我只是把这个问题提出来，不会对它做任何补充。这个问题会在文明史的结尾中出现：等到文明史干涸，等到现实生活不再有什么可以谈论的事物的时候，人会不会去思考是否所有一切都已经竭尽、都已经走到了尽头？这就是我提出的最后一个问题，也是文明历史导向的最高层次的一个问题。我要做的只是告诉大家这个问题很重要。

根据我刚才所说的，很明显，文明史这个主题有两个源头可以挖掘，可以用两种方式来处理，可以从两个方面来观察。人类的灵魂和精神也可以有历史，它发生在一定的时间段里，发生在某几个世纪中，发生在某个特定的族群中。我们可以去研究、描绘和传播人内在完成的所有改变和变革，我们只要这么去做，最终就会得出我们所选定的时间范围内的某个族群的文明史。我们也可以换种方法：以世界为中心，描述外部事实、重大事件和社会变革而不是人类在思想和感知上的变化。这两个部分、这两种文明史是相互紧密联系的，它们互为明镜，互相映照出对方的模样；它们也可以是互相分开的，甚至在刚开始的时候它们必须是分开的，因为这样我们才能清晰、详尽地看到它们中的每一个。我没有打算跟大家探讨人类精神内部的文明史，我要讲的是社会的、可见的外部世界的历史。所以在这之前，我跟大家解释了我所认为的文明：它的复杂以及它的广博。我还向大家提出了一些比较高深的问题。现在，我要把我想探讨的领域缩小，缩到最小：我只打算讲社会历史。

我们先从罗马帝国的覆灭开始，去欧洲文明史的摇篮里寻找所有的元素，然后我们再通过这些文明的碎片仔细地研究出社会原本的样子。我们要尽力把这些元素一个个重新立起来，等把它们都立起来了之后，我们再试着让它们走起来，这样我们就可以跟随它们一起穿越它们所经历过的15个世纪了。

我们一旦开始这项研究就会发现，其实这个文明开始得比较晚，我们还无法估量它的整个历程。 显然，人类现在的精神思想状态跟它可能成为的样子相差甚远。我们还尚未能够拥抱整个人类的未来。我觉得我们每个人可以潜入自己的思想深处，去思考一下自己想象中期望可以获得哪些好处，然后再把自己想象的跟已经存在的东西进行比较，如此这般，我们就会发现这个社会和这个文明都还很年轻，虽然它们已经走了很长的一段路，但是它们还有更多的任务要去完成。尽管如此，我们还是可以开心地对我们现在所处的阶段进行观察和回顾。我会带你们回溯15个世纪以来欧洲文明史上的重大事件，然后你们就会知道，在我们之前，人类的生存环境是多么的艰难、动荡和严峻，社会和外部世界如此，内部的精神生活也如此；在这15个世纪中，人类的精神世界和生存空间遭受着同样的磨难。你们也许会第一次感受到，虽然人的精神思想还没有到达完美的状态，但是，和平、和谐的思想占据了主流，社会也取得了重大的进步。跟之前相比，现在人类的生活环境是温和的、公平的。我们甚至可以用卢克莱斯的诗句来形容我们现在的处境：

1607—1650 年间的绘画作品《科学与艺术》
当时的贵族正在研究航海图

当风暴来临、海水呼啸

我等岸边注视，惬意且无险

我们也可以比较谦虚地用《荷马史诗》里斯忒涅洛斯的话说：

感谢上苍让我们现在拥有的比先辈们的更好。

然而，我们还是要当心一些，不要过分沉迷于我们现在的幸福和进步，那样会使我们掉入两大危险的陷阱：傲慢和懦弱。我们可能会对人类精神思想的强大和成功，对我们目前掌握的学识和拥有的智慧保有极度的自信，但是同时，我们也会为了生活中的甜蜜而苦恼。各位，我不知道你们会不会跟我一样震惊，但是在我看来，人总是浮游于为一点小事而抱怨和极容易满足这两者之间。在精神上、面对欲望或是在想象的过程中，我们思想敏锐，我们有无尽的要求和无穷的野心。但是，当我们在面对现实生活的时候，当我们不得不费尽心力、做出牺牲、努力实现目标的时候，我们的双臂却常常因为疲惫而垂了下来。我们很容易去责备自己，就像我们不耐烦地在渴望某种东西一样。我们一定要小心，不要受到傲慢和懦弱的侵扰。我们不能自欺欺人，我们要养成一种习惯，遵守文明本身的规则，好好地思考一下什么东西是我们可以用自己的力量，凭借自己的能力，用科学的方法去合法、正确、长期地获取的。虽然我们口头上会批判，内心也很鄙夷，但有时候我们似乎还是会不自禁地去维护那种野蛮欧洲的观念和手段，比如四五百年前很常见的武力、暴力和谎言。但是，一旦我们屈服于这种欲望，就会发现自己身上根本没有那个时代的人所拥有的那种毅力和那种野蛮的精力，毕竟那个时代的人遭受着巨大的痛苦，对自己所处的环境极度不满，拼命地想要从中解脱。而我们对自己所处的环境是比较满意的，时机尚未成熟，我们还不能放任自己的欲望。得到多少好处就要付出多少代价，我们今天的行为都将成为我们子孙后代的债务。无论民众还是政府，都应该接受讨论、审查，负担起责任。让我们坚定地、忠实地坚持文明、正义、合法、公开和自由的原则。永远不要忘记，当我们不留分毫地去攫取眼前的一切时，整个世界都在看着我们，我们终将因此受到评判和抨击。

第二讲　古罗马文明在近代欧洲的遗珠——市政体系

UNITÉ DE LA CIVILISATION ANCIENNE

古代文明的单一性—近代文明的多样性—优势—罗马帝国覆灭时的欧洲景象—市镇的优越性—帝王们政治改革的尝试—霍诺留和狄奥多西二世的行政文书—帝国之名的威严—基督教会—基督教会在5世纪经历的不同阶段—掌管市镇事务的教会人员—教会正面和负面的影响—蛮族—蛮族为近代社会带来了两种元素：个体自由和为他人奉献—总结5世纪初始阶段的各个元素。

关于我要给你们上的这门课，我有点担心它会有些问题。首先，由于我们需要把一个很大的主题限定在我们要讨论的范围内，所以篇幅上它可能会显得有点长，但内容上又会有点过于简明。有时候我可能不得不多留你们几分钟，或者有时候我只能跟大家讨论一些必要的重点内容。如果你们当中有人需要更进一步的解释，有什么疑问，或者是对我说的内容有什么看法，我希望你们可以以书面的形式告诉我。如果有人希望自己提的问题得到答复，那请在课后留下来，我会非常乐意、尽我所能地回答你们的问题。

可能还有一处不便，那就是有时候我可能没有办法对我的观点一一进行论证，原因跟刚才一样，还是因为留给我的时间太短了。有些想法和观点可能需要一些时间才能对它们进行论证。虽然很抱歉，但有时候大家还得暂且赞同我所说的话。真没想到我居然有机会向你们提出这样一种考验。

在前一讲中，我从整体上解释了文明的含义，我没有谈到任何一种特定的文明，对时间和地点也没有做任何限制，只是从一种纯哲学的角度对文明这一事实本身进行了讨论。今天我就要开始讲欧洲文明史了，在开始之前，我想先从总体上给你们介绍一下欧洲文明独特的特征。我很想向你们清楚地描述它的特征，让你们能将它跟世界上其他的文明区分开来。我会试一试。我也只是说说而已，但或许我可以非常精准地描绘出欧洲社会，让你们能一眼就认出它，就像认出一幅肖像画一样。我是不是不应该这么自信啊？

当我们去观察出现在近代欧洲以前的那些文明时，无论是亚洲文明还是其他地区的文明，甚至是希腊文明和罗马文明，我们一定会被它们的一致性所震撼。这些文明似乎源于同一个事实，来自同一种观念；社会似乎被同一个原则支配着，而这个原则决定了制度、道德、信仰，也就是所有一切的发展。

比如，在埃及，神权观念支配了整个社会，这一点在它的习俗、纪念物以及埃及文明的遗迹上都有所体现。同样，在印度，你会发现它的社会基本上也是神权独统。在某些地区，我们能观察到另一种组织方式——种姓制度。权力这一观念充斥了整个社会并将它的规则和特点强加给了社会。在另一些地区，民主观念在社会上得到了发展，小亚细亚和叙利亚一带，伊奥尼亚（也译作“爱奥尼亚”）和腓尼基地区都曾发展过商人共和制。简而言之，我们在观察古代文明的时候，会发现它们往往在制度、观念、道德习俗等方面有同样的特点；一种独特的力量，或者说是一种具有强大优势的力量统治并决定了一切。

但这并不意味着这些文明一直都保持着这种在形式和观念上的一致。如果我们追溯到更早的历史时期，就会发现各种元素曾经为了独占帝国而相互争斗。比如，在埃及、伊特鲁里亚，甚至是希腊的社会中，武士阶层曾与教士阶层对抗；在别的地方，氏族观念曾与自由结盟观念针锋相对；等等。只不过，这些争斗都只在历史上留下了模糊不清的印记。

这种斗争时不时会发生在民众的生活当中，但几乎总是很快就结束了。在这些为了独霸帝国而相互争夺的元素中，会有一种元素快速地赢得斗争并独占整个社会。战争的结束往往是因为某个元素取得了绝对的或者至少应该是重要的胜利。在人类历史中，这些元素的共存和争斗都不过是一种短暂的危机，一种偶然事件。

因此我们说，大部分的古代文明都有一种惊人的单一性。不过，这种单

1786 年，休伯特·罗伯特的绘画作品《加尔省的桥》

一性所导向的结果千差万别。在某些地方，比如在希腊，社会元素的单一性带来了极其快速的发展。从来没有任何一个民族能在这么短的时间里拥有如此辉煌的发展。但在这惊人的发展势头过去之后，希腊突然疲态尽显，很快就衰落了，不过它衰落的速度倒是没有它发展的速度那么快。希腊文明的创造性似乎已经耗尽，但却没有任何事物能够去帮它补充能量。

在其他地方，比如埃及和印度，文明的单一性则导致了另一种结局：社会因此进入了一种平稳的状态。是的，这种单一性为它们带来了单调统一，国家没有被摧毁，社会照常运转，只不过一切都处于一种静止的状态，像被冻住了一样。

我们需要去探索古代文明史中各种元素所具有的这种排他的属性。社会只能专属于一种元素，其他元素的存在是不被允许的。任何有些许不同的元素都会被禁止、被驱逐。占主导地位的元素从来不允许其他元素出现在它身边或是在它的周边活动。

这种文明的单一性也反映在文学和其他的人类创造中。你们看过最近在欧洲很流行的印度文学作品吗？我们很容易就能发现它们的故事情节中都带有某种独特的印记，它们似乎受同一种元素的影响，表达了同一种思想。无论是宗教作品、道德著作，还是历史习俗、戏剧诗或史诗，全都被打上了同样的烙印，不仅如此，我们在一些重大事件和规章制度中也能观察到这种单调统一。甚至在希腊，在最富饶的人类智慧中心，我们也会看到它的文学和艺术呈现出这种单一性，这在希腊还是很少见的。

这与欧洲近代文明可完全不同。我们抛开细节来看看欧洲近代文明。调动一下你们的记忆，观察一下你们眼前的景象：各式各样的元素，混乱模糊、动荡不安。在这里同时存在着形形色色的社会组织思想和形式；精神世界和世俗世界的统治力量、神权统治思想、君主制度、贵族制度、民主制度，还有所有的社会阶级和阶层都相互地交织在一起。这里的自由、财富和

1745—1750 年间，乔瓦尼·保罗·帕尼尼的绘画作品《与传教士罗马废墟中的建筑随想》

权势是无穷无尽的。各种元素相互之间处于一种长期斗争的状态，没有任何一种元素能够成功地扼杀其他元素，独占社会。在古代欧洲，每一个伟大时代下的社会似乎都被扔进了同一个模子里：占统治地位的或者是绝对君主制，或者是神权制，再或者就是民主制，不过它们每一种都能在一定的时期里全面地占据上风。所有的制度都在近代欧洲出现过，近代欧洲做过所有社会组织形式的尝试。混合或绝对君主制、神权制、多少带有贵族色彩的共和制曾经同时存在于近代欧洲的社会中，虽然它们形式多样，但它们有某种相似的地方，就像是出自同一个家族。这一点是毋庸置疑的。

欧洲的思想以及它对事物的感知也一样，种类繁多，相互竞争。各种类型的思想，神权的、君主的、贵族的、群众的，相互交织，相互争斗，相互制约，相互改变。如果我们去翻看中世纪那些最大胆独到的作品，会发现在那个时候，一种思潮只有在它光芒散尽之后才会被另一种思潮替换掉。突然之间，绝对权力的拥护者在他们不知情的情况下做了让步，他们能感觉到周围有某些思想和势力在妨碍他们，阻止他们一直走下去。对于民主主义的拥护者而言，情况也是一样的。在古代文明中，这种难以动摇的大胆和这种逻辑的盲目性无处不在。这时候人的感知也一样，变化莫测，充满矛盾：积极渴望独立的同时又很容易附庸；人与人之间存在着忠诚，虽然这很少见，同时每个人又迫切地想要按照自己的意愿行事，摆脱所有的限制，独自生活而不用为任何人担心。无论是人的精神思想还是整个社会，都充斥了各式各样的元素，动荡不定。

欧洲近代的文学作品中也有同样的特征。我们不得不承认，从形式和美学上来看，近代文学可能不如古代文学。但是从深层的情感和思想上来看，它们更强大、更丰富。我们知道，人类的灵魂是朝着更多面以及更深处发展的。形式上的不完美也许也是因为这个原因：材料越是丰富，就越是难以将它们用简单的、纯粹的形式表现出来。在艺术作品中，所谓的创作之美就是格式、形式，是作品的清晰、简洁以及和谐统一。近代欧洲文明的思想和感知具有极为丰富的多样性，很难做到这种简单和清晰。

但这就是近代历史的主要特点。也许，当我们逐个去观察人类在文学、艺术或者是其他领域这样那样的发展时，会觉得它的发展跟古代文明的相比起来要逊色一些。但当我们把眼界放开一些，就能看到近代欧洲文明比其他文明要丰富得多，它带来了更多多样性的发展。而且我们要注意，它延续了15个世纪而且仍然处在一个持续发展的状态。它的前进步伐也许没有希腊那么快，但它并没有停止发展。它自己能隐约地看见前面还有很长的路要走，随着它的发展越来越自由，它的速度也一天比一天快。相比之下，在其他文明当中，某种形式、某种元素的绝对地位或是绝对优势最终导致了专制。在近代欧洲，社会元素各式各样并且互不排斥，最终催生出了如今占据着主导地位的自由观念。由于各种元素还没有到达自我消亡的阶段，所以它们不得不共同生存在同一时空并相互进行着某种交换和融合。在这里，每种元素都只会去谋取它可以获得的那一部分发展；在别的地方，单一元素的绝对优势往往会导致专政。在欧洲，文明的多元化带来了自由的观念，这种观念的最终产生源于之前各种元素的不断争斗。

这才是一种真正的、巨大的优越性。如果我们再继续延伸，如果我们超越外部事实，深入事物的本质，我们就能看到，无论从理论上还是从事实上来看，这种优越性都是合情合理的。让我们先暂时把欧洲文明放一放，看看整个世界，看看世界万物的整个发展历程。这个世界是什么样的？它有什么样的特点？世界的发展一定也离不开各种元素的多样性，它也同样经历着各种元素之间的争斗，就像我们在欧洲文明中看到的那样。显然，还没有某一种元素、某一种特殊的组织方式、某一种思想或者是某一种特别的势力可以将它的对手完全剔除在外，征服世界，一劳永逸地塑造世界、统治世界。各种势力、各种思想、各种制度混杂在一起，不断地相互制衡、相互斗争，有时占上风，有时失势，从来没有绝对的赢家或输家。这就是世界发展的整体情况：各种各样的形式、思想和假说，它们在相互争斗的同时又朝着某种一致性而努力，人类也倾向于用自由和劳动去促成这种一致性，虽然这个目标可能永远无法达成。所以可以说欧洲文明史忠实地反映了世界文明史整体面貌：跟世界所有事物的发展一样，欧洲文明史不是狭隘的，也不是孤立的，更不是停滞不前的。我第一次觉得欧洲文明没有了它的独特性，因为它跟世界文明一样，历经了长时间的发展，变得丰富多彩。

也许我们可以说欧洲文明其实已经走入了一种永恒的真理，它的结局自有天意。这也就合理地解释了它所具有的优越性。

我希望你们在听我的课的时候，能记住欧洲文明这种基本的、特殊的特征。我今天就只说到这儿，事实的发展会向你们说明我这么说的原因。如果我们能在欧洲文明的起源中发现我刚才提到的那些动机和因素；如果我们能在欧洲文明的开端，在罗马帝国衰亡的那一刻，在世界文明中，在欧洲文明的各个组成元素中找到那种独特的、不安定的、生命力极强的多样性，那我刚才讲的那些话也就算是得到了某种印证。我会跟大家一起去探索；我会分析罗马帝国覆灭后欧洲的面貌；我会在各种制度、信仰、思想和感知中去寻找，看看哪些元素是旧世界留给近代世界的。如果在这些元素中，我们能发现我刚才描述的那种特征，那你们应该会进一步认同我的观点。

首先，我们要明白什么是罗马帝国以及它是怎么形成的。

罗马以前只是一个市镇，罗马政府也只是一个可以满足市镇居民需求的一切组织机构的总和。罗马的组织机构以市镇为中心，这是它独特的地方。

但这不是罗马独有的：我们可以看到，在意大利，同一时期在罗马周边，到处都有市镇。那个时候所谓的族群，其实就是几个市镇组成的联盟，拉丁语族就是由几个拉丁语市镇组成的联盟，古意大利民族中的伊特鲁里亚人、萨谟奈人和萨宾人也是这样的。

那个时候没有乡村，换句话说，那个时候的乡村和现在的乡村完全不一样。过去的乡村必须有耕地，人口不多；乡村的主人是市镇的居民，他们前往乡下是为了看护在乡下的财产，这些人通常还拥有一定数量的奴隶。而我们现在所说的乡村，人口分散，有的人住在与世隔绝的独栋房子里，有的人则在村庄里过着群居的生活，这在古代时期的意大利是不存在的。

罗马的领土在不断扩大，它都做了些什么呢？翻看它的历史，我们会发现它或是在征服，或是在建立市镇。它与市镇为敌，又与市镇缔结联盟，在市镇中建立新的殖民据点。罗马征服世界的历史就是它征服和建立大量市镇的历史。在东方，罗马帝国势力的外扩并不完全具有这一特征：东方的人口分布与西方不同；由于受到不同的社会制度的制约，在那里，市镇人口的密度比西方要低得多。因为我们要讨论的是欧洲范围的问

约 1638 年，维维亚诺与多梅尼科合作的绘画作品《罗马圆形剧场透视图》

1640年，阿尼埃洛的绘画作品《马戏团中的罗马士兵》

题，所以就不对东方的情况做更多的解释了。

如果把讨论范围限制在西方，我们就不难发现，刚刚我讲的那些情况随处可见。高卢和西班牙都有市镇，而在市镇之外的地方都被沼泽和森林覆盖。再仔细看看罗马的纪念碑和道路的特点。在罗马，有很多宽阔的道路将各个市镇连接起来，而现在众多的小路横七竖八地遍布在它的领土上，这在以前是没有的。中世纪以后，无数的小纪念碑、村庄、城堡、教堂被修建起来，散布在这个国家的各个角落，但最终被保留下来的只是部分体态庞大的建筑。这些建筑具有市镇的特点，它们是为这个市镇众多的或者说是密集的人口而建立的。从某种角度来看，罗马社会只有市镇、没有乡村是它的一个优势。显然，罗马的这种市镇特点造就了它的国家团结，成就了它的社会联系。要知道，团结和社会联系是极难建立和维系的。像罗马这样的市镇完全可以去征服世界，毕竟建立和管理罗马本身要难得多。另外，当帝国成形，当整个西方和大部分东方都被罗马统治的时候，我们会看到数量惊人的市镇和小国家为了保持独立而分裂、疏远，甚至四处逃窜。这成为帝国——一种更加集中的统治形式——之所以诞生的原因之一，它更有能力将一些支离破碎的元素聚集起来。帝国曾经试图把统一和联结带到这个分散的社会中，它在某种程度上也的确做到了。从奥古斯都到戴克里先①的统治期间，民法在罗马得到了发展；同时，一个巨大的行政专制体系被建立了起来，官员按等级次序被分配安排并组成了一张网络，遍布整个罗马世界；这些官员或是相互之间有联系，或是跟皇家朝廷有关联，他们的任务就是向社会传达统治权力的意愿，向统治权力传递来自民间的贡品并在社会上为统治权力招兵买马。

这种统治体系不仅成功地将罗马世界的所有元素整合、涵括在一起，而且还轻而易举地将专制和中央集权的思想灌输给了人民。我们会惊讶地发现，对神圣不可侵犯的、令人敬畏的、独一无二的帝王陛下的尊敬很快就在这个由小型共和国勉强组成的整体里，在这个由市镇组成的联盟里蔓延开来。那个时候需要建立某种能把罗马世界各个部分连接起来的纽带，这样的话，那种对于专制的信仰和专制的观念才能够轻松地融入到人的思想里。

罗马帝国在与它内部的分裂势力和蛮族的入侵进行抗争的时候，有它自己的信仰，有它自己的行政组织方式和军队管理系统。它抗争了很久，尽管一直在节节败退，但还是一直在顽强地抵抗着。后来分裂势力占了上风，无论专制统治还是强制奴役都无法再继续维持这个偌大的帝国。我们看到，4世纪的时候，整个帝国被分裂、肢解，蛮族从四面八方侵入，各行省不再做任何抵抗，也不再顾虑罗马世界的整体命运。这时候，某些帝王的脑中开始出现一个特别的想法，他们想要试试看对于广泛自由的向往，一种联盟，一种类似于我们今天所说的代议制政府是否能够比专制政府更好地守护帝国的统

① 戴克里先：罗马帝国的皇帝，于 284 年 11 月 20 日至 305 年 5 月 1 日在位。他结束了罗马帝国的第三世纪危机（235—284 年），建立了四帝共治制，并使其成为罗马帝国后期的主要政体。

一。霍诺留和狄奥多西二世[①]在418年向高卢行政长官发布了一则法令，主题就是打算在高卢的南部地区建立某种代议制政府，希望借此维持罗马帝国的统一。

（基佐先生朗读了这则法令）

帝王霍诺留和狄奥多西二世，于418年，对现居于阿尔勒的高卢行政长官下达指令。

“霍诺留和狄奥多西·奥古斯都，令高卢行政长官，阿戈里戈拉。

“为了共和国更好的发展，顺应民众的意愿和要求，我们在此宣布以下措施，七行省[②]所有的居民都必须遵守，以保证它们能够具有永久的法律效应。鉴于各省和各市镇出于公共或私人目的，经常派遣相关负责人员或特别议员前往贵省附近，或是为了汇报，或是为了处理跟土地资产相关的事务，因此我们认为可以从今年开始，每年都定期为七省人民在阿尔勒举行一次大会，通过这个大会，我们既可以满足个人利益，又可以满足公共利益。首先，会议可以聚集各省的重要人士和省长，经过对每个议题的讨论，我们可以给出最好的意见。经过充分讨论之后决定的事情七省必须知晓，没有参加大会的行省也必须遵守同样的规章条例。此外，我们认为下令要求每年在君士坦丁大帝之城[③]召开大会不仅有利于公共利益，还能丰富社会联系。阿尔勒这座城市的地理位置非常好，有很多外国人来到这里，它与多个国家都有贸易往来，我们在这里能看到各种在别的地方被创造或制作出来的东西。这

① 霍诺留是西罗马帝国皇帝，在位时间为393年至423年。狄奥多西二世是东罗马帝国皇帝，在位时间为408年至450年。他于438年将帝国的法律汇编成了《狄奥多西法典》。

② 包括维也纳行省、上阿基坦行省、下阿基坦行省、新民族领地行省、上纳博讷行省、下纳博讷行省、滨海阿尔卑斯行省。

③ 君士坦丁大帝非常喜欢阿尔勒这个城市，于是他将高卢行政长官的官邸设在那里；他还想使该市改用他自己的名字，但他的这个愿望没能达成。

里充斥着在富饶的东方、芬芳的阿拉伯、精致的亚述、肥沃的非洲、美丽的西班牙和勇敢的高卢生产的最有名的物品，这些在世界各地闻名遐迩的物件在阿尔勒很常见，就仿佛它们是在阿尔勒生产的一样。罗讷河最终要汇入托斯卡纳的海洋，沿途的国家成为彼此的邻居。大地给了这座城市最好的一切，世界各地的特产通过陆运、海运、河运，靠着桨帆和马车被运输到了这里，所以，我们下令在这座城市里，在这座从某种程度上获得了上帝的眷顾、享有生活和贸易上的便利的城市里召开大会，难道不是一件普惠大众的事吗？

“之前，杰出的省长佩特罗尼乌斯[①]就曾打算下令这么做。但是因为当时的疏忽和篡位者的上位，这个计划被打断了。我们决定重新开始实施这项规定。因此，敬爱的阿戈里戈拉和伟大的阿尔勒市，希望你们能遵守我们现在颁布的，同时也是你们的前任省长颁布过的这条法令和以下规定：

“我们会通知所有重要的公职人员或土地领主，告诉行省的所有法官，让他们每年在八月到九月之间，前往阿尔勒参加会议，召集和开会的时间可以自行决定。

“新民族领地行省和下阿基坦行省因为地理位置偏远，所以如果它们的法官因为必要原因无法参会，可以按照规定，由议员代表参加。

“忘记在规定时间前往指定地点参会的人要支付罚金，法官是五个金里弗儿，市镇议员和其他人为三个金里弗儿。

“我们相信，这项措施能给各个行省的居民带去极大的便利和好处。我们，还有我们的贵族兄弟也坚信，这项举措会给阿尔勒增添光彩，让它的人民更忠诚于它。

“发布于5月15日，阿尔勒于6月10日收到。”

① 佩特罗尼乌斯曾于402年至408年担任高卢的行政长官。

然而，各行省和市镇都拒绝了这份恩惠，没有人愿意提名议员，也没有人愿意去阿尔勒。集中统一与当时的社会本质属性相对立，以各地区和市镇的利益为主的思想在全国死灰复燃，想要重建一个集体社会、一个整体国家，显然是不可能的；各个市镇都将自己封闭在已有的领地之内，不跟其他市镇有任何来往。帝国垮了，因为没有人愿意成为帝国之子，因为所有人都只想当各自市镇的子民。于是，我们看到罗马帝国在衰落的时候，它刚诞生时所拥有的那些特点再一次出现，市镇优先的思想和制度占据了主导地位。罗马世界又回到了它最原始的状态，回到了那个只有市镇的状态。帝国解体了，但市镇还在。

市政体制就是古罗马文明给近代欧洲留下来的遗产。跟刚出现的时候相比，它变得不太稳定、很脆弱，大不如前，但它的确是罗马世界仅剩的、发展成熟的一种元素。如果我说它是唯一的，好像也不太对。另一个元素，另一种观念也存活了下来，那就是帝国，帝王的名字，皇帝陛下，神圣的、帝王的绝对权力。罗马文明把这些元素传给了欧洲文明：一方面，欧洲文明里也有市政体制及与其相关的惯例、规则、范例和自由原则；另一方面，欧洲文明里也有广泛的、通用的民法和诸如绝对权力、神圣的陛下、帝王的权力这种体现了秩序和奴役思想的元素。

但是，在罗马社会中同时还形成了另一种完全不同的社会，它依据了跟上述不同的原则和感知，给近代欧洲文明带来了另一种性质的元素，我指的是基督教会。我要说的是基督教会，不是基督教。从4世纪末5世纪初开始，基督教就不再只是一种个人信仰，而是一个组织。它被建立以后，有自己的最高行政机构、教士团体和等级制度，它根据等级的不同来决定教士的工作任务、收入以及独立活动资金的分配；大社会里有的那些联结点它也有，比如，它广泛地在全国和各行省都设立了主教会议，它有让大家来共同处理社会事务的习惯。简单来说，在这个时期，基督教不仅是一种宗教，还是一个教会团体。

我不知道如果不是教会的话，罗马帝国在衰落的过程中还会出现什么新的元素。我在这里主要关注的是人的动机，对非常规的偶然情况先不做讨论。如果基督教跟它在初始阶段的时候一样，只是一种信仰、一种感知、一种个人的信念，那它可能会抵挡不住帝国的解体和蛮族的入侵。但后来在亚洲和北非，虽然基督教已经是以组织形态存在的成熟的教会，但它还是没能抵挡住同样性质宗教的入侵。这种情况其实也很有可能发生在罗马帝国覆灭的时候。那个时候不像现在，各种精神道德思想只能通过团体组织产出并传播，没有任何一种纯粹的真理或思想能够深刻地影响人的精神世界、控制人的行为活动并决定事件的发展。在4世纪的时候，人类的思想和感知还不具备这种权威。很显然，只有当社会处于高度组织和管理的状态下，教会才能抗住这样的灾难，从风暴中脱身。我甚至可以说，在4世纪末5世纪初的时候是基督教会拯救了基督教。教会靠它的组织机构和行政人员，用它的权力与帝国内部的分裂势力和帝国外部的蛮族力量进行激烈搏斗，并最终战胜了蛮族，成为连接蛮族文明和罗马文明的纽带。要想弄清基督教对近代文明的影响以及它为近代文明带来了什么，必须观察5世纪时教会所处的状态，而不是宗教所处的状态。那么，那个时候的基督教会是什么样的呢？

我们还是从人这个角度出发，去仔细观察基督教发展过程中发生的各种革命，从它诞生的时候开始一直到5世纪；仅仅把它当作一个社会，而不是一种宗教信仰去观察，我们会发现它主要经历了3个不同的阶段。

在刚开始萌芽的初始阶段，基督教社会是一种纯粹的信仰和共感联盟。第一批基督教教徒聚集在一起是为了分享他们共同的情感和宗教信仰。这时候还没有任何固定的教义，没有任何规章制度，也没有任何行政主体。

似乎每个社会都需要道德力量的鼓舞和引领，哪怕它是新生的、不太稳定的。在各种基督教团体中，有人布讲，有人教书，有人在精神道德层面对

1699年，诺埃尔·科佩尔的绘画作品《梭伦为雅典人的反对辩护》

团体进行管理，只不过这时候还没有特定的行政管理机构和任何规章纪律。单纯由共同的信仰和情感组成联盟，这就是基督教社会最原始的样子。

随着基督教社会的快速发展，我们隐约可以看到它有了一个教义主体，一些规章制度和行政管理人员：这些行政人员中有些被称为长老，他们后来发展成了传教士；一些被称作视察员或监督员，后来发展成了主教；还有一些被称作执事，负责布施和照顾贫困之人。

我们几乎不可能明确地指出这些不同的管理人员各自的职责，因为他们之间的界限太模糊，而且经常变化。但是，教会以团体组织的形式开始活动了，于是，基督教教会的发展进入第二个阶段。这个阶段当中还有一个明显的特点：占据社会主导地位的帝国也是基督教教会的信徒；在选择教会的行政管理人员或是决定是否采纳某些规章制度甚至是教义时，信徒享有很大的发言权。在这个时候，基督教的信徒和教会管理还没有分家，两者是同时存在、紧紧相依的；基督教教徒能对社会施加影响。

到第三个阶段，我们又会发现其他元素。这时候出现了跟信徒分开来的神职人员、一个自身拥有财富的教士主体、教会自己的法律和裁判权。换句话说，这时候出现了一个完整的统治管理机构，而它本身也是一个完整的社会，一个手握一切生存资源的社会，独立于另一个受它影响的社会。这就是基督教教会发展经历的第三个阶段，也是它在5世纪初期所处的状态。这个时候的教会统治管理机构还没有完全跟群众分离开来；当时无论是在宗教还是其他方面，它这样的统治管理机构都是独一无二的；但这时候的神职人员的地位已然位于信徒之上，而且这种支配和控制不受任何监管。

除此以外，基督教的神职人员还有另一种影响力。主教和教士成为第一批市政行政人员。刚刚我们已经看到，罗马帝国最后只留下了市政体制。出于对专制和市镇没落的不满，市政行政管理人员，或者说是市政行政主体的成员们纷纷陷入到了失望和麻木不仁的情绪之中；相反，主教和教士们却斗志昂扬，主动提出担任监督和领导的职责。如果我们去指责神职人员谋权篡位其实是不对的，毕竟事物发展的本质就是这样；神职人员当时在精神上顽强又有活力，所以他们的队伍变得更加强大，势力遍布全国各地。这是宇宙的法则。

这种变化在同时期由帝王颁布的法典中也得到了印证。如果你们去翻看狄奥多西二世或查士丁尼一世[①]时期的法典，就会找到大量关于把市政事务

① 查士丁尼一世曾是东罗马帝国皇帝（527—565年），史称查士丁尼大帝。在位期间，他对罗马法进行了整理，其成果对后世“私法”产生了深远影响，尤其对欧洲大陆国家的法律影响巨大，是大陆法系的基础。

查士丁尼一世

下放给教士和主教来管理的条例。我给你们读几条。（基佐先生读了几条罗马法律）

《查士丁尼法典》

L.1. 标题IV. 关于主教和民众，第26条——关于市镇的年度事务（包括市镇的一般收入、产业资金、特殊的馈赠或遗赠以及其他收入来源；包括公共工程、生活用品商店和引水渠的修缮工作，澡堂、桥梁的维护工作，城墙和塔楼的修建工作，桥梁道路的修复工作；包括处理在争夺公共和私人利益时市镇可能卷入的诉讼），本法做出以下规定：每年，主教和城里最有声望的三个人要召开会议，对完成的工作进行检查；他们要注意审核以上项目的负责人是否合理地安排了相关工作任务，要让后者汇报，证明自己已经履行了对行政管理机构的承诺，确保修缮公共建筑、澡堂、生活用品商店或是维护道路、引水渠等工作内容的资金落到实处。

第50条——关于法律规定可以拥有财产管理人的第一和第二年龄段的青年人的财产管理，如果他们的财产数额不超过500奥里斯，本法规定，不再需要省长来命名其财产管理人，因为这一行为开销太大，尤其是当上述省长不在场时。这时财产管理人的命名可由市镇的行政官员，辅以主教和其他公共事务管理人员来决定。

Ⅰ.1. 标题LV. 关于市镇守卫，第8条——所有的市镇守卫都应该对正宗的教义有所了解，本法希望他们的选拔和授职由主教、教士、贵族、领主和市政官员负责。为了使他们的威信进一步得到巩固和提升，应由市镇军事长官负责其就职仪式并发放录取通知书。

我还可以列举更多的相关法律条例，我们可以看到：从罗马的市政体系过渡到中世纪的市政体系的过程中，社会经历了一种教会的市政体系；神职人员代替了以前的市政行政官员，接管了市镇的治理工作，成为近代市政组织机构的前身。

你们应该能够想象，那个时候基督教教会的权力有多大，它不仅有自己的法律，能对基督教信徒产生影响，还负责管理公民事务。也因为这样，它加速了近代文明的发展及其特点的形成。让我们试着来汇总一下基督教教会为近代文明带来的元素。

首先，在那样一个社会被物质充斥的时代，能有一种精神力量、一种纯粹的信念、一种精神上的信仰和感知给人带去影响，这是一件非常好的事。如果基督教教会不曾存在的话，那么整个世界都将落入物质力量的手中。基督教教会产生了一种精神上的影响。除此以外，它维护并传播了一种规则，一种高于人类法则的法理。它宣扬这一基本的信仰是为了拯救人类；这一信仰包含了超出所有人类法则的一种法理，根据时代和习惯的不同，我们也会称之为道理或是神权，不管我们如何称呼它，它在本质上都是同一种法理。

另外，教会还做了一件大事，精神权力最终与世俗权力分道扬镳。这种分离是思想自由的源泉：它依据的原则跟最严格、最广博的自由所依据的原则是一样的。根据政教分离所依据的观点，物质力量无权干涉精神、信仰和真理；精神世界和行为世界是有区别的，内部世界和外部世界是分开的。欧洲为思想自由做了很多抗争，吃了很多苦，最终才得以让它在欧洲盛行。虽然自由常常违背宗教人员的意愿，但它其实是基督教教会考虑到当时的需要，为了抵抗野蛮粗俗而引入的，是教会以政教分离之名将它保留在了欧洲文明的摇篮里。

5世纪时的基督教会给欧洲带来了三大好处：展现精神力量，维护神圣法规，区别精神力量和世俗力量。

不过它带来的影响也不都是有益的。在5世纪的时候，教会中出现了一些不好的思想，但这些思想在欧洲文明的发展过程中同样扮演了重要的角色。

那时候，统治者脱离统治对象的现象在教会内部盛行，统治者想方设法让自己独立于其统治对象，他们把律法强加在后者身上，支配后者的精神和生命却又不听取或接纳后者的想法。教会又一次尝试在社会中推行专制思想，夺取世俗权力，完成它的绝对统治。它没能达成这个目标，于是它便与世俗的统治君王结盟，支持并瓜分君王的绝对权力，弃人民的自由于不顾。

以上就是5世纪时欧洲从教会，或者说从帝国那里获得的主要的文明元素。蛮族发现并占领罗马世界时，它就处于这种状态之中。要想弄明白欧洲文明的摇篮中混杂在一起的这些元素，还需要研究一下入侵罗马的蛮族。

虽然我提到了蛮族，但你们应该也知道，我在这里要讲的不是它们的历史。我们都知道这个时期的帝国征服者们都属于日耳曼人，除了几个斯拉夫部落，比如阿兰人的部落。我们还知道，这些征服者的文明都处于同一发展阶段，但由于不同部落与罗马世界的接触程度不同，这些文明之间也存在着些许不同。这些蛮族中，哥特民族是最先进的，他们在思想道德上的发展比法兰克民族还要成熟一些。但是在这里我们没有必要去讨论这些蛮族文明在初始阶段的异同以及影响。

我们需要了解的是蛮族人生活的社会。然而，现在想要弄懂这一点可不容易。我们不用花费太多力气就能够了解到罗马市政和基督教教会的体系，因为它们的影响一直延续到了今天：我们通过诸多的法规条例以及现存的其他事实就可以找到它们的踪迹，有很多方式方法可以帮助我们去识别和解释它们。但是，蛮族的道德习俗和社会状态已经完全消逝了，我们只能够根据那些最古老的历史建筑或是我们的想象力去对它们进行猜测。

要想真实地重现蛮族人的样貌，首先需要了解一种观念、一个事实：享受个体自由带来的愉悦、凭借武力和自由四处碰运气的那种快感和从事轻松的活动所带来的快乐，喜好挑战、意外、不平等和危险。这种观念在蛮族中占据着主导地位，是促使蛮族广大群体前进的精神动力。如今，我们处在一

约 1730 年，乔瓦尼·保罗·帕尼尼的绘画作品《有人的罗马废墟》

1636—1638 年间，维维亚诺与多梅尼科合作的绘画作品《韦斯巴芗凯旋进入罗马》

个规矩的社会中，很难重现4至5世纪时蛮族人的这种观念。在我看来，有一部作品很好地反映了蛮族人的这个特点：梯叶里先生的《诺曼征服英格兰史》。这是唯一一部领会并真实再现了在近似野蛮状态的社会中，人类行为的动机、偏好和冲动的作品。在别的地方我们无法看到如此精细的对于蛮族人及其生活的描写。当然，我们在库珀先生写的关于美洲野人的小说中也能窥见大概，但是在我看来，它描写的精细程度没那么高，比较简单，也不是那么真实。在美洲野人的生活中，在这种丛林生活的人际关系和情感当中，有某种东西能让人在某种程度上想到古代日耳曼人的道德风俗。也许这些画面会有一点理想化和诗意化，野蛮生活和道德风俗中不好的、残酷的一面没有被呈现出来。我所说的不好不仅是指道德风俗中不好的地方，还有蛮族人内部的、个人的缺陷。根据梯叶里先生作品里的描述，人在强烈地渴求个体自由的时候，会展现出我们无法想象的、最粗鄙、最物质的一面；任何小说作品都无法忠实还原这其中的野蛮、狂热和冷漠。但是，如果我们能看向事物的最深处，会发现纵使掺杂了野蛮的、物质的和愚蠢的自私，追求个体自由仍旧是一种高尚的、符合人类道德的思想观念；它从人类的道德本质中汲取力量，它让人感受到作为人的快乐、了解到何为个性品格，体味到人追求发展的本能。

这种自由的观念是通过原始的蛮族传入欧洲的，它既不存在于罗马世界，也不存在于基督教教会，甚至几乎不存在于其他的古代文明当中。如果去古代文明中寻找自由这个概念，能找到的是政治的自由、公民的自由；这些自由关注的不是个人的自由，而是人作为公民的自由。一个人一旦属于某个团体，就会忠诚于这个团体并愿意为了团体而牺牲自己。在基督教教会中也是同样的道理。教会的成员深深地依赖着教会这个团体，他们愿意服从于它的律法并扩大它的影响；又或者说宗教影响了人自身和他的灵魂，从人的内部驯服了他自由的精神思想，使他愿意顺从他所信仰的宗教。那种仅仅为了自我满足而发展起来的个体自由观念以及对自由的追逐在罗马社会和基督教社会里是没有的，是蛮族将它输入并最终留在了欧洲近代文明的摇篮当中。它在近代文明中发挥了重大作用，带来了良好的影响，这使它成为我们不得不谈到的欧洲近代文明最重要的元素之一。

除此以外，军事庇护也是我们从蛮族那里获得的文明元素。人与人之间、战士与战士之间建立起了一种联系，这种联系没有破坏个体自由，在某种程度上也没有完全破坏他们之间的平等关系。但是它的出现促进了一种从属关系的形成，开启了一种以贵族为主的组织方式并演变成了后来的封建制度。这种关系的基本特点是人对人的依赖，人对人的忠诚，不需要外部创造必要条件，也没有基于社会一般原则的义务。在古代的共和国中，没有人能够专门地或随意地依附于另一个人，每个人都依附于他所生活的市镇。在蛮族人中，社会关系是建立在个人与个人之间的。首先是首领与其同伴的关系，他们成伙成帮地穿梭在欧洲大陆上；然后是封建主与仆从的关系。第二种关系在近代文明史上扮演了重要的角色，这种个人对个人的奉献是从蛮族人那里传到我们中间的，蛮族人通过他们的道德风俗把这种观念带到了我们的道德风俗当中。

我想问问，在刚开始的时候我给你们描绘了一幅整体画卷，说近代文明从它萌芽开始就非常多样、动荡、混乱，我说得对不对？我们刚刚已经看到在罗马帝国覆灭的时候、欧洲文明发展过程中产生的几乎所有的元素；我们看到了3种不同的社会：市政社会——罗马帝国给我们留下的最后的遗产，基督教社会以及蛮族社会；我们看到，这些社会的组织方式千差万别，依据的观念大相径庭，给人带来的感知也迥然不同：对于绝对独立的渴望和最绝对的顺从，军事庇护和宗教统治；精神力量和世俗力量无处不在；教会的教规、罗马人的法律、蛮族人的习俗；无论到哪里，各种族、语言、社会环境、道德习俗、观念和感想都是相互混杂在一起的，或者更确切地说，是相互共存的。我认为，这恰好是一个很好的证据，验证了我想要给大家介绍的欧洲文明的整体特点。

也许这种混乱、多样性和斗争让我们付出了太多的代价，它让欧洲的进步变得迟缓，让欧洲历经了动荡和苦难。但是，我认为我们不应该对此抱有任何遗憾。对于族群也好，对于个人也罢，能够有幸拥有一种尽可能多样、完整、全面、几乎无止境的发展，已经足以弥补一切了。总的来说，这种动荡、艰难和激烈的状态比其他一些文明表现出来的那种单一要好，虽然人类在其中受了很多苦，但得到的东西更多。

我就说到这儿吧。我们现在应该已经大概知道了罗马帝国覆灭后欧洲所处的状态；我们知道了孕育欧洲文明的各种元素，它们相互激荡，相互交融。我们在后面会讲到它们是如何运作并产生影响。在下一讲中，我会试着解释这些文明元素在我们通常称为野蛮时代，也就是入侵持续带来混乱的这段时期里，都变成了什么，起到了什么作用。

1758 年，乔瓦尼 · 保罗 · 帕尼尼的绘画作品《古罗马风景画廊》

第三讲　欧洲是各种社会制度和体系的试验场

TOUS LES DIVERS SYSTÈMES PRÉTENDENT À LA LÉGITIMITÉ

寻求合法性的各种制度—什么是政治合法性—各种制度在5世纪的共存—个人和制度属性的不稳定性—原因有二：其一是实质上的，即入侵的持续；其二是精神上的，即蛮族人独特的、以自我为中心的个人观念—文明曾经是对秩序的渴望、对罗马帝国的回忆，是基督教教会和蛮族—蛮族、市镇、西班牙教会、查理大帝以及阿尔弗雷德在管理统治上做过的尝试—日耳曼和阿拉伯民族停止了入侵—封建制度的开始。

在前一讲中，我们在欧洲文明起源的摇篮里，在罗马帝国覆灭的废墟中找出了欧洲文明的主要元素。我告诉大家这些元素各式各样，争斗不断，不过它们当中没有任何一个元素能够成功地主宰我们的社会，至少未能完全主宰并制服或驱逐其他元素。这是欧洲文明独特的特征。今天我们要来讲一下它的历史、它的初始阶段，也就是那些被我们称为野蛮时代的岁月。乍看一眼，我们很可能会感到惊讶，因为它看上去似乎跟我们之前讲的内容相互矛盾，我们会看到欧洲文明的各种元素，君主制、神权、贵族制和民主制，都声称欧洲社会最初是属于它们的，它们没能占领帝国只是因为对立元素的篡夺。我们可以去查看关于这个主题人们写过的东西和说过的话，我们会发现，所有体制，所有我们在介绍和解释文明的起源时提过的那些体制，都支持欧洲文明元素中的某一种元素独占优势。

因此我们看到，有一个学派是替封建制度说话的，其中最著名的是德·布兰维里耶。他声称，罗马帝国覆灭后，战胜的民族，也就是后来的贵族拥有所有的力量和权力，整个社会都是他们的领地；但是国王和人民对他们进行了掠夺。贵族制度才是欧洲真正原始的样子。

另一个学派是替君主制度说话，比如杜博斯神父。他认为，恰恰相反，欧洲社会当时是属于王室的。日耳曼的国王继承了罗马皇帝的所有权利；其他族群，尤其是高卢人甚至曾请求过他们的庇护；他们才是唯一合法的统治者；所有贵族发动的征服都只是对君主制度的侵越。

还有一个学派则替自由主义、共和制度和民主制度说话，以德·马布利神父为代表。他认为，从5世纪开始，社会的统治就属于一个自由的制度体系，属于自由的人，属于人民；贵族和国王靠掠夺尚未成熟的自由而发家致富；虽然自由不敌贵族和国王对它的打压，但在这之前都是由它占据着统治地位。

除了这些支持君主、贵族和人民大众的言论以外，还有一种支持教会神权统治的观点。这种观点认为，因为教会自身的职责及其神圣的头衔，社会是属于它的，只有它才有统治社会的权利；因为它为欧洲社会带去了文明和真理，所以只有它才是欧洲合法的统治者。

我们本来以为在欧洲文明历史的进程中，没有任何一种元素曾独统过这个社会，所有元素都一直处在一种共存、混合、争斗和融合的状态。但现在，从我们刚迈出的第一步开始，我们就遇到了一种完全相反的观点，这种观点告诉我们，在初始阶段，在蛮族统治下的欧洲，社会曾经处于某一种元素的支配之下。在所有欧洲国家，文明的各种元素总是在不同的时期，以略微不同的形式表达出它们互不相容的主张。我们刚才提到的持不同主张的各种派别也无处不在。

这是一个很重要的事实，不是因为它本身很重要，而是因为它揭露了在欧洲历史中同样重要的其他元素。在与独占权力相反的主张中，我们找到了两个在欧洲早期非常重要的元素：一个是政治合法性概念和观点，它在欧洲文明的进程中扮演了重要的角色；还有一个是蛮族统治时期欧洲真实的特点，这也是我们今天主要讨论的内容。

接下来我会试着解释这两个元素，把它们从我刚刚讲的各种流派之争中剥离出来。

欧洲文明的各个元素，神权制、君主制、贵族制、人民制，都想率先占领欧洲社会，它们的目的是什么？除了要求合法性以外，它们还要求了什么？显然，有人认为政治合法性是基于资历和持续时间的一种权利：出现的年代早可以被当作统治的理由，仿佛这就是权利的来源，是权力的合法证明。请大家注意，这种以资历为由去争取合法性的做法并不是某个体制或欧洲文明的某个元素所独有的，它无处不在；在近代，我们习惯性地认为它只存在于君主制之下，但这样其实是不对的，它存在于所有体制当中。如你们所见，欧洲文明的各个元素都想拥有这种合法性。继续深入了解欧洲历史，我们会发现各种社会形态、各个政府都带有这种合法性。贵族制、民主制的意大利或瑞士，圣马力诺共和国以及欧洲最大的那些君主制国家都声称自己是合法的，也都被认为是合法的；大家都主张自己是合法的，理由是它们的组织机构资历够深，它们的统治体系在历史上出现的时间早而且一直延续了下来。

走出近代欧洲，在其他的历史时期或在其他的国家，这种政治合法性的观念也无处不在，它总是跟政府的某个部分、某个机构、某种形式或某种准则依附在一起。在任何国家、任何时期，我们都能在社会制度和公共权力的某个部分中发现这种以资历和持续时间为理由的合法性。

那么到底什么是政治合法性？其中有哪些要素？它有什么含义？又是如何被引入到欧洲文明中的呢？

在一切权力的开端源头，我在这里不做细分，讲的是所有权力，我们会发现武力的存在。我的意思并不是说单凭武力就能创造权力，毕竟在权力建设的初始阶段也不是只有武力这一种元素。很明显，权力的形成还需要其他元素，权力的建立需要某些社会条件，需要在社会状态、精神道德和观念习俗之间形成某种关系。然而，我们不得不承认，武力——无论它的性质和形式如何——玷污了世界上所有权力生长的摇篮。

的确，谁都不想被武力玷污。所有的权力，不管它具体是什么，都否认自己在初始阶段使用过武力，没有任何一种权力愿意承认自己是在武力中诞生的。一种抑制不住的本能在警告各个政府，武力不能确保它们获得权利，如果它们的本源中只有武力，那它们将永远掌握不了任何权利。所以，当我们回到古代去研究各个政府时，会看到那些遭受了暴力侵害的政权都有记录："我是先前的政权，我存在于过去，我存在的理由很多；这个社会曾属于我，我是合法的；但是现在你们看到我处于暴力和争斗之中，有人要挑战我，有人要剥夺我的权利。"

单凭这一样就已经能证明武力不是政治合法性的基础，它完全是另一回事。除了公开拒绝使用武力之外，各个政府还做了什么呢？它们宣扬另一种合法性的存在：一种理性的、正义的、公正的合法性，并宣称这是所有其他合法性的基础。这才是它们需要绑定的源头，它们可不想让武力成为自己的源头。它们打算以资历为名，给自己的合法性找一个别的由头。所以，政治合法性的第一个特点，就是否认武力是其权力的来源，然后把自己的权利与道德、法律、正义和理性挂钩。就这样，随着时间的推移和延续，政治合法性最终形成了它最根本的特点。接下来我们再来看看它是如何诞生的。

政府和社会在武力的主导下诞生后，随着时间的流逝而不断发生改变和调整，毕竟社会还要继续存在，而社会是由人组成的，人本身自带了很多诸如秩序、正义、理性这样的概念，以及推广这些概念，并把它们带到自己生活的环境中的需求。为此，人类一直在不停地努力着，如果他们所生活的社会没有停滞不前，那就说明他们的努力起到了一定的作用。人类把理性和合法性带到了他们所生活的世界里。

除了人类的努力以外，根据一条不容忽视的天意法则，一条类似于支配了物质世界的法则，我们认为一定程度的秩序、理性和正义是一个社会得以延续所必不可少的元素。由于时间有限，我们可以简单地总结为，一个社会不可能是完全没有逻辑、毫无理智、极不公正的，它也不可能完全没有理性、真理和正义这样的元素，因为只有这些元素才可以让社会得以延续。社会之所以能够持续发展，变得更加强大，被更多人接受，是因为随着时间的推移，社会有了更多的理性、正义和公正，所有事情都在逐步地得到真正合理的解决。

就这样，政治合法性的概念来到了这个世界上，然后又进入到了人的思想意识当中。在某种程度上，政治合法性的基础和本源是道德上的合法性、正义、理性和真理；随着时间的推移，人们开始相信理性存在于普遍事物当中，一种真正的合法性也被引入到了外部世界当中。在我们所研究的这段历史时期中，暴力和谎言在皇室、贵族、民主和教会出生的摇篮的上空盘旋；在世界各地，暴力和谎言随着时间的变化一点一点地在变换着它们的形态；公正和真理在文明中占领着一席之地。正因为社会有了公正和真理的概念，政治合法性才得以逐步发展并成为近代文明的一部分。

在不同时期都有人想要把政治合法性这一观念变成绝对权力的旗帜，让它脱离它真正的起源。然而它并非绝对权力的旗帜，它是以公正和正义的名义踏入并渗透到这个世界中的。它不具有排他性，它不属于某个特定的人，公正得以发展的地方就有它诞生的地方。政治合法性总是伴随着自由和政权、私权和行使公共职能的形式。当我们进一步去观察研究那些各式各样的政府和体制，封建制度、弗兰德和德意志公社、古意大利共和国以及君主制度时，我们从中都能发现政治合法性这一观念。它是近代文明要素的一种普遍特征，通过了解它的历史去正确理解它是非常必要的。

我在开头的时候提到过，主张各种制度的人都有，这其实也揭示了所谓的野蛮时代的真面目。正因为在这时欧洲文明的各个制度都声称它们自己占领了欧洲，所以显然它们之中没有任何一种制度真正地主宰了欧洲。当一种社会形态主导了整个世界时，想要识别出这种形态还是很容易的。我们能果断地识别出10世纪时封建制度占了上风；17世纪时是君主制；在弗兰德公社和古意大利共和国中，我们能够很快地判断出占上风的是民主主义帝国制。当社会中真的存在一个占主导地位的制度时，我们是不会认错的。

欧洲文明同时被好几种制度支配着。关于到底哪种制度在文明起源时占了上风的争辩实际上恰好说明它们在当时的社会中是同时存在的。没有任何一种制度可以真正稳定地、广泛地占主要地位并在社会上留下它的形与名。

其实，这也正是野蛮时代的特点。所有元素都处在混乱中，所有制度都处于孩提时期，整个世界普遍处于杂乱无章的状态，争斗本身既不是永久性的，也不是系统性的。通过对当时的社会状态进行各个方面的研究，我们还会发现，在这样的社会状态下，想要找到任何一种广泛存在的、稍微成熟一点的现象或观点是不太可能的。我在这里只从两个方面来讲：人的状态和制度体系的状态。这两点足够为大家呈现出整个社会的面貌了。

我们看到，那个时代分为四种不同阶层的人：第一种，自由人，也就是那些不依靠任何上级或主人，有自己的财产，能够自由地支配自己生活的人，没有任何一种关系能迫使他们对别人履行义务；第二种，效忠王室的大臣、基督教教徒等，他们是首领的同伴，是封建君主的仆从，需要为某个人提供某种服务以换取土地或者其他赏赐；第三种，被解放的奴隶；第四种，奴隶。

这种阶层是固定的吗？人一旦被放到某个阶层，被限制在某个范围的话，他会一直待在那里吗？不同阶层之间的关系是固定的、永久的吗？答案是否定的。我们会不断地看到有自由人走出自己的圈子去为某个人服务，从后者身上获得某种补偿，进入到大臣的阶层；也有一些人会沦落到奴隶阶层。另外，还有一些大臣在努力地摆脱他的主人，试图重新找回自由身，进入自由人的阶层。阶层之间的流动无处不在；各个阶层之间的关系也充满了不确定性。没有一个人会一直待在他原来的圈子里，也没有一种环境会一直

保持原貌。

对于地产来说，情况也是一样的。大家都知道我们有无债地产，也被称为完全自由地产和获利地产，即土地获得者需要向上一阶层的人履行某些义务的这类地产。我们曾经非常努力地尝试在获利地产中建立一种具体且不可动摇的体系：刚开始的时候这些地产的收益只需要上交一定的年份，后来变成了终生上交，最后变成了世袭的。然而这种尝试是徒劳的：各式各样的地产形式总是混杂在一起，我们在同一个时期可以看到即时收益、终生收益和世袭收益，同一块地在几年内甚至可以把这些不同的状态都经历一遍。在稳定性和普及范围上，人的状态和土地的状态是一样的：从流浪过渡到定居，从人与人之间的关系过渡到人与地产相结合的现实的关系。在发生这种转变的过程中，一切都是混乱的、局部的和无序的。

对于制度而言，我们看到的也是同样的不稳定、同样的混乱。当时存在着三种制度：君主制；贵族制，或者也可以称作人和土地的相互庇护和扶持；以及自由制，也就是由自由人组成的可以进行共同磋商的议会。这些制度中没有任何一种可以掌控整个社会，在社会中占优势。自由制虽然存在，但是议会的成员根本不去参议。贵族的领地管辖权不再定期行使。君主制，也是最简单、最容易确定的一种制度，失去了它固有的特性，被混入了选举

朱利奥·利西尼奥的绘画作品《抢夺萨宾女人》

和世袭制。有时候父亲下台以后由儿子继任；有时候选举只在家族内部举行；有时候选举选出来的继任者是某个远亲或是陌生人。在任何一种制度中，没有什么是稳定的；所有制度同时存在，浑然一体，而且一直处于变化当中，就跟各个社会阶层一样。

在各个国家中存在着同一种流动性：创建，然后废除；汇集，然后拆散；没有国界，没有政府，也没有人民可言；所有阶层、所有观念、所有制度、所有种族和所有语言都混杂在一起。这就是野蛮时代的欧洲。

这个奇怪的时代有没有界限呢？它的起始时间很明确，是在罗马帝国覆灭的时候。但它是什么时候中止的呢？想要回答这个问题，需要了解这个社会的状态以及野蛮的成因。

我找到了两个根本原因：一个是物质的，发生在外部世界，发生在事件的发展过程当中；另一个是精神上的，发生在内部世界，发生在人自身内部。

这个物质上的因素就是入侵的持续。5世纪时，蛮族的入侵并没有停止。虽然罗马帝国已经不复存在，但这并不意味着日耳曼王权从此就建立在了帝国的废墟之上，各民族之间的争斗也就此打住。相反，这种争斗在帝国灭亡之后持续了很长一段时间，相关的证据也很明确。

高卢的罗马别墅被匈人阿提拉的部落洗劫一空

法兰克国王总是想把战争延续到莱茵河对岸；克洛泰尔和达戈贝特不停地出征日耳曼尼亚，与占领了莱茵河右岸的图林根人、丹麦人和撒克逊人作战。为什么？因为这些民族都想跨越河流，夺取他们在罗马帝国那儿获得的战利品。这也解释了为什么差不多在同一时期，高卢的法兰克人，特别是东法兰克人和奥斯特拉西亚的法兰克人曾多次入侵意大利。他们进军瑞士，穿过阿尔卑斯山，到达意大利。他们为什么要这么做？因为他们在东北地区被新的民族驱赶：他们的远征不只是一种掠夺帝国的竞赛，而是他们必须这么做，因为他们的发展环境受到了干扰，他们得去别的地方寻求财富。一个新的日耳曼民族出现在了历史舞台上并在意大利建立了伦巴第王国。在高卢，法兰克王朝也经历了更迭，加洛林王朝取代了墨洛温王朝。现在人们认为这次朝代的更迭实际上是法兰克人在高卢境内的又一次入侵，东法兰克人进一步取代了西法兰克人。王朝的更迭完成后，法兰克人成为统治欧洲的第二大族群：就像之前墨洛温王朝对抗图林根一样，查理大帝再次向撒克逊人开战，开始了与莱茵河对岸民族的持续对战。是谁迫使他们这么去做的呢？奥博德里人、威尔茨人、索布人、波希米亚人、斯拉夫人都在向日耳曼人施压，迫使后者在6世纪到9世纪期间不断向西方前进。在欧洲的东北地区，到处都是持续的侵略活动，它们也决定了历史的走向。

在南部地区也爆发了同样性质的侵略活动：阿拉伯穆斯林出现了。日耳曼民族和斯拉夫民族开始涌向莱茵河和多瑙河附近，阿拉伯人则聚集在地中海海岸并开始了他们的征服和争夺竞赛。

从5世纪到9世纪，欧洲的情况就是这样的。在南部受到穆斯林的攻击，在北部受到日耳曼人和斯拉夫人的攻击。那个时候，这种双重入侵不可能不导致欧洲内部的持续混乱。人民一直处于流离失所的状态，相互排挤；任何稳固的东西都无法成立；流浪生活在各地死灰复燃。各个国家之间可能会有一些不同：在德国，混乱的状态比欧洲其他地方要严重，它是入侵活动的中心；法国境内要比意大利更动荡。尽管如此，欧洲没有一个国家能够安定和协调它的社会，野蛮和残忍在各地肆虐。

说完了物质上的因素，也就是在事件发生过程中形成的因素之后，我们再来说说精神上的因素。它形成于人的内部，影响重大。

无论外部事件如何发展，最终是人自己创造了世界。人凭借着思想、感知、道德精神和智慧让世界能够有条不紊地发展。人的内心状态决定了社会的可见状态。

人要做什么才能建立一个稍微持续、规律的社会呢？首先，人要有比较广博的、契合社会的、能够满足社会需求和社会关系的思想；其次，这些思想要得到社会上大部分成员的认同；最后，这些思想要能够对所有人的意愿和行动产生一定的影响。

显然，如果人类没有超越自身存在的思想，如果人类的知识范围只限于自己本身拥有的那部分，如果人类任意放纵自己的激情和意愿，如果人类没有一定的常识和共情来将所有人团结在一起，那么我认为，他们就不可能创造出社会，而每一个人也将成为所属群体的麻烦和离心力。

当个人至上的观念横行的时候，当每个人都只考虑他自己，或者是个人的思想无法拓宽、延伸到他自身以外，又或者是他只屈服于自己的激情时，人类几乎不可能拥有一个广阔且持续的社会。然而，这就是我们目前讨论的欧洲征服者们的精神状态。在上一讲中，我强调日耳曼人带来了个体自由和人类个体的观念。但是，在极其粗野和无知的情况下，这种观念完全就是一种粗暴的、反社交的利己主义。从5世纪到8世纪，日耳曼人之间就是这样的。他们只考虑自己的利益、自己的情感和自己的意愿。他们是如何应对一个稍微社会一点的社会状态的呢？他们曾经或是主动，或是被动地尝试过进入这种状态，但他们很快就因为缺乏远见和智慧，或是因为冲动，从这种状态中逃离了。每一次当社会快要成形的时候，总会有人去打断它，这个过程中缺乏社会发展所必要的精神条件。

这就是野蛮形成的两大原因。只要它们得以延续，野蛮就会持续存在。让我们再来看看它们是什么时候止步，又是如何止步的。

欧洲一直在努力地逃离这种野蛮的状态。虽然人因为他自己的过错而陷入了这种状态，但他的本性却让他不愿意继续在这种状态中待着。即使他有些粗鲁、无知、沉迷于个人利益和情感，但是在他身上总有一种声音、一种本能告诉他，他生来本不该如此，他还有其他的能力和别样的人生在等待他去发掘和完成。在自我的混乱中，对于秩序和进步的向往一直萦绕在他的脑海中让他坐立不安；对于正义、远见和发展的追求也在动摇着他的自私自利。他觉得自己不得不去重新改造这个物质世界，改造这个社会，改造他自己。但他自己其实不知道是这些追求让他选择了改变。蛮族人期望拥有文明，但他们还没有能力去实现它；但是，一旦他们感受到了文明的力量，他们就又会开始讨厌它。

其实，那个时候还保留着大量罗马文明的残骸。帝国之名和对那个伟大且灿烂的社会的记忆都在撩拨着人们的回忆，尤其是那些市镇的管理者、主教、传教士以及所有那些根植于罗马世界的人。

在这群蛮族人，或者是他们的祖先之中，有很多人曾经见证了帝国的伟大。他们曾经为罗马帝国的军队效力，后来他们征服了罗马帝国。罗马文明的名字和形象对他们产生了影响，他们觉得自己需要去模仿它、重现它，需要去保留它其中的某些东西。这又是一个推动蛮族人脱离野蛮状态的原因。

还有一个原因，它存在于所有人的思想当中，我想说的就是基督教教会。教会曾经是一个按照规矩建立起来的社会，它有自己的道德准则、规定和纪律，它非常强烈地想要拓展它的影响力和战胜它的征服者。这个时代的基督教教徒中，在基督教的神职人员当中，有一部分人对所有事物都有自己的思考。他们会去思考一切政治、道德问题，对任何事物都有自己坚定的观念和看法，而且他们非常希望把这些思考的成果传播出去，让它们成为主流。从来没有一个社会能像5到10世纪的基督教会这么努力，一心只为让外部世界与它同步、以它为中心去运作。我们研究一下基督教教会的历史就会看到它所做过的各种尝试。从某种程度上来看，为了战胜和驯化野蛮，它的每一个部分都在与之做对抗。

最后一个原因，英雄人物的出现。这个原因我们很难对它做评价，但它是真实存在的。没有人能够解释为什么某个英雄人物会出现在某个时代，也没有人能够说明他为世界的发展具体奉献了什么。天机不可泄露，然而事实本身是很明确的。社会的停滞不前和混乱给一部分人造成了打击，激起了他们的愤慨。他们在思想上受到了很大的冲击，认为事实不该是这样的。于是他们就义无反顾地一直想着要去改变它，要去制定规则，要为他们眼下的这个世界带去一些广泛的、有规则的、持续性的东西。这是一种可怕的力量。因为人自有不足之处，所以这种力量往往带有压迫性，犯下了无数的过错和罪恶；但它同时也是一种伟大的、有益的力量，它通过人类的双手为人类带来了强有力的震撼和跨越式的前进。

各式各样的原因和力量在5到10世纪为推动着欧洲社会为走出野蛮状态做出了各种尝试。

第一项尝试就是蛮族人的法律。我们不难发现它的作用其实不大，因为它是由蛮族人自己起草的。从6世纪到8世纪，几乎所有的蛮族族群都创造了自己的法律。我们能看到勃艮第人、萨利克法兰克人、里普利安法兰克人、西哥特人、伦巴第人、撒克逊人、弗里斯人、巴伐利亚人等的法律。这跟之前大不相同。在蛮族人来到罗马帝国并在其废墟上建立起自己的国家之前，蛮族人只受他们风俗习惯的束缚。这很明显是文明的一个开始，是将社会置于规则之下的一种尝试。不过它没有取得多大的成效：这些法律针对的是一个已经不复存在的社会，那个在罗马建国、从流浪生活转变为定居生活、从流浪武士变成地主以前的蛮族社会。我们的确能够找到一些涉及蛮族人占领的土地以及他们与当地原住居民的关系的法律条文，他们也确实尝试过去解决他们遇到的一些新问题，但是从本质上而言，这些法律针对的是他们以前的旧生活，针对的是以前的日耳曼人所面临的情况，它们并不适用于这个新的社会，也没能获得更多的发展。

在意大利和高卢南部，人们开始

维克多·瓦斯涅佐夫的绘画作品《斯拉夫人与斯基泰人的战斗》

了另一种性质的尝试。跟其他地方相比，罗马社会的影响在这里尚未消亡，市镇中还保留着一丝罗马的生活气息和秩序，文明试图在这里重获新生。比如，在泰奥多里克统治下的意大利东哥特王国，在这样一个由国王统治的蛮族人的国家里，市政制度东山再起并对各个重大事件的发展产生了影响。罗马社会对哥特人产生了影响并在一定程度上同化了他们。6世纪初的时候，一位名叫阿拉里克的图卢兹西哥特国王派人收集了罗马法并颁布了一部针对其境内罗马公民的法典——《阿拉里克罗马法辑要》。

在西班牙，试图重启文明的是另一种力量——教会。跟之前的日耳曼人的议会、战士的议会不同，在西班牙占主流的是托莱多宗教议事会。虽然很多非宗教人士也会参加这个议事会，但是控制议事会的是教会的神职人员。打开西哥特人的法典，我们会发现它不是一部蛮族人的法典，它显然是由当时的哲学家、教士所撰写的。它包含了很多概括性的思想、很多跟蛮族人道德风俗相异的理论。蛮族人的法律是一种个人法，也就是说，它只适用于同一种族的人。罗马人的法律针对的是罗马人，法兰克人的法律针对的是法兰克人。虽然他们被同一个政权统治，居住在同一片土地上，但是每个族群都有属于自己的法律。这也就是我们所说的个人法体系，与之相对应的是建立在领土之上的实法。对了！西哥特人的法律就不是个人法，因为它是建立在领土之上的：所有居住在西班牙领土上的公民，无论是罗马人还是西哥特人，遵守的都是同一部法律。如果继续研究，我们会找到更明显的哲学痕迹。在蛮族社会中，每个人根据其地位的不同会有其固定的价值：蛮族人、罗马人、自由人、国王的近臣等不同地位的人被认为拥有不同的价值，甚至连他们的性命都可以明码标价。而西哥特人则在他们的法律中明确了法律面前人人价值平等这一原则。再来看一下他们的诉讼程序，它要求提供证据并对事件进行理性的分析，就像在一个文明社会中那样，而不是像之前那样，采用证人誓词和司法辩论。简单来说，整个西哥特人的法律带有一种智慧的、系统的和社会的特点。教士控制着托莱多宗教议事会，参与了法律的制定，深深地影响着整个国家的统治。

在西班牙，直到阿拉伯人大规模的入侵，神权统治才开始尝试重振文明。

在法国，复兴文明依靠的是另一种力量——英雄人物，尤其是查理大帝。如果我们从各个方面去研究他的统治，会看到其统治的主要思想就是教化其百姓。先来说说他发动的战争吧。他总是在打仗，从南部打到东北部，从埃布罗河打到易北河，再到威悉河。① 你们觉得那只是他在征服欲的驱使下的任性妄为吗？当然，我不认为他自己清楚地知道他在做什么，也不认为他的计划里蕴含了大量的外交手腕和策略。但是，他顺从了某种镇压野蛮元素的欲望和需求。在他统治期间，他总是忙于应付来自外部的蛮族入侵，在南方是来自穆斯林的入侵，在北方则是日耳曼人和斯拉夫人。镇压野蛮元素是查理大帝武装统治的特点，他出征对抗撒克逊人也是出于同样的原因和同样的目的。

除去战争，如果我们去观察查理大帝对国内的统治管理，会发现一个同一性质的事实，他试图把秩序和统一带到他所统领的所有地区的行政管理当中。我在这里没有使用王国这个词，也没有使用国家这个词，这些表达都不太符合查理大帝统治时期的社会状态。可以确定的是，查理大帝掌握着大片的领土，他不希望在他的领土上看到不和谐的、无秩序的、粗暴的东西，他

① 埃布罗河位于现西班牙的东北部，是西班牙最长、流量最大和流域面积最广的河流，是伊比利亚半岛第二长的河流，也是完全在西班牙境内的最长的河流。易北河是中欧主要航运水道之一，发源于捷克和波兰两国边境附近的克尔科诺谢山南麓，穿过捷克西北部的波希米亚，在德累斯顿东南 40 公里处进入德国东部，在下萨克森州库克斯港注入北海。全长 1165 公里，约 1/3 流经捷克，2/3 流经德国。威悉河是流经德国境内的第二长的河流，仅次于美因河。

想要改变社会丑恶的一面。于是，首先，他派出密使前往各地，让他们去视察情况、进行改革或是向他报告；其次，他比之前的统治者更加规律地召开大会，并邀请几乎所有重要的人物来参会。这种大会还不是自由的，跟我们所熟悉的那种大会不一样。它对于查理大帝而言，只是一种让他能够获取信息，给处于无秩序中的人民带去一些规则和团结的方式。

不管我们从哪个角度去观察查理大帝的统治，都会发现同一个特点，那就是他与野蛮的社会、精神状态的对抗以及对精神文明的追求。所以我们看到，他对修建学校充满了热情，十分敬重博学之人，厚待教会，对所有在他看来能影响社会和个人的事物都带有好感。

过了一段时间后，在阿尔弗雷德国王的主导下，同样性质的尝试也发生在了英国。

如此，从5世纪到9世纪，在欧洲的这里或那里，我刚刚提到的那几种不同的力量都曾经采取行动试图终结野蛮元素。

然而，没有一种尝试是成功的。查理大帝没能完成他伟大帝国的蓝图，没能大力推行他想要建立的那种统治体系；在西班牙，教会没能进一步建立神权政治；在意大利和高卢南部，虽然罗马文明三番五次地想要复兴，但是，直到10世纪末，它才算真的有了一些起色。直到此时，所有试图结束野蛮的尝试无一不受挫，它们高估了人的实际能力。这些尝试所追求的是一个更加广阔和有秩序的社会，但是在当时，人类的精神状态发展有限，社会的权利分配不均，无法做到。尽管如此，我们也不能说这些尝试都是失败的：到10世纪初，虽然查理曼帝国不存在了，辉煌的托莱多宗教议事会也不存在了，但是野蛮已经快要走到它的终点了。有两点值得注意：

第一，在北方和南方地区，各民族停止了入侵活动：查理曼帝国肢解后，在莱茵河右岸建立的国家与再一次来到西欧的部落对战，诺曼人就是其中之一。直到这个时候，如果我们把攻击英国的部落排除掉的话，那么海上入侵活动可以说不是那么频繁。海上入侵活动在9世纪时才开始变得比较常见和频繁。这时候陆上的入侵活动变得非常困难，各个社会也因此获得了更加固定和确定的边界。在陆上过着流浪生活的那群人无路可退，不得不改变策略，开始了海上的流浪生活。诺曼人的出征给西欧造成了一定的损失，但是跟陆上的入侵相比，这些入侵的致死率没有那么高，对西欧新生社会的影响也没有那么严重。

在南部地区也是一样的。阿拉伯人在西班牙安营扎寨，他们继续与基督教教徒为敌，继续发生内讧，冲突造成了大规模的人口流动；萨拉森人仍旧不时地侵扰地中海沿岸地区；但是伊斯兰教的大进军明显没有继续大规模地发展下去。

第二，在欧洲内部，流浪生活迎来了它的终点。人们开始了定居生活，有了固定的住所；人与人之间的关系不再每日一变，不再听任于权力和巧合。人的精神和内在开始发生改变，有了固定的思想和感知，就像他有了固定的生活一样。他依附于他所居住的地方，他所建立的关系，他所承诺以后要留给孩子的钱财、住所，以及这个日后会成为村寨的由移民和奴隶组建而成的集体。随着人类思想和智慧的发展，各种小团体组成的社会和国家在各地被建立起来。一种源于蛮族的道德风俗的纽带被引入到了这些社团当中，它在以同盟的形式把人们联系在一起的同时，不会伤害个人的独立性。我们看到，一方面，一些很重要的人物在他们各自的领土上定居下来，与他们的家人和仆人生活在一起；另一方面，在这些分散于欧洲各地的大人物之间，存在着一种服务与义务的等级制度。这是什么？这就是最终从野蛮中脱壳而出的封建制度。在众多的欧洲文明元素之中，日耳曼元素优先占据上风也是理所当然的；它曾经拥有强大的实力，征服了欧洲；欧洲文明最初的形态以及欧洲社会最早的组织方式都源自它。这是事实。封建制度，它的特点以及它在欧洲文明历史中所扮演的角色将会成为我们下一讲的主题。在最终成形的封建制度中，我们每走一步都会看到社会中的其他元素——王权、教会和市镇。我们不难猜测这些元素虽然在向封建制度这种统治形式靠近，但却没有屈服于它；它们与封建制度做着斗争，等待着胜利的来临。

移民时期的一枚日耳曼金苞片，上面印有北欧神话中的主神奥丁

第四讲　封建制度的功与过

ALLIANCE NÉCESSAIRE DES FAITS ET DES DOCTRINES

事实与理论的必要结合—乡村对市镇的优势—组织一个小型的封建社会—封建制度对封建地主和家庭意识的影响—人民大众对封建制度的憎恶—教士几乎帮不了农奴—想要依靠法律去组织封建社会是不可能的事—第一，强势的统治权力；第二，公共权力；第三，联邦体制的不易—封建制度固有的反抗权—封建制度的影响，于个人的发展而言是好的，于社会秩序而言是不好的。

我们已经研究过了在罗马帝国覆灭后，欧洲在近代社会的第一个时期，也就是野蛮时期时的状态。我们已经知道在这个时期接近尾声的时候，即10世纪初，第一个发展起来并占领了欧洲社会的制度体系是封建制度。它诞生于野蛮之中。我们今天要讲的主题就是封建制度。

我觉得没有必要再次强调我们关注的不是这些事件的故事情节。关于封建制度的命运我也没有什么好讲的。我们要关注的是文明的历史，这才是我们扒开外皮要去寻找的那个广泛的、被隐藏的事实。

因此，所有的大事件、重要的社会现象以及社会走过的不同阶段都不是我们观察的重点，我们主要关注的是它们与文明的发展之间的关系。我们要去探究它们凭什么屈服于或打败了文明，它们为文明带去了什么，它们又回避了文明的哪些影响。我们要从这个角度去观察封建制度。

在这门课刚开始的时候，我们确定了文明的定义和它的元素，我们知道了文明既存在于人自身的、个人的、人类的发展当中，也存在于社会的、有形的环境的发展中。每当我们在观察一个事件、一种制度和一种普遍的社会发展状态时，我们就要问：文明是如何促进或阻碍了人类的发展的？文明是如何促进或阻碍了社会的发展的？

首先要明白，在研究的过程中，我们肯定会碰到道德哲学中的一些经典问题。如果我们想要了解一个事件、一个制度是如何为人类和社会的发展做出贡献的，我们就需要知道什么是人类和社会真正的发展，哪一些发展是迷惑人的、不合理的，带来了破坏而不是完善，导致了倒退而不是进步。

我们不能去逃避这个问题。如果我们不去直面它，就只能肢解掉、削减掉我们的想法和事实本身。但是，世界现在所处的境况要求我们一定要接受哲学和历史这种不可规避的联合，因为这可能是我们这个时代的特点之一，甚至可能是这个时代的主要特点。我们应该同时考虑，同时调动起科学与现实、理论与实际、法规与事实。不过直到现在，这两者都还是独立存在的；这个世界已经习惯了看着它们走在不同的道路上，互不了解，互不相见。当学说、思想想要融入到事件当中，去影响世界时，它们只能借由狂热崇拜的形式和力量去达成这个目标。一直到这里，对人类社会的统治和对一切人类事务的领导都还是被两种势力所切割：一种是信徒，是对一般理念和观点学说有所了解的人，是狂热分子；另一种则是对理性原则一窍不通的人，是被环境所支配的人，这些人在17世纪也被称作贵族、放纵之人。这种情况在今天已经不复存在了，不管是狂热分子还是放纵之人，他们都不再是社会上的主流。现在，如果想要支配和管理别人，想要在众人之中占据统治地位，需要同时了解和知道一般理念与环境背景，需要同时考虑理论与事实，需要尊重真理与需求，需要远离狂热分子的盲目与放纵者的傲慢。是社会环境的改善和人类精神的发展把我们带到了这一步：一方面，人类的精神思想得到了解放和提升，能够更好地理解一切事物，以不同的角度来看待问题，把所有的东西组合到一起；另一方面，社会得到了完善，更加接近真理，事实和原理也越来越贴近，虽仍有极大的差异，但也不至于在做比较时让人心生气馁和厌恶。我会顺应我们这个时代的潮流、习惯和需求，先讲外部环境，然后再讲各类思想理论，从事实陈述过渡到学说问题。也许目前人类所处的这种精神状态为我选择这种论述方法又增添了一个理由。从不久前开始，人们公然地表现出了对于事实，对于实际的一面，对于人类事务中积极面的喜爱，甚至是偏爱。我们曾经因为一般理念和理论的专制而感到痛苦，这种专制曾经在某些方面让我们付出了惨痛的代价，从而招致了我们对它的不信任。因此，人们开始更倾向于去参照事实、特殊环境和理论的具体实践。这是一种新的进步，是迈向真理的一大步。只要我们不被这种偏好吞没，不被它牵着鼻子走；只要我们没有忘记唯独真理可以支配这个世界，而事实的价值在于将真理表达出来并逐步靠近真理；只要我们记得所有真正的伟大和繁盛的生命力都来源于思考，就可以了。欧洲文明就是这样的，它从来不缺乏伟大的思想，总是充满了各种想法。在法国社会当中，人类精神思想的力量非常强大，可能要比其他地方的更强大。法国不应该丢失它的这种优势，它不应该陷入这种有点低级、有点物质的精神思想状态，那不是它的特点。法国至少要保持智慧和观点学说在其社会中原有的地位。

所以，我们不会逃避哲学和一般性问题，我们也不会刻意找这类问题。不过当我们被带到这些问题面前时，我们会毫不犹豫地、淡定地去处理它们。在研究封建制度和欧洲文明史之间的关系时，这样的机会可不止一次。

在10世纪的时候，封建制度是必要的，而唯一可能存在的社会状态，就是普遍地去建立封建制度。野蛮在哪里止步，封建制度就在哪里开始成形。在刚开始的时候，人类只带去了混乱，所有的统一、所有一般性的文明全都消失不见；社会从各个方面开始瓦解，一些小型的、模糊的、独立的、不协调的社团被逐步建立起来。当时的人们认为一切即将瓦解，世界将全面进入无秩序的状态。你们去看看那个时候的诗人或是作家写的东西，他们都认为世界末日要来了。这个时候封建社会出现了，它既是必要的，也是必然的。存在于之前那个社会里的所有元素都重新进入到了这个新社会当中，所有事物都采用了新社会的组织形式，哪怕是那些对这个新制度感到非常陌生的元素，教会、市镇、王权，都不得不调整自己以适应它。教会变成了封建君主

一本 13 世纪法国参考文献中的插图
图中人物代表中世纪时的三种等级；
祈祷者（神职人员）、战斗者（骑士精神）、工作者（普通人：工人、农民、小市民）

和封臣，市镇有了封地领主和封臣，王权隐藏在封建君主的背后。这时候所有东西都能以封地的形式被授予他人，不仅仅是土地，还有某些权利，比如森林砍伐权和捕鱼权。教会用封地来发放例如为他人进行洗礼或是完成妇女安产礼的费用和酬金。人们还会用封地来分发钱财和用水。社会上所有的一般性元素也都进入到了封建制度这个框架当中，一些最微小的细节以及公共生活中最细枝末节的地方都变成了封建制度的一部分。

看到封建制度的形式控制了一切，我们可能会在第一时间认为封建主义根本的、最重要的理论也在各地占据了主导地位。这么想可就大错特错了。各个机构组织以及各种与封建制度相异的社会元素虽然采用了封建制度的形式，但却没有丢掉它们的本质和理论。封建教会仍然受到神权思想的控制。为了推广神权思想，教会联合了王权、教皇、民众，持续不断地在尝试推翻封建制度，虽然它自己本身就带着封建制度的印记。王权和市镇也一样：王权中带有君主制的思想，民主思想继续在市镇占据着主导地位。虽然自身带有封建主义色彩，但欧洲社会中的各个元素一直在努力摆脱这种与它们真实的本性不相符的形式，极力寻找一种与它们自己的理论和需求相配的形式。

在了解完封建制度的普遍性以后，注意不要由此对封建主义的普遍性做出任何结论，也不要不加区分地就去研究封建主义。为了能够更好地了解这个制度，梳理和评判它在近代文明中的作用，我们要注意形式和理论的协调，要按照人在封建制度中的不同等级来研究它。这才是封建主义的精髓所在，我们的研究也将从这里开始。

我之前说精神思想方面的问题很重要，切不可遗漏，其实还有另一种完全相反的观察顺序，我们常常遗忘了它。我想说的是社会的物质条件，是新的事实、变革以及新的社会状态给人类生存和生活带来的物质变化。我们有时候没有意识到，也不太会经常问自己，世界上发生的这些重大事件给人类的物质环境以及人类关系的物质面带来了哪些改变。这些改变所带来的影响比我们想象中的更大。有谁还不知道我们花了大力气去研究气候的影响？孟德斯鸠也认为气候非常重要。如果我们只考虑到气候对人产生的直接影响，那么它的影响范围可能还没有那么广，对它的评估也会比较困难或者模糊。但如果我们去考量气候产生的间接影响，比如在一个炎热的国家里，人们都是露天而居，而在寒冷的国家里，人们则闭门不出，就会发现在这两个国家里生活的人饮食习惯也完全不一样。这些事实都非常重要。它们表明了物质生活的小小改变，就能对文明造成极大的影响。所有重大的改革都会给社会带来这种改变，我们对此要多加重视。

封建制度的建立也带来了一种变化，其重要性不可忽视。它改变了人口在领土上的分布。之前，封建地主和君王们比较习惯跟很多人群居在一起，或是定居在市镇里，或是以帮派的形态在各地流浪。封建制度建立以后，这些人便开始独自居住在自己的住所里，跟其他人保持较远的距离。你们应该能隐约看见这种变化给文明的进程及其特点带来了什么样的影响。社会优势和对社会的统治突然从市镇转移到了乡下，个人财产从此优先于公共财产，个人生活也从此优先于公共生活。这就是封建社会带来的第一种影响，一种完全物质上的影响。越是深入研究，就会有越多的影响展露在我们眼前。

让我们来研究一下这个社会本身吧，看看它在文明史中扮演了怎样的角色。先来看看封建主义最简单的、最原始的、最根本的元素。仔细地观察一个在自己的封地上生活的人，看看以他为中心形成的小社会是什么样的，这个小社会又会对它的组成元素带来什么样的影响。

一个人在一片地势高的、孤立的区域定居了下来，他会注意维持这片区域的安全和强大，并在这里修建起他的宅邸。他都跟谁一起在这儿生活呢？和他的妻儿，可能还会有一些没能成为封建地主的自由人，这些人依附于他，并继续与他生活在一起。这是宅邸内部的情况。在它的周围，它的脚下，聚集了一小部分移民和奴隶，他们耕种着这位封建地主的土地；宗教在这群地位较低的人群之中建立起了教堂，并把教士带到了这个群体当中。通常来说，在封建制度的前期，教士既是管理封建主宅邸小教堂的神父，也是管理村庄教堂的神父。不过在某一天，这两种角色被分开了，村庄有了它自己的神父，神父居住在教堂的旁边。这就是最基本的封建社会，或者说是组成封建制度的小分子。我们首先要研究的也是它，而且有个问题要回答：我们从其中可以得出关于人的发展以及社会发展的哪些信息？

这个问题我们应该去我刚才提到过的那个小社会中寻找答案，而且这个答案是可信的，因为这个小社会就是封建社会的真实概貌和典型。封建地主、在封建地主的领土上生活的人以及教士，这就是封建制度。我把王权和市镇这两个独立于它们的异类元素拿掉了。

我们再继续观察这个小社会，第一件让我感到惊讶的事情就是在封建地主自己以及他周围的人的眼中，他非常重要。在蛮族生活中，占据主流的是个人的感受和个人的自由，然而在封建制度中却是另一种情况：主人、家族之主以及封建地主非常受重视，如此一来就产生了一种优越性。这种优越性很特别，跟其他文明中的优越性不一样。我给你们举个例子。以古代的贵族制度为例，比如一个罗马贵族跟封建地主一样，是一家之主、主人和上层人员；他信教，是家中的宗教长官。但是，这种宗教上的重要性源自外界，而并非完全来自他个人本身；他从上苍获得了这种重要性，他是上帝委派的代表，他要向世人阐释相关的宗教信仰。这个罗马贵族还是一个联合会的成员，会里的成员们都住在同一个地方，相当于他是元老院的成员。这又是外界，是他所属的联合会给他增添的一种重要性。这种重要性是别人给的，是他向别人借来的。古代贵族的重要性带有宗教性和政治性，它通常依附于一个职位或是一个组织，而不是个人。而封建地主的重要性则完全是个人的，他没有从别人那里获得任何东西，他掌握的所有的权力和势力都来自他一个人。他不是教会的行政管理人员，也不是元老院的成员；他的重要性源于他

一幅描绘神圣罗马帝国结构的插图：
罗马皇帝在中间坐着；在他的右边是三位教会成员；他的左边是四位世俗选民

这个人，源于他本身，源于他自己。这种情况下，拥有如此大的影响力的人自己该受到多大的影响啊！他的灵魂深处该生出怎样的自豪和骄傲，或者说蛮横无理！没有在他之上、比他级别更高的人，他代表的就是他自己，在他周围，没有跟他同级的人；没有一部有力的公法可以约束他；没有任何外部元素可以影响他的意愿，能够阻碍他的只有他自己能力的大小和危机的出现。以上就是这种优越性所造成的人类心理状态的特点。

这种情况还造成了另一种同样严峻的后果，它很少被人注意到，我想说的是封建家庭意识的特点。

让我们来看看各式各样的家庭体系。首先是族长制的家庭，我们可以在《圣经》和西方的建筑中看到它的模型。这样的家庭人口众多，相当于一个部落。一家之长，也就是族长，与他的孩子和近亲生活在一起；几代人都围绕在他身边，这些人既是他的亲人，也是他的仆人。这样一个大家族的人生活在一起，有着共同的利益，做着相同的事，过着同样的生活。这不就是亚伯拉罕、阿拉伯族长和部落头领的情况吗？他们的生活场景就是对这种族长制生活的重现。

另一种家庭体系是氏族部落，我们在苏格兰、冰岛以及大部分的欧洲地区可以找这种小型社会的模型。它不再是族长制家庭，在这里，首领的地位跟其他人的非常不一样。首领过着跟别人不一样的生活，他游手好闲、好战尚武；其他人都得服侍他，替他耕种土地。但是，他们的族源是相同的，他们拥有同样的姓氏，相互之间是亲属关系，遵循着同样的古老传统，分享着共同的记忆；成员之间的深厚感情在他们中间建立起了某种心灵上的联系和某种平等。

这是历史上出现过的两种主要的家庭社会类型。那我问问你们，它们是封建家庭体系吗？当然不是。乍一看，封建家庭体系跟氏族部落有点联系，但实际上它们的差别却要大得多。在封建家庭体系中，围绕在封建地主身边的人都是陌生人，他们跟封建地主的姓氏不同，他们之间并非亲属关系，也不存在任何历史上或情感上的纽带。封建家庭体系也不属于族长制家庭，封建地主过的生活与他周围的人不一样，他不用像周围的人那样去干活，其他人在耕地的时候，他则游手好闲、好战尚武。封建家庭中的人口不多，它不是氏族部落，它仅有严格意义上的家人，也就是一家之主的孩子和妻子；封建地主不跟其他人住在一起，他住在自己的城堡里，移民和奴隶与他没有任何联系；他们的族源不同，生活的环境也非常不平等。封建家庭体系就是五六个人拥有一种比别人更高、不同于别人的地位。当然，它还有另一个特点。封建家庭是狭隘的、集中的，它不断地在寻求保护，一直保持着警惕，甚至连它的仆人们都要与它隔离开来。家庭的内部生活和家风家教在这里非常重要。我知道一家之主好战喜猎的冲动和习惯为家风家教的发展带来了障碍，但是这个障碍终会被克服。这个一家之主能经常回家，他能在家里看到他的妻子和孩子，他们就是他永恒不变的社会，他们永远有着共同的利益和命运。家庭当然对一家之主产生了巨大的影响，对此我们可以举出很多例证。女性的重要性难道不就是在封建家庭的内部发展起来的吗？在家庭意识很强的古代社会当中，比如生活在族长制下的女性，她们的地位远远不如生活在欧洲封建制度下的女性。女性的地位获得这样的改变，她们的生活环境得到这样的改善是因为发展，是因为家风家教在封建社会中的盛行。我们曾经以为这种变化源于古日耳曼人的道德风俗，以为生活在丛林中的日耳曼人为了民族的利益而对女性产生了尊重。就像塔西佗[①]说的那样，日耳曼人的爱国精神把他们关于两性的道德风俗提升到了何等的高度，并赋予了后者一种原始且不可磨灭的纯洁性。然而这只是空想罢了！我们在很多蛮族人或野人的故事中可以找到一些跟古代日耳曼人相似的情感观念和风俗习惯，以及

① 塔西佗：古罗马伟大的历史学家。

1341 年绘在羊皮纸上的画作
七位选帝侯在法兰克福选出卢森堡伯爵亨利为罗马国王

一些类似于塔西佗说过的话。但其实这一点也不原始，它也不是某个种族的专属。欧洲女性重要性的提升是因为受到了严格的封建社会所带来的影响，是因为社会的进步和家风家教的盛行，而家风家教的盛行很早就成为封建制度的主要特点。

再然后，在社会中明显占据了主要地位的继承和延续香火的观念也证明了家庭的重要性，而且这两样也是封建家庭的特点。继承这一观念是家庭观念所固有的，但它在封建制度下得到了史无前例的发展。这其实跟家庭获得的财产的性质有关。封地跟别的财产不一样，它时时刻刻需要一个主人来保护它，为它做事，替它履行相应的义务，保持它在全国地主行列中的地位。由此也产生了存在于现主人和封地、未来的主人和封地之间的某种认同。

这使得原本就很亲密的封建家庭中的家庭关系变得更加牢固和紧密。

现在，让我们走出封建地主的宅邸，来到围绕在他周围的这些人当中。在这里，一切事物都呈现出另一种面貌。人的本性很善良，而且非常有活力。当人在某种社会环境中待了一段时间以后，无论条件如何，在这种社会环境下凝聚起来的人们相互之间一定会产生某种道德牵连、保护欲、仁慈和喜爱。人就是这样步入了封建社会。毫无疑问，在经历了一段时间以后，农奴和封建地主之间会形成某些道德联系和情感习惯。不过，这与他们各自的社会地位无关，这种情况的出现并非因为受到了某种社会地位所带来的影响。如果我们只看社会地位的话，它其实是有很多缺陷的。封建地主和农奴在思想道德上没有任何共同之处；农奴只是封建地主地产的一部分；他们是他的财产；财产这个词里包括了当今被我们称为公共主权和私人财产名下的所有权利：制定法律的权利、征税的权利、惩罚的权利，以及占有和贩卖的权利。在地主和替他耕地的农奴之间，至少在跟农奴相关的法律规定中，农奴没有任何权利，没有任何保障，也没有任何社会生活。

我认为，也正是因为这样，生活在乡下的民众才会一直对封建制度、对它的名字和这段记忆怀有一种巨大的、不可磨灭的仇恨。以前，人们也曾遭受、习惯甚至接受了某些沉重的压迫，这些压迫来自神权政治或君主统治。然而，这些压迫却不止一次获得了民众的承认和喜爱。与之相反，封建制度的压迫一直受到排斥和憎恶。它虽然影响了人们的命运，但却没有征服他们的灵魂。之所以出现这种情况，是因为在神权政治或君主制度中，权力的实施依靠的是某些共同信仰的支撑，它的实施对象包括了统治者和普通百姓；统治者是统治权的代表和使者，他的一言一行遵循的是神意或某种普遍的思想观念，而不是他自己个人的意愿。在封建制度中则是另一种情况，在这里，压迫是个人对个人实施的权力，是个人意愿的反复无常。因此，人类永远都不可能接受它。无论在哪里，一个仆人在他主人的身上看到的只是一个人，如果强加在他身上的意愿仅仅是一种人的、个人的意愿，就跟他自己的个人意愿一样，那么他就会愤怒，就会开始无法忍受这种奴役，除非有人拿枷锁来锁住他。以上就是封建权力独特的、真实的特点，也是人们一直憎恶它的原因。

哪怕在封建制度中添加宗教元素也很难减轻它所带来的沉重压迫。我不认为在我刚才描述的那种封建社会当中，教士能发挥很大的影响，他们无法成功地合法化地主和下层民众之间的关系。教会对欧洲文明的影响至深，但它靠的是一种更为广泛的方式，靠的是改变人们普遍的观念。当我们进一步观察严格意义上的封建社会时，我们会发现教士在地主和农奴之间几乎起不到什么作用。甚至常常连他们自己都低人一等、粗鄙无礼，就跟农奴们一样；他们既没有条件也没有手段可以去对抗地主的狂妄自大。也许他们没有丢掉自己的本职工作，他们是唯一能在底层民众中发展并维护某种精神生活的人；也许他们给这个社会带来了一些安慰和光亮。但是，我认为他们并没有为社会的发展做出很多贡献。

我们刚刚研究了封建社会的基本情况，给大家展示了封建制度给封建地主自己，给他的家人以及生活在他周围的人民所带来的影响。现在，让我们走出这个限定。在某一片土地上生活着来自多个封地的人，多个相同的或不同的社会同时并存，相互之间存在着某些联系。在这片土地上生活的人后来怎么样了？他们所处的这个广阔的社会又对文明产生了什么样的影响呢？

在回答这些问题之前，我们先来观察一下：封地地主和教士都生活在一个广泛的社会里，来往频繁。但是，那些移民和农奴可就不一样了：在那个时候，居住在乡下的人总是被称作，比如说人民，这类词的含义很宽泛，它们看上去似乎是把所有的这些人都划入了上述的那个广泛的社会里，然而现实却不是这样的。这些生活在乡下的人根本就不属于任何一个广泛的社会，他们的存在是地区性的。在他们所生活的那片土地之外，他们与任何人、任何事都没有一丝一毫的关系。对于他们而言，根本就不存在什么共同命运，也不存在国家这一概念，他们离人民这一定义还相差甚远。人们从整体上谈到封建组织时，它的主体实际上只有封建地主。

现在让我们来看看小型的封建社会和它所处的广泛社会有什么联系，以及这些联系给文明的发展带来了什么样的影响。

我们都知道封建地主之间存在着什么样的联系，他们跟自己的地产有着什么样的联系，以及他们有哪些保护和服务的义务。这些义务的细节我就不说了，你们只要对它有个大致的概念就可以了。这些义务一定会在封建地主的灵魂深处催生出某些观念和道德情感，催生出某种责任感以及某种喜爱的情感。很明显，封建地主相互之间的关系发展并维护了忠诚、奉献、忠于承诺的原则以及所有与之相关的情感感知。

人们曾经试图把这些义务、这些责任和这些情感转化为法律法规。在封建制度的统治下，人们曾经想要通过法律来确定封建地主应该对封建君王提供什么样的服务，以及相应的，地主可以期待从君王那儿获得哪些服务；在什么情况下封臣需要向君王提供军事或资金上的帮助；如果君王需要封臣提供额外的服务，需要以哪种形式获得封臣的同意。人们尝试着把所有的这些权利都写到了法律法规中，以确保它们不被违反。如此一来，各地主之间如果出现纷争，就可以在他们共同的君王面前，通过领主裁判权来裁决了。稍微有点儿地位的封建地主都会把他们的封臣聚集到议会当中，跟他们一起处理那些需要得到他们的同意或支持的事务。简单来说，在那个时候的封建社会当中，存在着一套政治上的、司法上的以及军事上的方法手段，人们试图通过它们来组织封建政权，将封建地主之间的关系转化为法律法规。

不过，这些法律法规并没有任何实质上的东西，什么也保障不了。

什么是政治保障？政治保障的基本特征就是在社会中持续地存在一种力量，这种力量能把某种律法强加给个人和个人意愿，让所有人和所有人的意愿都遵守和服从共同规则和一般法律。

政治保障体系有两种可能：我们需要一种意愿，一种高于其他力量的特殊的力量，一旦有了它的加入，任何其他力量都不能反抗，都必须服从；又或者它是一种公共的意愿和力量，是每个人的个人意愿发展和协作的最终成果，它在脱离了个人意愿以后，就能被强加给所有人，让所有人都去遵守它。

上述两种政治保障体系，一个是个人或主体的专制，另一个是自由政府。当我们回头去观察各种不同类型的制度体系时，会发现它们其实都属于这两种体系中的某一种。

注意了，各位！这两种体系中的任何一种在封建体制中都是不存在，也不可能存在的。

毫无疑问，在封建制度的统治下，地主之间也不都是平等的，他们之中有很多非常强大或者是比较强大的地主，这部分地主会去压迫那些最不强大的地主。没有任何一个人可以把某种律法强加给所有人，让所有人都服从于他，哪怕是头号的封建君主或是国王也都不可以。在这个社会里，没有一种势力或影响是永恒的，这里没有常备军，没有持续的税收，没有常设法院。从某种程度讲，只有在需要时，各种社会力量和社会机构才会被重新启用或重新创造。每当需要审判时就创立法院，需要打仗时就建立军队，需要用钱时就想办法收钱。一切都是临时的、偶然的、特殊的。没有任何中央的、永久的、独立的行政管理手段。很明显，在这样的制度中，不可能有人可以把他的意愿强加给别人，让所有人都遵守一般法律。

从另一个方面来讲，反抗容易，镇压难。地主有自己的宅邸作为屏障，只有一小撮敌人，而且他们很容易就能在跟他们处境差不多的封臣当中找到结盟或救助的办法，所以他们自保起来还是很容易的。

在第一种政治保障体系当中，最强的那股力量可以影响其他的力量，但我们刚刚其实已经看到这在封建制度中是不可能的。

而另一种体系，自由政府，公共权力，公共力量，这在封建制度当中同样也是行不通的。原因很简单。我们如今在谈及公共权力，或者在谈及主权权利，即颁布法律、征税和制定惩罚等，我们都知道，或者说都认为这些权利不属于任何人，没有人有权利为了自己的利益而去惩罚别人，去向他人收取钱财，去将某条律法强加到他人身上；有些权利只属于大众社会，只能以大众之名被实施；人无法从自身获得这些权利，只能从上头接受这些权利。所以，当一个人遇到了某个被赋予了以上权利的权力时，他会被一种想法占据，有可能他自己都不知道，这种想法让他认为他所面对的是一种公共的、合法的权力，这个权力的任务就是对他下达指令，而在某种程度上，他的内心早就已经提前被驯服了。在封建制度中，情况是完全不一样的。地主被赋予了在其领地上对所有人的主权权利，这些权利是伴随他的地产和他的私人财产而产生的。我们今天认为的公共权利在那个时候其实只是私人权利；我们今天认为的公共权力在那个时候也只是私人权力。当一个封地领主以他身为地主的名义，向他周围所有的人行使主权权利以后，即使他参加议会（议会由他所服务的君主主持，通常情况下议会成员不多，身份处境也跟他差不多），他也不会把公共权力的思想带到议会上，在议会上，他也听不到任何跟公共权力相关的思想。公共权力的思想跟地主自身的存在以及地主在封地内做的事是相悖的。在议会中，他只能碰到那些跟他拥有同样权利的人，他们也像他一样可以凭借自己的个人意愿行事。在统治管理的最高层，在我们称为公共机构的地方，没有人能够让他、能够强迫他去认识我们今天所理解的那种政治权力的优越性和广泛性。当他对某个决定不满意的时候，他只会选择拒绝参与，或是通过武力来解决。

在封建制度的统治下，武力才是人们真正常用的保障权利的方法，如果我们可以用保障来这么称呼它。所有权利都在不停地诉诸武力，以保证它们自己能够被知晓、被遵守。然而没有任何一个组织机构能够成功地让武力成为权利的保障。人们能感觉到没有人会去求助于组织机构。虽然那个时候有领主法庭和封臣议会，但其实在历史上，这些组织机构并不是很常见，也不是很活跃。它们的稀松罕见其实也证明了它们的无用无能。

对此我们不必感到惊讶。其实，还有一个更为深层和重要的理由。

在所有政治保障和统治管理体系当中，可以很确信的是，联邦体制是最难建立和执行的。联邦体制要求尽可能地把政府的所有部分都留在每一个地区、每一个独特的社会当中，只保留对于维护一个更广泛的社会而言必不可少的那一部分，然后把这部分放置到整个社会的正中央，并在这里以中央政府的形式把这个广泛的社会构建起来。联邦体制从逻辑上来说是最简单的，但实际上它是最复杂的。它需要调整好地方独立和一般指令之间的尺度，还要协调好地方自由和某些情况下要求的全体服从之间的矛盾。显然，这需要高度发展的文明：个人意愿和个体自由为建立和维持联邦体制做出的贡献比在任何其他制度下的都要多，因为在这里，强制手段的使用比其他地方要少得多。

神圣罗马帝国的象征，带有各个国家徽章的双头鹰

因此，要想建立联邦体制，社会中的理智、道德和文明都必须得到极大的发展。对了！封建政权想要建立的就是这种体制，泛封建制其实就是联邦制。它的原则与当今构建的联邦体制，比如美利坚合众国联邦所依据的基础原则是一样的。它声称会尽力把政府和主权全部交到各个领主的手中，只把尽可能少的权力交给封建君主或贵族大会，而且只在绝对必要的情况下才会这样做。你们也明白，在无知和冲动当中，换句话说，在封建制度的统治之下，人类尚处于一种极度不完美的精神思想状态，而这种管理方式的本质甚至跟它实施对象的精神思想是相互矛盾的，在这种情况下想要建立起这样的体制是不可能的。这样一看，还有谁会为这种尝试的失败感到震惊呢？

我们先是从最简单的要素，从根本要素开始，再到整体，对封建社会进行了观察。我们从这两个角度观察了封建社会做了些什么以及它对文明进程造成了什么样的影响。我认为，我们可以得出以下结论：

第一，封建制度产生了很大的影响，总的来说，它对个人的内在发展产生了有益的影响。它在人类的灵魂深处激起了思想的火花，激起了活泼有力的情感，激起了对道德的需求，激起了个性和热情的良性发展。

第二，从社会的角度来看，封建制度既没有建立起法律上的秩序，也没有创建出任何政治保障。欧洲社会已经被野蛮瓦解，无法再承受一个更加规则和更加广阔的发展模式，封建制度对于这个社会的重启是必不可少的。但是，封建制度本身是不好的，它既不能规范，也不能拓展自己。封建制度在欧洲社会唯一发展起来的政治权利就是反抗的权利：我说的不是合法反抗，在如此不发达的社会当中不存在合不合法的问题。确切来说，社会发展就是：一方面，用公共权力来替换个人意愿；另一方面，用合法反抗来替换个人反抗。这是社会秩序发展的主要方向和伟大目标。制度给个体自由留出了很多活动空间，所以当个体自由犯错时，当个体自由需要承担责任时，我们只能求助于公共理性，让公共理性来解决对个体自由的控诉。这就是法律上的秩序和合法的反抗。你们应该不难理解，在封建制度的统治下，没有出现过任何跟它类似的体系。封建制度下实施的反抗权其实是个人反抗权。这种权利是非社会的，是很可怕的，因为它会诉诸武力和战争，导致社会的毁灭。然而，在人的内心深处，这种个人反抗权是永远不会被废除的，因为如果废除了它，就相当于接受了奴役。反抗权曾在罗马社会覆灭时就消失了，它没能从罗马社会的残骸里复活，也没有在基督教社会的教条里得到重生；是封建制度让它重新成为欧洲的道德风俗的一部分。文明的发展使得它不能像以前那么活跃，但封建制度一直在维护它、保护它。

这就是我们对封建社会和它的基本元素进行研究后所得到的结论，在这个过程中我们没有把历史展开来说。如果我们现在去观察事实和历史，会发现该发生的都发生了，封建制度做了它该做的，它的命运和它的本质是相对应的。我们刚才推测和归纳出来的封建制度的本质可以在各个具体的事件中得到证实。

让我们来扫一眼10世纪到13世纪封建制度的通史：我们不得不承认它的确有益于个人的发展，有利于思想、个性和情感的发展。当我们翻开这段历史时，一定会看到在封建的道德风俗中诞生了很多高尚的情感、伟大的行动以及人类至善至美的发展与进步。骑士精神看上去跟封建制度完全不搭边，但是它却是封建制度的产物；这种高尚的、慷慨的、忠诚的情感源自封建主义，它证明封建制度的确还是有好的一面。

让我们换个角度来看看：欧洲最先出现的想象力，欧洲在脱离野蛮状态后享受到的第一批精神上的乐趣、第一批诗歌散文和文学作品，都是在封建制度羽翼的庇护下，在封建城堡的内部诞生的。要想有这样的发展，需要灵魂和生命的运动，需要乐趣，需要一切与痛苦的、悲伤的、粗陋的、艰辛的生活条件相反的东西。在法国、英国和德国，第一批文学作品和精神享受都发生在封建时期。

14 世纪《圣丹尼斯编年史》中的插画

查理大帝从他的一位附庸者那里接受了忠诚和崇敬的宣誓

相对应地，如果我们去历史中查找封建制度对社会造成的影响，那么结果跟我们之前推测的一样，它一定会被放在建立广泛秩序和扩大广泛自由的对立面。从某些角度去看社会发展，会发现封建制度是一种障碍。所以，一旦封建制度被建立起来，秩序和自由的两大卫兵，一是君主政体，二是人民政权，其实也就是君主和人民，就会视之为敌并不断地去攻击它。在不同时期，人们都努力想要去调整封建制度，建立一种更合法一点、更广泛一点的政体：在英国有“征服者威廉”和他的子嗣们，在法国有圣路易，在德国也有多位君王进行了这样的尝试。但所有的尝试都失败了。封建社会的本质本身就排斥秩序和合法性。在近代，有些有想法的人想要为封建制度平反，认为它是一种合法的、有秩序的、在向前发展的政体，认为它统治下的时期是黄金时代。但是，如果你们让这些人道明具体的地点，或者具体的时间，他们就完全没法做到；它是一个没有具体年代的乌托邦，是一出我们无法在过去的岁月里找到它演出的剧场和主角的悲剧。导致这种错误的原因不难被发现，而且它也解释了为什么另一些人会极其地厌恶封建制度。其实，这两类人都没有考虑到封建制度的两面性，区分它对个人、情感、个性和激情的发展所带来的影响以及它对社会所带来的影响。有些人只能看到在这个制度当中，有很多美好的情感，很多美德，很多文学，道德也得到了升华，变得伟大。但其实这个制度同样也有它不好的、致命的一面。另一些人则只看到了封建主义对人民大众犯下的恶行，看到了它对建立秩序和自由造成了阻碍。他们不相信封建制度能带来好的品质、伟大的德行或者是任何方面的进步。实际上，这两类人都没能正确地理解文明的双重要素，他们没有意识到文明是由两大类发展组成的，甚至其中任何一类都可以在时间上独立于另一类发生；在经历了漫长的岁月以及一系列的事件之后，它们可以相互召唤，牵引另一方的出现。

说一下其余的几句话。封建主义所呈现出的模样，就是它应该有的样子；它所做的事情，也是它应该会去做的事情。个人以及个人存在的力量这两个概念对于罗马世界的征服者来说非常重要，由此可以推断，个人这一概念应该起源并发展于一个由他们建造、为他们建造的社会制度当中。人一旦进入到了某种社会制度当中，他所带来的事物、他的内在、他的精神道德，都会深深地影响他的生活环境。相对应的是，人的周遭环境也会对他带来的事物做出相应的反应，加强并发展它从人那里获得的事物。个人在日耳曼社会中占据了主要地位；封建社会是对日耳曼社会的承袭，同样也给个人发展带来了积极的影响。文明的各个元素都是这样的，它们都很忠实于它们的源头，推动着世界在它们最初驶入的那条道路上继续前进。我们在下一讲中会谈到5世纪到12世纪的教会历史以及它对欧洲文明的影响，这将又是一个鲜活的例子。

1675 年，雷根斯堡市政厅举行的帝国议会就职典礼的座位图

第五讲　教会与世俗权力

LA RELIGION EST UN PRINCIPE D'ASSOCIATION

宗教是一种黏合剂—强制不是统治的核心—合法统治的条件：第一，最适合的人掌权；第二，尊重统治对象的自由—教会是一个主体而不是社会等级，满足了第一个条件—其内部各式各样的命名和选举的方式—教会非法拓宽职权，滥用权力，这使得它无法满足第二个条件—教会内部精神思想的自由与运动—教会和君王之间的关系—原则上的精神权力的独立性—教会有吞并世俗权力的意图并为此努力过。

我们已经探讨过封建制度的本质和影响。我们现在要讨论的是5世纪到12世纪的基督教教会。我再强调一下，是“教会”，是由教士组成的社会以及基督教的神职人员，不是严格意义上作为某种宗教体系的基督教。

只需一眼，我们就能看出5世纪的教会和欧洲文明的其他元素存在着巨大差异。我之前提过，欧洲文明的基本元素有市政制度、封建制度、王权和教会。5世纪时，市政制度只是罗马帝国留下的一片废墟，一个没有生命、没有固定形态的幽灵；封建制度还没有从混乱中脱身；王权只是徒有虚名，社会中的所有文明元素都处在没落或萌芽之中，唯独教会保持着年轻的、固定的形态，保留着初始时期的精力。它在秩序中变化，在规则中保持活力，换句话说，它拥有产生影响的两大法宝。我问问你们，所有的团体组织难道不都是一方面通过精神生活和内在发展；另一方面通过秩序和纪律最终控制住了整个社会吗？另外，教会提出了很多人类感兴趣的问题，它关注人类的本质问题以及人类命运中的机遇。因此，教会对近代文明的影响非常大，比它最激烈的反对者和它最虔诚的护卫者所估量的影响还要大。这些人都太专注于去攻击或维护它，所以只能做到从某个关键性的角度对它进行观察。我认为，这些人没有对它做到公正的、全面的评判。

5世纪的教会是一个独立的、成形的社会，存在于人民和这个世界的主人、君王、拥有世俗权力的人之间，是他们之间的纽带，同时也影响着他们。

为了能够完全了解和理解教会的影响，我们需要从三个方面对它来进行观察。首先，要对教会本身进行观察，了解它的内部构造、主要元素和本质；其次，要研究它与世俗统治者——君王、领主等人之间的关系；最后，要研究它与人民之间的关系。等我们从这三方面的观察中得出一个关于教会、教会元素、教会地位和教会影响的完整画像之后，我们再去用历史来验证我们的推论，看看发生在5世纪的事实和事件是否跟我们分析的结果相一致。

让我们先来观察一下教会本身，研究一下它的内部情况以及它的性质。

第一点，可能也是最重要的一点，就是教会的存在本身，宗教统治的存在，神职人员的存在；一个教士行会的存在，一份神圣职业的存在，一种尚处于教士当家阶段的宗教的存在。

对于很多有经验的人来说，光看这些词，教士主体、神圣职业、宗教统治，似乎就足以做出判断。他们认为这样一种合法组建了教士主体的宗教，这样一种有人管理和控制的宗教所带来的影响，好的比坏的多。在他们看来，宗教是仅介于个人和神之间的一种关系，一旦这种关系失去了这个特点，一旦来自外部的权力介入到个人和宗教信仰的主体之间，也就是个人与神之间，宗教就会变质，社会就会陷入危难之中。

我们不能绕过这个问题。想要知道基督教教会的影响，就要先了解教会这个组织机构的本质，了解教会和神职人员带来的影响。我们需要了解宗教到底是不是纯个人的，看看它是不是只能建立起介于人和神之间的亲密关系，还是说它也是人与人之间建立新关系不可或缺的来源，而从这些关系当中一定能孕育出一种宗教社会以及统治这个社会的管理机构。

如果我们把宗教的含义缩小到宗教情感，一种真实却有点模糊的、主体

有点不太确定的情感；一种我们虽然可以命名却无法刻画出特点的情感；一种时而面向外在的实物，时而面向灵魂至深处的情感；一种今日与诗歌一同作赋，明日与未来的奥秘对话的情感；一种到处游走，四处寻求满足，无法稳定下来的情感。如果我们把宗教的含义缩小到这种情感，那么它看上去似乎的确是个人的，而且只能是纯个人的。这样的一种情感可能会激发一种人与人之间短暂的联合。它可以，甚至是非常乐于唤醒人们的同情心，并从中获取养分，不断壮大。不过，因为它本性的飘忽不定，所以它拒绝让自己成为建立长期、广泛联合的黏合剂，也拒绝适应任何规则、惯例和形式。换句话说，它拒绝建立宗教的社会和宗教统治。

但是，或许是我弄错了，又或许这种宗教情感根本不足以概括人类信仰宗教的本质。我觉得，宗教是另一种完全不一样的东西。

在人类的本性当中，在人类的命运当中，有很多问题遵循着现实世界所没有的规律，纠缠和困扰着人类的灵魂。解决问题的答案存在于现实世界之

1616 年，丹尼斯 · 范阿尔斯洛特的绘画作品《布鲁塞尔的庆祝活动：萨布隆圣母游行》

外；解决这些问题的办法中包括了信仰和教义，或者至少它们自诩可以解决这些问题；这些都成为宗教信仰的第一个客体，是宗教的第一个源泉。

人类信仰宗教还有一个原因。对于你们当中学过哲学的人来说，应该很容易发现，在当今，道德是独立于宗教思想而存在的。人的本性对分辨善恶，避恶扬善这样的原则是认可的，就像它所认可的那些理性的逻辑定律一样，这些原则也有它们自己的原理，在现实生活中也有它们自己的工作方式。看到这里，看到道德恢复了它的独立性，人的脑中会浮现出一个问题：道德从哪里来？又将到哪里去？这种独立存在的扬善的义务是否是一个孤立的、没有行为人也没有目的的客观事实呢？它是否隐藏了，又或者说它是否向人类揭露了超越了这个世界的一种起源、一种命运？这是人出于本能提出来的问题，是不可避免的。通过这个提问，道德将人带到了宗教的门前，并为他展示了一个他从未涉及过的领域。

宗教有它确定的、丰富的来源，比如人的本性，又比如为道德寻找认同、来源和目的的需求。所以，宗教呈现出来的很多面貌都跟我们之前描绘的那种纯粹的情感不同，它更像是一个由以下三点组合而来的整体：第一，对人类自身问题的某种意见和看法；第二，与上述的意见和看法相符、认可并赋予了自然道德意义的戒律；第三，对人类未来和希望的承诺。这才是真正构成了宗教的元素，是宗教最本质的模样。宗教可不是一种纯粹的同理心，一种想象力的爆发或形形色色的诗歌。

在了解了宗教真正的组成元素和它的本质之后，现在的它看上去不再是一种纯个人的东西，而是一个强大而且有效的黏合剂。你们是否认为它是一个由信仰和教条组成的体系呢？真理是普世的、绝对的，不属于任何人；人类需要去探索真理，一起为真理发声。这些是与教条联系在一起的戒律吗？律法针对的是所有人，要将它告知众人，让所有人都去遵守它。宗教以其信仰和戒律之名做出的承诺也一样。它们要得到传播，要让所有人都能够获得福报。宗教社会诞生于宗教的主要元素之中，这是必然的；同样地，在这当中也诞生了那些最有活力的社会情感，传播思想和扩大社会的迫切需求；还有传播信仰的热忱。这个表达尤其适用于宗教信仰，而且在人们眼中看来特别神圣。

一旦有了宗教社会，当一部分人因为共同的宗教信仰、共同的宗教律法以及共同的宗教期望而聚集在一起的时候，他们就会开始需要一个统治管理机构。任何一个社会都不可能在没有统治管理机构的情况下存活超过8天，不，1个小时。哪怕是在社会刚刚形成的那一瞬间，它也需要一个统治管理机构来宣告一个共同真理以作为联系社会的纽带，发布并维护由这个真理孕育而出的训诫和箴言。跟其他社会一样，权力和统治管理机构对于宗教社会的存在来说是必要的。虽然统治管理机构不可或缺，但它的形成是自然而然的。我不能一直停下来去解释统治管理机构是如何在社会中诞生和创建起来的，简单来说，当事物顺从它们的自然法则并且没有武力的介入时，权力就会走向那些最优秀并且最有可能带领社会达成其目标的人。这是不是一种战争呢？最勇猛的就能获得权力。联合的目的是不是一种对智识的追寻？最精明的人才能成为老大。总的来说，在一个顺应自然法则的世界当中，人类自然的不平等会自由地发展，每个人都只能到达他有能力到达的那个位置。在宗教关系中，人们在才华、能力和力量上不再像在其他地方那样是平等的；有的人更能清楚解释宗教的教义，让它能被广泛地接受；有的人握有更多的权力，可以让别人去遵守宗教戒律；有的人则擅长激发和维护人内心的情绪和宗教期望。才能和影响力的不同在世俗社会中催生出了权力，在宗教社会中也是如此；传教士们让他们自己成为，或者说他们宣称他们自己是拥有更多权力的将领。因此我们说，一方面，宗教社会的本质自然而然地导致了宗教统治管理机构的诞生；另一方面，宗教统治管理机构在宗教社会中的发展受到人类才能及其不平等分配的影响。所以，一旦在人群当中产生了宗教，宗教社会就会得到发展；一旦宗教社会出现，宗教统治管理机构就会被创建。

但是也有一个相反的观点：这里没有任何可以下达或执行的命令，没有任何合法的强制性力量。这里没有统治管理机构，是因为这里存在着完全的自由。

我认为这就相当于粗鄙地认为统治管理机构只有动用武力，通过使用强制手段才能让别人听从于它。

现在让我们走出宗教的角度，一起来看看世俗的统治管理机构。请大家跟我一起来观察事物的发展过程。如果一个社会存在的话，那么，不管具体是什么，这里有事可做，而且这些事情都以社会之名存在而且有利于社会；这里有可以颁布的法律，可以实行的措施以及可以宣告的裁决；当然，这里也有可以满足这些社会需求的正确的方式方法：好的法律、正确的决定、公正的判决。不管是什么，不管出于什么目的，在这里，行为总会受到某种真理的驱使。

统治管理机构要做的第一件事，就是去寻找这种真理，去发现什么是正确的、合理的，什么是适合这个社会的；找到了以后就把它们对外公布。然后，统治管理机构需要尝试把这种真理灌输到人们的思想当中并得到他们的认可，让他们相信它是对的。这里面有强制性的东西吗？没有。现在，你们设想一下，有一个具有决定性作用的真理，我们先别管它对什么是有决定性作用的，先设想一下：这个真理被发现了，并且被公之于众，它一下子就说服了所有人，大家对它深信不疑；所有人都承认统治管理机构是对的，都自发地服从于它；这其中没有采取强制手段，也没有使用武力。有没有可能碰巧就不存在统治管理机构呢？又或者说有没有可能在这种情况下不存在统治管理机构？很显然，统治管理机构是存在的，并且也完成了它的任务。只在统治权力的决定或想法没有得到所有人的赞同或自愿服从时，当出现了个人意愿的反抗时才会有强制手段；这时统治管理机构会通过使用武力来让大家听从于它。这是人类的不完美所带来的必然结果，这种不完美既存在于权力机构当中，也存在于社会当中，我们没有任何可以完全回避它的办法。世俗的各个统治管理机构总是不得不在一定程度上采用强制措施。但是强制手段绝对不是它们的组成部分，当情况允许的时候，它们就会放弃使用强制手段，这对大家都好。而对于统治管理机构的完善，就是要让它做到不采用强制措施，只使用道德手段，只作用于人的思想；统治管理机构越是避免采用强制手段，它就越能忠实于它真实的本性，也就能更好地完成它的任务。这不是通常所说的职能的缩减或是退却，它是另一种更广泛、更有力的管理统治方式。最常采取强制措施的管理机构比那些完全不使用强制措施的管理机构做的事情要少得多。与人的思想对话，让那些自由的意愿稳定下来，通过采用精神思想方面的方法手段来做事，统治管理机构的职能不但没有缩减，反而有所扩大，并且还得到了升华。这个时候的它能够完成的任务、能干成的大事最多。相反，当它不得不一直采取强制手段时，它的职能只会被收紧、缩减，它所能做的事情也会变少，而且还做不好。

所以，统治管理机构的核心完全是使用强制手段或武力。它最主要的组成元素是一个由权力和方式方法组建而成的体系，这个体系要能够发掘出可以应付不同场合的方式方法以及可以管理社会的道德真理，并且把这些都植入到人们的思想当中，让人们能自愿地、不受束缚地去接受它们。当任何强制措施都不存在，都被完全禁止时，统治管理机构的存在及其必要性可想而知。

对于宗教社会的统治管理机构而言，也许强制措施是被禁止的；也许它只能作用于人的思想意识而不可以使用武力，不管它的意图是什么，这不意味着这个统治管理机构是没有存在感的，我们刚刚也列举了很多它要做的事情。这样的统治管理机构需要去寻找哪一种宗教教义可以解决人类的命运问题；如果已经有了一个可以解决这些问题的广泛的信仰体系，那么它还需要去发现并弄明白在这个体系下事物发展的结果；它要去颁布并维护符合它教义的戒律；当社会背离它时，它要去布道，要去教化社会，让社会重新接受它。这里面不存在强制手段。对宗教道德真理进行探索、预测和传授，必要的时候给予训诫和审查，这是宗教统治管理机构的任务和义务。你们都不想要强制手段的话，那么就把它完全删除吧，然后你们就会看到一系列统治管理机构在组织上的重要问题纷纷出现，亟待解决。比如，是否需要一个宗教行政管理主体，还是说只需要信任个人的宗教影响就可以了，宗教社会和贵格会[①]社会一直对此争论不休。这个问题依旧存在，有待解答。同样，当人们都认为宗教行政管理主体是必要的时候，他们会更倾向于一个平等的体

① 贵格：源于Quaker的英文发音，意为颤抖者。贵格会的特点是没有成文的信经、教义，最初也没有专职的牧师，没有圣礼，没有节日，直接依靠圣灵的启示来指导信徒的宗教活动与社会生活。

制，也就是说里面的宗教人员相互之间是平等的，遇到事情会共同商议；还是说他们会更偏爱一个有等级制度的组织，一个权力被分成了不同的等级的组织？这个问题是不会消失的，因为你们刚才已经没收了教会统治管理机构手中的所有强制手段。与其肢解宗教社会以获得摧毁宗教统治管理机构的权力，不如承认宗教社会是自然形成的，宗教统治管理机构是在宗教社会当中自然生成的。所以，真正需要解决和研究的问题是统治管理机构在什么样的条件下可以存在，它合法性的基础、原则和条件是什么。

宗教社会或其他社会的统治管理机构想要变得合法，要满足的条件是一样的。它们可以被分为两类：第一类，虽然人类不是完美的，但统治管理权力要长期地掌握在最优秀和能力最强的人手中；统治管理机构要善于发现社会中的人才，要不断地更新它的人才库，要会利用人才来发掘社会的规律和法则并实施它的权力。第二类，管理统治权力合法地建成以后，要尊重其统治管理对象的合法自由。拥有完善的权力组建体系和完善的自由保障体系：一个良好的统治管理机构，无论是宗教的还是世俗的，都需要满足这样的条件，对它们的评价也应该以这些条件的满足程度作为依据和标准。

所以，与其去指责教会或基督教社会的统治管理机构，不如想想它是如何被构建起来的，它是否满足上述两大条件。现在我们就从这两个方面来进行研究。

说到教会中权力的形成与传递，有一个词是人们在谈论基督教教士时经常提到的，那就是种姓等级。但我并不认为它适用于基督教教会的情况。我们常常把教士行政管理主体机构称为种姓等级机构，但这个说法并不准确：种姓等级的思想中一定包含了世袭和继承的思想。环顾世界，看看那些诞生了种姓等级制度的国家，比如印度、埃及。你们会看到种姓等级在其本质上是要讲世袭和继承的，也就是说地位和职能的传递是从父亲直接传给儿子。没有世袭和继承的地方，就不存在种姓等级。宗教统治管理机构中存在着行业联合会。这种组织思想有它的缺点，但它跟种姓等级完全不一样。我们不能把种姓等级这个词用到基督教教会上。教士的独身不婚使得基督教教会无法成为一个种姓等级的组织。

你们应该大致猜到了这种不同所带来的影响。在种姓等级制度中，因为权力是世袭的，所以一定会有特权，这一点甚至早就已经由种姓等级制度的定义决定了。当同样的职能、同样的权力开始在家族内部实行世袭时，那么很明显，特权就掌握在了这一部分人的手中，任何人想要获得特权都只能凭借他的出身。事实上我们的确也看到：一旦宗教统治管理机构受到种姓等级思想的控制，它自己就会变身成为一种特权；一个人要想进入到这个机构当中，那么他的家族必须得在相应等级之上。在基督教教会里，情况则完全不一样。基督教教会也一直坚持所有人，无论他的出身、职位和地位如何，在选拔教会神职人员时都一律平等。教士这一职业，特别是在5世纪到12世纪时，是对全民开放的。教会招录的神职人员涵盖了社会的各个阶层，上层的也有，下层的也有，但更多的还是下层民众。在特权制度中，只有教会坚持平等和竞争，只有它鼓励那些有能力的人都去争夺权力。以上就是统治管理机构的性质是行业联合会还是种姓等级团体会带来的第一个重要结果。

接下来是它带来的第二大结果。在种姓等级团体当中，还有一个固有的观念——安常守故。这种说法甚至都不需要例证。你们去翻看一下历史，安常守故的观念支配了所有种姓等级制度统治下的社会，无论是宗教上的还是政治上的。在某个时期，基督教教会也曾在某种程度上害怕进步，但我们不能说这种观念在基督教教会中占据了主流，也不能说基督教教会是一成不变的。在很长的一段时期里，为了应对外忧内患以及改革发展的需求，基督教教会一直处在变化和进步当中。总的来说，这是一个在不断改变和前进的社会；它的历史进程是丰富的，是向前发展的。毫无疑问，教会招聘坚持平等原则，教士这一职务向全民开放，这极大地促进了教会的革心易行，为它源

1565—1604 年间，安东尼·维里克斯的版画作品《神圣罗马帝国的等级制度》

源不断地带去了生机，阻止了安常守故的观念在教会中肆虐。

教会允许所有人触碰权力，那么它如何保证这些人有权利去这么做？它又如何发现并挖掘社会中的人才，让他们成为管理统治教会的一分子？

那时候教会有两种选拔方式：第一种，位高者选位低者——提名；第二种，位低者选位高者——选举，就跟我们现在的选举一样。

比如教士的圣职授任礼，这一让普通人成为教士的权利只属于位高者，这种选择是从上至下的。同样，教会的某些特惠，特别是跟封建特许权相关的权利，也由位高者——国王、教皇或是领主来提名其受益对象。另一些就属于选举了。在我们关注的这个时期当中，主教往往是由教士主体选举出来的，有时候甚至连信徒也会参与其中；在修道院，院长由修道士选举产生；在罗马，教皇由红衣主教组成的选举团推选出来，之前甚至连教士都可以加入选举团。特别是在我们所关注的这段时期里，这些都属于在教会中实行并受到大家认可的两种选举方式：位高者选位低者，或者位低者选位高者。教会通过这两种方式中的一种来指定可以行使它某一部分权力的人。

这两种选举方式截然不同，它们不仅同时存在，而且还相互争斗。经过了时间的洗礼和历史的兴衰变迁，位低者选位高者的选举方式在基督教教会中占了上风。不过，从整体上看，在5世纪到12世纪这段期间里，还是位高者选位低者的选举方式比较占优势。各位，你们不必因为这两种迥然相异的选举方式能够共存而感到惊讶。你们从整体上去观察一下这个社会，看看这个世界的自然历程，看看权力在其中的传递方式。你们会发现这一权力的传递也是通过上述两种方式完成的。这两种选举方式并不是由教会创造的，教会只是从世间万物的自然运行中找到了它们并借用了一下。它们中的任何一种都有合适、有用的地方，如果能够把它们结合起来，那应该会是传递合法权力最好的方式。但很不幸的，它们之中只有一种，也就是位低者选位高者，最终在教会中独占鳌头。尽管如此，另一种选拔方式从来也没有完全消失

16 世纪宗教绘画《七宗罪》，来自西班牙国王腓力二世的收藏桌

画面的中心是耶稣从坟墓中出来的形象，下面的拉丁文意为“小心，小心，上帝看见了”。这里指上帝可以看到一切，也包括人类的行为。在外的圆环分为七部分，代表着七宗罪：色欲、懒惰、贪婪、嫉妒、愤怒、傲慢以及暴食。在桌子的四周还有四个小圆圈，代表着死亡、审判、地狱和荣耀

过。在历史上的每一个时期，它都会以不同的名字再次出现，力图打破既定的局势，也多多少少地获得过一些成功。

在我们所关注的这个时期里，基督教教会从对平等和人才的尊重中汲取了强大的力量。它是最大众化、最容易接近、对人才和崇高理想最为开放的社会，因此，它不仅获得了财富，掌握了一些非常规手段，而且还变得更加强盛。

良好的统治管理需要满足的第二个条件——尊重自由，在当时的教会中尚不存在。

同时，有两种不好的元素也出现在了教会当中：其中一种因为得到了认同而被编入了教会的教条当中；另一种则是因为人类的缺点，而不是教条的规定，也被带进了教会内部。

第一种：个人理智思考的权利被腐蚀，教会企图把信仰置于宗教社会的至高点，任何人都不可以为了自己的权益而去质疑它。这种意图说说就好，把它付诸实践可就不太好了。如果人的大脑一直大门紧闭，那任何一种信仰都不可能进入到他的脑海中；信仰必须让自己被接受和认可。不管信仰以什么样的方式呈现，不管它用了什么样的名字，人的理智都会对它进行仔细的分析，如果它能够顺利进入到人的大脑里，那说明理智接纳了它。个人理智总是这样以某种我们看不见的方式对试图强加在个人身上的想法产生影响。当然，理智也可能会出错，它可能会在某种程度上做出让步，甚至不起作用；它有可能会被诱导，导致它错误行使，或是无法完全行使它的权利。这就是第一种有害元素所带来的影响。不过，它还从不曾，也未曾能够完全发挥它的功力。

第二种：教会窃取了使用强制手段的权利，这违背了宗教社会的本质，违背了教会本身的起源以及教会的初始原则，也因此遭到了众多杰出的神父的质疑：圣·安布罗斯、圣希拉略、圣马丁。尽管如此，强制手段在当时依旧盛行并成为主流。教会企图通过强制手段来强迫人们去信教，如果强迫和信教这两个词可以像这样同时出现的话，惩处或迫害宗教异端也就随之而来。换句话说，它无视了人类合法理智思考的自由。这个错误早在5世纪以前就出现在了教会当中，让教会付出了沉重的代价。

如果我们从教会与教会成员的自由这个角度去观察的话，那么我们会发现跟教会权力形成所依据的观念相比，教会在这方面的观念不太合法，也不太有益。但是，我们也不要认为一个不好的观念就一定会败坏一个机构，也不要认为它会在机构内部做尽所有它能做的坏事。逻辑推断常常会扭曲历史：一旦人的思维停留在了某种想法上，他就会从中推断出所有可能的结果，创造出所有可能被创造出的东西，然后再回到历史中把这一切都呈现出来。但实际上他不可能真的做到，因为真实发生的事件跟人类大脑的推断还是有出入的。归根结底，每件事物都不可避免地有好的地方和不好的地方，当你们深入到思想或社会的最里层，就会发现好的元素和坏的元素同时存在，共同发展，互相争斗，而不是互相赶尽杀绝。人的天性使得他永远不会行至尽头，无论是好的方面还是坏的方面；它只会让人反反复复地来往于两者之间，在快要跌倒时站起来，在走得最稳的时候却又感到体力不支。哪怕是在这个过程中，我们也会发现这种不一致、多变和争斗的特点。它跟我刚才强调的欧洲文明的基本特点是一样的。另外，教会的管理统治还有一个需要大家了解的广泛的特点。如今，我们看到的任何一个统治管理机构都认为除了人的外在行为以及人与人的民事关系以外，其余的一律不管：各个统治管理机构都公开表明自己会尽力做到这样。它们说自己不会去干预人的思想意识、道德品行、个人观点和生活习惯，说这些都属于自由的范畴。

但是，基督教教会做的，或者说它想要做的却刚好相反：它想要控制的恰好就是人的思想、自由、生活习惯和个人观点。世俗政府颁布的法律只要求杜绝那些道德败坏并且危害社会的行为，只有同时触犯了这两点的行为才会受到惩罚。基督教教会则是罗列了一系列在道德上应该受到谴责的行为，并且以原罪之名，对所有的这些行为进行惩罚和镇压。简单来说，教会统治管理机构不像近代政府那样作用于外部的人，作用于人与人之间纯粹的民事关系；它作用的对象是内部的人，是人的思想、人的意识，也就是人最隐秘、最自由、最不愿意屈从于强迫的那一部分。因此，教会对外扩散其影响力的本质，再加上创建教会统治管理机构时所依赖的一些元素，使得教会陷入了专制和非法使用武力的困境当中。与此同时，武力在这里也遇到了它无法逾越的阻力。虽然外界没有给人类的思想和自由留下很多活动空间，但任何想要驯服它们的企图都会遭到它们有力的反抗，它们甚至可能随时迫使压在它们身上的专制力量拱手让位。在基督教教会中就是这样的。你们已经见过了世袭制的废除、对审查权的谴责、对个人理性思考的无视以及通过权力机关强行传达教义。你们去找一个比教会更能让个人理性肆意发展的社会吧！宗派、异端或者说个人观点都带来了什么样的成果呢？宗派、异端，这些跟基督教教会对立的元素都是生命和精神活动的有力证据。生命是动荡不安的、痛苦万分的，遍布着危难、过错和罪恶；但它同时也是高尚的、强大的，它让人的智识和意志都得到了卓越的发展。现在让我们进入到教会统治管理机构当中。你们会发现教会的组建和它的行动方式跟它的某些观念还不太一样。它不承认审查权，它想剥夺个人理智思考的自由，但同时它又在不断地求助于理智，自由在这里也依然占领着主导地位。它有哪些组织机构、哪些行动方式？省级大公会议、国家级大公会议、总大公会议，持续不断地来往和联络，接连不断地公布训诫和文书。从来没有哪个统治管理机构这么重视讨论和共同协商，你们甚至可能会以为自己身处在希腊的哲学学院之中。其实这并不是一种单纯的讨论或是对道德真理纯粹的探寻，而是权力机关、是要采取的措施、是要颁布的法令、是一个统治管理机构。但同时，在统治管理机构的内部，它也是精神活动的动力；它成为一个主要的、普遍的、主宰了其他事物的元素；自由和理性在其中绽放着夺目的光彩。

我不能由此就推断说那些我刚才尝试着梳理的，在我看来存在于教会系统当中的有害因素没有产生过任何影响。实际上，在我们关注的那个时期里，它们早就已经结出了非常苦涩的果实。但是，它们确实没有做尽它们能做的坏事，它们也没有扼杀生长在同一片土壤里的善。

这就是我们通过对教会本身、它的内部以及它的本质进行观察后所看到的教会。接下来我要讲的是教会跟君王、跟世俗世界的主人之间的关系。

教会诞生于帝国的统治之下，它跟古罗马有着某些共同的习惯和古老的联系；当帝国覆灭以后，教会要面对的是蛮族的国王，是那些在欧洲大陆上游荡或是定居在自己城堡中的蛮族首领，它与他们之间不存在任何联系的纽带、传统、信仰或情感。教会面临着巨大的危机，前途堪忧。

后来有一种观点在教会中占据了主导地位：征服这些新来的人，让他们信仰基督教。除此以外，教会和蛮族之间的关系在刚开始的时候几乎没有任何别的目的。

对蛮族人，要从他们的感知和想象开始着手。因此，我们看到在这个时期，宗教仪式的花样和举办的场次都非常多，场面也非常盛大。根据编年史的记载，蛮族就是因为受到了教会这些好看的表演的影响，最终皈依了基督教。

虽然蛮族人安了家并且皈依了基督教，他们与教会之间也建立起了某些联系，但教会仍然要面对很多危机。虽然教会极力想要在蛮族人身上激发新的信仰和新的情感感知，但效果都不佳，他们依然保留了原先道德风俗中的粗俗和轻率。很快，暴力就占了上风，教会跟整个社会都成了受害者。为了捍卫自己，教会提出了政教分离，世俗权力和精神权力互不干扰。这个思想其实在帝国时期就有了雏形。多亏了这个原则，教会才得以在蛮族社会中自由地存活。教会坚持认为武力不能对信仰体系、希望和宗教承诺造成任何影响，精神世界和世俗世界要完全分开。

你们接下来会看到这个原则带来了什么有益的影响。它除了给教会带来了短暂的独立之外，还在法律上促成了权力的分立，使它们能够互相监督。另外，教会全面支持精神世界的独立，这也为个人精神世界和个人思想的独立做了铺垫。教会认为，宗教信仰体系不能落入武力的桎梏，每一个人都应该为了他自己而遵守教义。宗教自由、个人思考的自由以及精神权力都应该独立于世俗权力。

但不幸的是，对自由的渴望很容易就会转变成对征服的渴望。教会就是这样的：在人类的野心和傲慢的驱动下，教会不仅试图获得它的独立，而且还打算将精神权力置于世俗权力之上。但是，不要认为这种企图只是出于人的弱点，还有一些更深层的原因有待我们去了解。

如果自由已经在精神世界中占据了主要地位；如果思想和人的意识不屈服于某种权力，尽管后者剥夺了它们反抗和做决定的权利，甚至用武力去对付它们；如果没有一个可见的、有形的精神政府出来索取和行使它的权力，规范人们的观点和言论，那么也就不会产生精神世界高于世俗世界这样的想法了。当今世界差不多就处于这种状态。但是，如果已经有了一个精神政府，就像10世纪那样；如果思想和意识需要服从于某些律法和规定，服从于那些有权控制并束缚它们的权力；简单来说就是，如果精神权力已经成形，而且它通过律法和武力有效地占领了人的理智和意识，那么它自然会去尝试征服世俗权力，它会说："干吧！我既然有权利影响人类最高尚、最独立的部分，影响他们的思想、他们内在的意愿和他们的意识，就可以干涉他们外部那些物质的、短暂的权益！我可是公正和真理的诠释者，我还不能公正地、实事求是地处理这人世间的关系了！"正是源于这种推断，精神机构便开始去侵占世俗机构，去拥抱人类思想所有可能的发展。那个时候，世界上只有一种科学——神学；只有一种精神机构——神学机构；所有其他的科

学，修辞学、算数甚至是音乐，都被包括在神学里。

就这样，精神权力在占据了人类所有思想活动的中心后，自然而然地便开始攫取对这个世界的广泛统治。

还有一个原因促使它走到了这一步：世俗机构糟糕的状态，暴力和邪恶在统治整个社会的世俗政府中肆虐。

几个世纪以来，人们都在议论世俗权力所握有的权利，但是，在我们现在所关注的这段历史时期当中，世俗权力还只是一个难以对付的、靠武力获胜的强盗。那个时候，尽管教会在道德精神和公平正义方面还有不足，但它比那样的世俗政府要好得多；人民也在不断地催促它去占领最高统治者的宝座。当一个教皇或是红衣主教对外宣称某个统治者不再拥有任何权利，臣民也不必再效忠于他时，即使这种行为常常会被滥用，但是在特殊情况下，它往往是合法而且有益的。总的来说，当人们没有自由的时候，宗教会负责取代它。12世纪时，人们还不会维护自己，不会争取对抗世俗暴力的权利，于是宗教便以上帝的名义对此进行了干预。这是神权思想取得胜利的最重要的一个原因。

1520—1525年间，朱斯范·克利夫绘制的哀悼基督画中的第三部分《最后的晚餐》

在我看来，其实还有一个原因，但很少被提及：这就是教会首领们复杂的社会地位，以及他们在社会上呈现出来的多重面貌。一方面，他们是高级教士，是教士主体的成员，是精神权力的一部分，借由这个名义，他们是独立的；另一方面，他们是封臣，跟其他人一样，他们跟世俗的封建制度有着千丝万缕的关联。这还不是全部，他们除了是封臣以外，还是仆人；之前罗马皇帝跟红衣主教、教士的某些关系演变成了蛮族君王和教士之间的关系。因为诸多原因，我们没有办法一一展开。但我们知道，红衣主教在某种程度上不得不把蛮族君王当作罗马皇帝的继任者，并把所有的权利都转交给他们。所以说，教士的头目具有三个特点：首先，是独立，因为他是教会的一部分；其次，是封建，因为他有必须履行的义务和必须提供的服务；最后，因为他也是仆人，所以必须服从他的君主。于是我们看到，世俗的君王跟红衣主教一样贪婪、一样野心勃勃，他们常常利用自己作为领主或君主的权利而去侵害精神自由，去争夺教会发放的特惠，去抢占主教府的名额，等等。红衣主教则常常以精神自由为掩护，拒绝履行作为封臣或仆人的义务。如此一来，君主们想方设法地要摧毁精神独立，教会首领也费尽心机地要让精神

1516—1517 年间，拉斐尔的绘画作品《查理大帝的加冕礼》

独立称霸世界。

这一结果我们在一些事件中能够看到：在授职或封地仪式上的争吵中，还有教士和帝国的抗争中。教会首领的社会身份多样，协调起来很困难。这一点给所有的冲突和争夺带来了不确定性。

最后，教会和统治者还存在着第三重关系。这对于教会来说是最不利，也是最致命的。教会声称要使用强制手段，来限制、惩罚异端，然而它实际上根本做不到，因为它没有任何实质性的权力。每次当它给一个异端分子定了罪之后，它都没有办法去执行相关的判决，只能向世俗权力借用武力来作为自己的强制手段。如此一来，在面对世俗权力的时候，它就处于一种依附和低人一等的位置，导致这一局面的正是教会对强制手段和迫害的错误认同。

我就说到这里。今天因为时间有限，所以不能讲完教会这个主题。我们之后还会讲教会和人民之间的关系，讲这里面的主流思想，以及对欧洲文明的影响。我希望在下一讲中，能够通过5到12世纪的历史、现象以及教会的兴衰变迁，来验证我们刚才对教会的统治管理及其基本原则的本质所做出的推断。

第六讲　教会与人民群众

SÉPARATION DES GOUVERNANTS ET DES GOUVERNÉS DANS L'EGLISE

教会统治者脱离了其统治对象—普通民众对教士产生的间接影响—在社会各个阶层中招收的教士—教会对公共秩序和立法产生的影响—教会的惩戒体系—人类精神的发展全都跟神学相关—在权力周围教会紧紧围绕；这也没什么可惊讶的；宗教的目的是控制人的自由—5到12世纪教会的不同状态—第一，帝国教会—第二，蛮族教会；政教分离和宗教秩序的发展—第三，封建教会，尝试组建；对于改革的渴望；格列高利七世—第四，神权政治下的教会—信仰自由的卷土重来；阿伯拉尔—市镇运动—两者之间无关联。

在上一讲中，我们没有分析完5到12世纪的教会。我们之前讲过，应该从三个方面来对教会进行观察。首先，它是一个独立的社会，我们要对它本身，它的内部构造和它的本质进行研究；其次，我们要探察它和统治者之间，和世俗权力之间的关系；最后，我们要考察它与民众之间的关系。在上一讲中，我们只完成了前两项。今天，我的任务就是让大家了解教会和民众之间的关系。之后，我会从这三方面的讨论中总结出这段时期里，教会对欧洲文明的影响。最后，我们再通过事实、通过这个时期的教会历史来验证我们的推断。

你们也知道，如果要讲教会和人民之间的关系，就不得不从一些很广泛的角度着手。我不会细讲教会平时都做些什么，神职人员与信徒之间的日常关系是什么样的；我要讲的是主流思想，是教会体系和教会对基督教教徒的所作所为所带来的重大影响。

教会一大特点，同时也是教会和民众之间最根本的一大弊端就是，在教会中，统治者脱离了统治对象，统治对象对统治者毫无影响，基督教教士独立于基督教信徒。

这种缺陷很早就出现在了基督教教会里，是由人和社会的发展阶段所决定的。5到12世纪的时候，神职人员还没有完全脱离基督教教徒，那个时候，在某些情况下，比如主教选举，基督教教徒们至少还是偶尔能够直接参与到教会的统治管理当中。只不过，这种参与的次数变得越来越少，影响也越来越弱；其实，从2世纪开始，这种参与便明显地、快速地减少、减弱；甚至可以说，从教会诞生之日开始，教士主体就在一步步走向孤立、走向独立，这是教会历史的一部分。

我们不得不对此进行揭露。这个时期开始，甚至在之后的岁月中，很多的恶习都让教会付出了惨痛的代价。但是，我们不能把所有的过错都归结于教会，也不能孤立地去看教士主体追求独立的这种趋势，认为它是只存在于基督教教士中的特殊现象。宗教社会在本性上倾向于把统治者抬升到比统治对象高很多的位置，并赋予前者某些独特的、神圣的东西。这么做是因为他们身上肩负着教会的使命，是因为他们要在世人面前时展示出某种特点。但是，这种影响在宗教社会里尤其令人感到不快。这些对于统治对象来说意味着什么？这关乎他们的理智、意识和未来的命运，也就是说他们身上最隐秘、最个人也是最自由的部分。我们在某种程度上能够理解，即使可能会带来极大的坏处，但人类还是会把自己的物质利益和暂时的命运交付给一个外部的权力机构。我们也能够理解，一个哲学家被人告知家里着火了以后，回答说："去跟我的妻子说吧。我不管家务事。"可是，但凡是一个有意识、有思想、有内在的人，他都应该知道，放弃对自我的管理，把自己托付给一个陌生的权力，无疑是一种精神上的自杀，是一种比土地和身体上的奴役还要糟糕100倍的行为。

这一顽疾逐步侵蚀了基督教教会和基督教信徒之间的关系，我们之后会看到它在教会中四处蔓延，到处扩散。你们已经知道，哪怕对于教士而言，他们在教会中的自由也是缺乏保障的。在教会之外，对于那些不信教的人来说，情况则更为糟糕。在教士与教士之间，至少还能有讨论，有商议，有可以展现个人能力的机会；自由在某种程度上被争斗取代。但在教士和群众之间，情况则完全不同。普通群众在参与教会统治管理的时候就跟一般观众似的。而且，我们也看到从很早的时候开始，就出现了一种观点，认为神学、宗教问题和宗教事务是教士的专属领域，只有教士才有权利去负责，去做决定，非宗教人士不可以参与。5到12世纪的时候也存在着这种理论，而且非常流行。经过了几个世纪的艰苦革命，人们才战胜这种理论，在某种程度上把宗教科学和宗教问题带到了公共领域。

所以，从理论上来看，教士脱离基督教教徒早在12世纪以前就差不多完成了。

但是，我不想让你们觉得基督教教徒，哪怕只是在当时那个时候，对统治管理他们的组织机构是没有任何影响的。他们也许缺乏合法干涉的权利，但我们不能说他们没有带来任何影响，尤其是对于一个建立在统治者和统治对象拥有共同信仰这样的机构而言。一旦这个用思想观念把群众聚集在一起的团体得到发展，一旦某种知识文化运动征服了统治管理机构和人民群众，那么在统治者与统治对象之间就会产生一种必要的联系，任何组织上的缺陷都不能将这种关系完全斩断。为了更清楚地表达我的意思，我举一个我们身边的例子：在法国的历史当中，法国人民在17和18世纪，也就是在路易十四和路易十五的统治之下，没少通过法律法规，通过合法行动去影响统治管理他们的政府。大家应该都知道，在那个时候，几乎不存在任何来自国家的正式的、直接的权力干预。但是，没有人会质疑当时国家和民众对政府产生了极大的影响，甚至比其他时期的，比如经常召开三级会议，议会更多地参与政治活动，抑或是人民更多地参与合法执政时所产生的影响更大。

这都是因为有一种不被法律条例束缚的力量，在需要的时候，它就会摆脱一切组织机构的约束。这就是思想的力量，是大众智慧的力量，是舆论的力量。17、18世纪的法国有非常强大的舆论力量，比任何时候都强。虽然它没有合法影响政府的权利，但它可以间接地，通过统治者和统治对象的共同观点去影响政府，统治者不可能不考虑统治对象的想法。在5到12世纪的基督教教会中，也发生了类似的事情：虽然基督教教徒没有合法行动的权利，但是当时在宗教上发生了一场重要的精神革命，这次的革命不仅征服了普通群众，也征服了教会的教士，因此，可以说在这次革命中，是民众对教士阶层产生了影响。

总的来说，在研究历史的时候，要注意那些间接产生的影响，它们也许会比我们一般想象中的更加有效并且有益。人类自然希望他们自己能够采取及时、有效的行动，并期望看到在自己的努力下这些行动能最终获得成功和胜利。但是，这事儿不一定总能成，也不一定总是有用的。只有在某些年代，在某些环境下，这种间接的、不被人们所察觉的影响才有可能是好的、是可行的。我再举一个政治上的例子：其实不止一次，但尤其在1641年的时候，英国的议会，就跟面临着类似危机的其他议会一样，要求收回直接提名王室大臣的权利，包括部长、国务委员，等等；它把这种对政府的直接干预看作是一种宝贵的、极大的保障。那时的议会偶尔会使用这项权利，但是结果总是不如人意。提名没有经过良好的商议，事情也没有得到很好的处理。今天的英国是什么样的呢？ 现在它的两院不正影响着各个部长以及王室所有高级官员的任命吗？是的，不过这种影响是间接且广泛的，而不是某一种特定的干预。这种结果正是英国长期以来想要的，是它通过另一种方式达成的，它之前为此所做的尝试一直没能取得好的成效。

这其中也并非没有道理，请你们在这儿再停留一会儿，想一想：直接采取行动要求行动者更谨慎，拥有更多的智慧和更高的理性；他们需要一次性达到目标，所以他们要确保自己不会失败。与之相比，产生间接影响则有所不同，它只通过设置障碍，通过设置一系列的考验来完成；在这个过程中，它可能会遭受遏制，也可能得到改善；在成功之前，它一定会被人拿出来讨论、攻击和审查；它只能慢慢地、有条件地、在某种程度上获得胜利。这也解释了为什么当人的思想还没有得到足够的发展，还没有成熟到可以安全地采取直接行动时，间接的影响是更好的选择，虽然它有诸多不足。基督教教徒就是通过这种方式对统治管理他们的组织机构产生了影响，虽然这种影响并不全面，也很微弱，但他们没有坐以待毙。

教会和民众相互靠近还有一个原因：基督教教士分散于各个社会阶层。几乎各个地方都一样，当教会独立于它所统治管理的普通群众时，那么它的教士主体里的人所处的阶级地位也都差不多：在教会里，人与人之间不存在太多的不平等；总的来说，权力属于教士团体，他们生活在一起，在教堂的内部共同管理和统治着那些遵从他们律法的民众。但是，基督教教会是另一种组织形式。从佃农、奴隶贫苦的居住地，到封建城堡的脚下，再到国王的身边，教士和神职人员无处不在。基督教教士分布在社会的各个阶层，他们的生活环境各式各样，与民众共享着所有的财富，这成为连接教士和民众的重要纽带。这些在大部分手握权力的教会中是不存在的。另外，基督教的主教、教会的首领参与了封建社会的建设，他们既是宗教等级社会的一分子，也是世俗等级社会的一员。因此，世俗权力和宗教权力有着同样的利益、习惯和思想。我们经常抱怨，那些在战场上厮杀的主教和那些像非宗教人士一样生活的教士，当然这也不无道理；我们可以很确定地说，这也是一种职权的滥用。但是，跟那些从来没走出过教堂，生活完全脱离了民众的教士相比，这也没有那么招人愤恨。那些在某种程度上陷入了世俗嘈杂的教士，比那些完全不了解大众、日常琐事和民间道德习俗的教士要好得多，毕竟有了这层关系，基督教教徒和教士之间还能在某种程度上同境遇、共命运，这也改变，或者至少减轻了统治者脱离其统治对象所带来的坏处。

在讲完这种脱离以及它的不足以后，我们现在再来看看基督教教会是如何进行统治管理，如何影响那些臣服于其威望的民众的。一方面，我们要考察它为人类的发展和个人内在的进步做了什么；另一方面，我要探索它为社

兰茨贝格的赫拉德编撰的《乐园》中一幅关于中世纪教会的插图

会环境的改善做了什么。

关于个人发展，坦白说，我不相信在那个年代，教会能给予这个问题很大的关注：虽然教会努力地想要唤起世界上最强的那部分人心中最柔软的那些情感，激励他们在与弱者相处时多一些公正；虽然教会试图在最弱的那部分人群中，维系他们的精神生活，维护他们的情感，支持他们对一种超越命运主宰的更高秩序的追求。但是，我不认为在那个时候，教会很重视人的个性，为严格意义上的个人发展做了很多事，至少对于平民大众来说没有。教会所做的事情都仅限于宗教社会内部：它很关心教士阶层的发展和教士的教育问题，在当时社会条件不太好的情况下也尽可能地为他们设置了学校以及各种类型的教育机构。但是，这些教会学校只负责教士阶层的教育工作。除此之外，教会只是间接地、缓慢地对思想和道德风俗的进步产生影响。也许，因为它向所有有能力服务于它的人开放，所以激起了广泛的思想活动，但这差不多也是它为发展民众智识所做的全部了。

我认为，教会用一种更有效的方式影响了社会的发展。毫无疑问，它顽强地与社会中的大凶大恶抗争着，比如奴隶制度。很多人无数次地提到，奴隶制度被取缔完全归功于基督教。但我认为这么说有点过了：奴隶制度在基督教社会中生存了很长一段时间，后者并没有对这种制度表现出太多的诧异或愤怒。后来因为诸多原因，因为其他一些文明思想的快速发展，才最终消除了这一最糟糕、最让人担心的文明元素。不过，我们还是要承认，教会通过它自己的影响限制了奴隶制度的发展。对此，有一个不容置疑的证据：在不同时期，大部分的解放运动都建立在宗教动机之上；解放的诉求总是以宗教思想、对未来的期待以及人与人之间宗教平等的名义得到传达。

同时，教会还努力废除了一大批野蛮的行为，促进了刑法和民法的改进。你们也知道，虽然在当时的司法体系里的确存在着一些自由的精神思想，但它仍然是非常荒谬的、致命的；那些疯狂的考验、司法辩论以及部分人的誓词被认为是发现真相和真理的唯一手段。教会试图用一些更为理性和合法的方式来取代它们。我之前讲过西哥特人的法律，它们大部分来源于托莱多宗教议事会，跟其他的蛮族法律不同。在进行比较的时候，我们不得不惊讶于教会在立法、司法以及其他对于真理和人类命运的探索上所表现出来的巨大优势。可能这里面有很多思想都是从罗马法律借用过来的。但是，如果教会没有把这些思想保留下来，没有去捍卫它们，传播它们，那么它们可能早就消失不见了。我们说的是，比如在诉讼程序中采用的誓词，翻开西哥特人的法律，你们会发现其中的智慧：

为了能够更好地了解缘由和发掘事实的真相，法官首先要审问证人，然后要查验文书，不可轻易妄信誓词。要想获得真相和正义，需要对文书进行全面仔细的审查，誓词可暂且放在一边，偶尔可以借鉴。只有当法官没有找到任何证明文件、任何证据或是任何线索时，才可以在诉讼案件中采用誓词。

在刑法上，对于轻罪的处罚依据的是比较合理的哲学道德观点，我们可以从中看到一个智慧的立法者在与野蛮道德风俗中的轻率和暴力做对抗。跟其他民族相比，西哥特人的非正常死亡法典[①]是一个非常显著的例子。在其他地方，人们只考虑到犯罪所带来的损失，因此，对于犯罪的惩罚也只有物质上的赔偿。在西哥特，人们会考虑犯罪真正的、精神思想上的元素，也就是犯罪意图。跟我们现在的法典一样，西哥特人在他们的法典中区分和定义了各种有细微差别的犯罪类型，过失杀人、意外杀人、激情杀人、蓄意或非蓄意杀人，相对应的惩罚也不一样，惩罚变动的范围也还算比较合理。立法机构则行得更远，它尝试去废除，或者至少可以说是去弱化人与人之间不同

① 这部法典主要涉及因意外或谋杀导致的突发性死亡事件。

的法定价值。它唯一区分的，是自由人和奴隶。对于自由人来说，惩罚不会因为死者的出身或地位而发生变化，只会根据杀人者道德过错的深浅来定罪；而对于奴隶而言，虽然立法机构还不敢剥夺奴隶主掌管奴隶生死的权利，但是至少，它曾经尝试通过一种公共的、合法的程序去限制这种权利。我再引用一下这部法典的内容：

如果任何罪犯和帮凶都不该逍遥法外，那么我们还有什么理由不去制止那些轻而易举就能去恶意杀害别人的人呢！就比如，那些奴隶主，他们自以为高高在上，经常会处死他们的奴隶，尽管后者并没有犯什么错。因此，应该废除这种随性妄为，要求所有人在任何时刻都遵守本法。所有奴隶主在处死任何一个奴隶或是任何依附于他的人之前，无论对方是男是女，都必须经过公共审判。如果一个奴隶，或是其他为奴隶主效力的人犯了罪，被他的主人或是控诉他的人要求判处死刑，这件事马上会被通报给犯罪地管辖范围内的法官或伯爵、公爵。在对事件进行讨论之后，如果犯罪事实被证实，那么罪犯就要领受法官或他的主人对他判处的死刑。如果法官不愿意处死罪犯，那么在他出具死刑判决书之后，由罪犯的主人来最终决定是否处以死刑。如果一个奴隶胆大包天敢反抗他的主人，使用或试图使用武器、石头或其他方式击打他的主人；在这种情况下，如果主人为了自卫，在愤怒中杀死了这个奴隶，那么他将完全不必担负杀人的罪行，不过他必须证明事实确实如他所说；他可以让在场的奴隶们，无论男女，甚至让犯罪的那个奴隶替他做证，或是采用他们的誓词。无论是谁，如果出于纯粹的恶意，在没有经过大众审判之前就亲手或借他人之手杀死了他的奴隶，那么他不举证的事实会被公之于众，他的无耻行为将被记录在案，他的余生必须在流放和苦行中度过，他的财富将被全部移交给他在法律上最亲近的继承人。

在教会的各种条例规定中，有一个是大家通常不太容易注意到的，那就是它的惩戒体系。这个体系在当今很值得研究，因为不管从刑罚原则还是从具体实施上来看，它都跟近代哲学的思想完全吻合。如果你们去研究教会刑罚的本质，去研究它主要的惩罚方式——公共忏悔——的本质，会发现它们的目的在于激起罪犯心中的懊悔，并通过判例对旁观者起到杀鸡儆猴的作用。这当中还有另一种思想，那就是赎罪思想。我不知道一般来说，是否能把赎罪思想和惩戒思想分开来看；也不知道除了激起罪犯的懊悔以及把人引上正途以外，所有的这些惩处是否还有某种被隐藏起来的迫切想要弥补过错的需求。但是，我们先把这个问题放一放，很明显，让人产生懊悔和杀鸡儆猴是教会提出惩戒的目的。这不也是依据哲学思想来立法的目的吗？在18世纪甚至在当今，那些学识渊博的政论家不就是以这种思想为名，提出要对欧洲刑法进行改革吗？同样，你们去看看书，比如边沁先生写的书，你们会惊讶地发现，他们提出来的惩罚方式跟教会当时所采用的是多么相似。可以很确定的是，这些东西并不是他们向教会借鉴而来的，而教会更是不会想到它的东西竟然会被这些完全不信教的人引用到他们自己的提案当中去。

最后一点就是，教会还试图通过各种各样的途径去遏制社会上通过暴力来解决问题的现象以及无休无止的斗争。除了无人不知的上帝的休战运动[①]以外，教会还设想了一系列同类型的方式方法以反对武力的使用，竭力给社会带去更多的秩序和柔情。这些大家都了解，所以我就不再讲更多的细节了。

这些就是我想要告诉大家的关于教会和群众关系的重点。我们从三个方面对教会进行了观察，现在我们对它的内部和外在都有了一些了解，了解了

① 上帝的休战运动：是于989年发生的“上帝和平运动”的后续。为了控制封建统治下的暴力活动，教会提出了一系列的宗教惩罚。这是中世纪欧洲第一次有组织地尝试用非暴力手段来解决世俗社会的问题。

1540 年，赫里·梅德布尔斯的绘画作品《地狱》

它的内部构成和双重任务。接下来，我们将归纳和推断出它给欧洲文明带来的普遍影响。如果我没有弄错的话，这项工作几乎已经完成了，或者至少可以说已经完成了大部分。通过对教会中的各个主要元素和原则的阐述，它的影响其实也就得到了揭示和阐明，最终的结果以及原因在某种程度上也已经呈现在了我们的眼前。如果要做一个总结的话，我们可以列出以下两点。

第一，教会对构建近代欧洲的精神和文化世界，对近代欧洲的思想、感知和公共道德风俗都有着非常深远的影响。这也是显而易见的，欧洲的文化和精神发展基本上都跟神学相关。纵观5到16世纪的历史，神学主宰和引领了人类的精神世界，所有的思想观念都是从神学借鉴而来的，哲学、政治和历史问题也都一直被当作是神学问题来看待。教会同样也支配了人类的知识文化世界，无论是数学还是物理，都要遵守教会的教义。从某种程度来说，整个欧洲世界都流淌着神学的血液，直到培根和笛卡尔的出现。英国的培根和法国的笛卡尔第一次将知识从神学这条道上分离了出来。

同样，神学的语言、情感和习惯无时无刻不在文学中迸发。

总的来说，这种影响是有益的，它保持甚至是促进了欧洲知识文化运动的发展。跟旧世界相比，教会的教义和戒律体系已经先进了很多。这其中既有发展，又有进步。

除此以外，教会还为近代社会的人类精神发展带来了前所未有的一种广度和多样性。在希腊社会，知识完全是人性的；人、人的激情、人的情感以及人当下的利益则占据了主要地位。在近代社会，宗教思想跟所有一切的事物都混在了一起，完全没有排斥。近代智慧中既有人性的影子，也有宗教的痕迹。人的情感和利益在欧洲文学中占有重要地位；但人的宗教特点以及人与另一个世界的联系在欧洲文学中也会频频出现：人性和宗教这两大人类发展的源头并驾齐驱。即便其中有不好的地方，有权利的滥用，有专制的行为，但是从文化智慧的角度上来看，教会的影响让它得到了发展而不是抑制，让它变得更广阔而不是更狭隘。

如果我们从政治的角度来看，那就是另一回事了。毫无疑问，教会通过把人的情感和道德习俗变得更加柔和，通过废除大量的野蛮行为，对社会的改善做出了很大的贡献。但是，从严格意义的政治角度上看，在处理统治管理机构和群众之间、权力与自由之间的关系这方面，我不认为教会在整体上带来了好的影响。一直以来，教会都以一个代表的身份出现，以宗教或世俗的形态，维护着神学体制和罗马帝国体制，也就是专制。当你们去查看教会的规章制度和它的法律法规，它的教谕和它的诉讼程序时，其中的主要元素一定是神学或帝国。教会的力量是薄弱的，所以它需要依附帝王的绝对权力；教会的力量也是强大的，所以它以自己手握精神权力为由，要求获得绝对权力。我们不应该被某些特殊的事件所干扰。也许，教会有时候会提出群众有权反抗糟糕的领主统治，有时候甚至会挑起、支持人民的反抗，有时候，教会会支持群众的利益和权利。但是，一旦权力与自由产生了矛盾，出现了政治保障问题；一旦有人提出要建立一个永久的制度体系，保证自由不受权力的侵害，一般来说，教会都会站在专制那边。

对此，我们不必太惊讶，也不必过度地指责宗教人员或基督教教会的某些缺点，因为这其中有一个更深刻、更重要的原因。

让我们来看看宗教，无论是哪种宗教，它追求的是什么？是统治和管理人的激情和意愿。所有的宗教都是一种约束、一种权力、一个统治管理机构；它以圣法之名而来，要驯化人类的本性。因此，它尤其需要处理好人的自由这个问题。人的自由抵制宗教，宗教想要征服人的自由。这就是宗教的影响，它的任务和它的期待。

事实上，除了人的自由以外，宗教还希望它可以改变个人意愿。除了人本身，人的意愿和人的自由以外，宗教没有掌握其他能够让它对人类产生影响的途径。当宗教通过一些外部的方法来影响人类的时候，比如通过武力、诱导或是其他一些违背人类自由意愿的方式，它对待人，就像我们人对待水、对待风一样，是一种完全物质性的力量。它这么做其实是无法帮助它达成最终目标，它无法触及人的意愿，更谈不上统治了。宗教要想真正完成它的任务，就必须让人心甘情愿地、自愿地屈服于它，保证人类在屈服的同时，依旧享有他的自由。这是宗教需要解决的两个问题。

然而宗教却常常忽视了这一点。它把自由视为障碍，而不是一种手段；它忘记了人的性质，用对待物质力量的态度去对待人类的灵魂。正因为这种错误，宗教几乎总是站在权力和专制主义那边。宗教反对人的自由，视自由为对手，费尽心思地去驯服它，而不是保障它。如果宗教能够充分意识到它的行动手段，如果它没有被一种自然但却具有误导性的倾向带偏的话，那么它会发现，要想从道德上解决自由这个问题，那么自由本身必须得到保障；它只能通过道德手段来行动；在它努力去操纵个人意愿的时候，也应该去尊重个人意愿。但是，它忽视的东西太多了，最终宗教和自由一样，都是伤痕累累。

关于教会对欧洲文明带来的整体影响，我将它们总结为两大方面：为知识文化和精神发展带来了重要的、有益的影响；为严格意义上的政治发展带来了不那么有用的、有害的影响。我们现在要用事实来检测我们的说法，用历史来验证我们通过教会的社会环境和它的本质所做出的推断。我们来看看，在5世纪到12世纪这一历史阶段当中，基督教教会的命运如何，看看我给大家讲的那些元素是不是都朝着我所推断的方向发展，看看最终的结局是不是跟我的推断一致。

各位，你们可不要认为所有的元素和结局都会跟我的解释一样，可以清清楚楚地展现在大家面前。这是我们在观察距今几百几千年的历史时都会犯的大错，我们会忘记历史基本上是接二连三相继发生的。你们去观察某一个人的一生，去看看克伦威尔、古斯塔夫・阿道夫或是黎塞留红衣主教的一生。他走上了征途，他前行、前进；一些重大事件影响了他，他影响了一些重大事件；他走到了终点。这个时候我们认识了他，但只是从整体上认识了他，从某种程度上来看，是一个在经历了长途跋涉之后，刚从天命中出来的他。但在刚开始的时候，他完全不是这个样子；在他人生中的任何一个时刻，他都不是完整的他；他循序渐进地完成了自我发展。无论在精神上还是在肉体上，人类每天都在不断地发生改变，1650年的克伦威尔不是1640年的那个克伦威尔。当然，作为变化主体的个人是一直存在的，人本身是不变的。但是，他的思想、他的情感感知和他的意愿发生了变化！他失去了很多也收获了很多！不管我们从哪个时刻去观察一个人的一生，看到的都跟他最终呈现出的样子不一样。

这也是大部分历史学家都会犯的错误。当他们对一个人有了一个全面的了解之后，他们就会用同样的眼光去观察这个人的一生。对于他们来说，1628年进入议会的克伦威尔和30年后在怀特霍尔宫离世的克伦威尔是一模一样的。实际上，在观察组织机构或整体影响时，我们还是在不停地犯同一个错误，注意要小心避免。我刚才已经从整体上给大家介绍了教会的元素以及它们的发展。但是，你们要知道从历史的角度上看，这幅图景并不真实。历史上所有的事物都是部分的、连续的，在空间和时间上是分散的。你们不要想着能够在叙事写实的作品当中找到一个完整的、系统的、前后连接紧密的事实整体。你们会看到，这里有一个元素，那里又有一个；所有的东西都是不完整的、不均匀的、分散的，需要走到近代，走到事物发展的尽头，才能最终找到整体。我会给大家呈现从5世纪到12世纪教会所走过的不同阶段，通过详细的叙述，我们可以验证我之前所做出的推断。其实，我认为，我接下来要说的，足够让大家感觉到我所说的的确是有道理的。

5世纪教会所经历的第一个发展阶段是帝国教会，罗马帝国教会。在罗马帝国覆灭以后，教会自认为到达了它事业的终点，迎来了它最终的胜利。

它最后终于完全征服了异教。最后一个拥有教皇资质的帝王是格拉提安皇帝[①]，于4世纪末辞世。他跟奥古斯都和提比略[②]一样，都被称为教皇。此外，教会还认为它与异教，特别是与当时最主要的异教——阿里乌斯教——的斗争走到了尽头。在4世纪末的时候，狄奥多西皇帝为了对付这些异教出台了一套完整的、严格的法律。可以说，教会不仅控制住了它的两大对手，还赢得了对它们的胜利。就在这个时刻，教皇发现它需要面对其他不信教的人、其他异教徒，需要对付蛮族人——哥特人、汪达尔人、勃艮第人、法兰克人；它开始怀念罗马帝国了。我们可以毫不费力地观察到教会内部依然保留着对帝国的依赖。于是，我们可以看到教会极力地想要抓住帝国留下来的东西，比如市政制度和绝对权力；它在成功地让蛮族人皈依了基督教以后，又尝试着想让帝国复活；它求助于蛮族的国王们，恳请他们成为罗马的皇帝，夺取皇帝周围的权利，恢复当年教会与罗马帝国的关系。这就是5到6世纪教会主教们所做的工作；这就是当时教会的整体情况。

这种尝试不可能成功，蛮族人无法重建罗马社会。在发展的第二阶段，教会跟世俗社会一样，也陷入了野蛮状态。把8世纪的教会编年史跟几个世纪前的编年史对比一下，我们会发现它们之间有着巨大的差异。罗马文明留下的所有残片都消失了，甚至是语言。此时的教会似乎陷入了野蛮泥沼的至深处。一是，蛮族人进入到了教士阶层，成为教士、主教；二是，主教接受了蛮族人的生活方式，他们一方面没有放弃主教府；另一方面还当上了帮派的首领，游荡在各个国家，去抢劫、打仗，就跟克洛维的同伙一样。在图尔的格列高利的教堂里有很多的主教，特别是萨隆和萨吉戴尔，就是这样度过了他们的一生。

① 格拉提安：西罗马帝国皇帝（375年至383年在位）。晚年受圣安布罗斯影响，非常尊重基督教教会，曾下令把元老院中的胜利女神像作为异教偶像搬了出去。

② 提比略：奥古斯都的儿子，是罗马帝国的第二任皇帝，在位时间为公元14年至37年。

在这种野蛮的教会内部，有些重要的元素得到了发展。第一个元素，政教分离。就是在这个时期，政教分离的观点得到了发展，这再自然不过了。教会没能让罗马帝国的绝对权力得以重生，于是，它不得不寻求独立，以获得自救并瓜分权力。教会必须时刻捍卫它自己，因为它每时每刻都受到威胁。每个主教、每个教士都能看到蛮族人为了增加他们自己的财富、拓宽他们的地盘、强化他们的势力，不断地介入教会事务。这个时候，除了说“精神世界和世俗世界是完全分离的，你们没有权利参与教会事务”以外，也没有什么可以自卫的办法了。就这样，这个观点变成了教会防御野蛮的武器。

同一时期里第二个重要的元素：修道院在西方的发展。我们都知道，6世纪初，圣本笃创建了西方隐修制度，从此以后，原本人数不多的修道士团体得到了惊人的壮大。但在4、5世纪的时候，修道士还不属于神职人员，人们仍旧把他们当作非宗教人士来看待。的确，我们后来可以在他们当中找到教士，甚至是主教，但是，一直要等到5世纪末6世纪初的时候，大部分的修道士才被看作是神职人员中的一员；随后，我们就看到一些教士和主教成了修道士，他们认为这么做意味着他们在宗教生活上取得了一种新的进步。就这样，隐修制度突然就在欧洲得到了突飞猛进的发展。修道士比在俗教士更能够给蛮族人的思维带来冲击；他们人数众多，生活方式简单。在俗教士、主教和普通的教士于蛮族人而言有点陈旧了，蛮族人已经习惯了他们的存在，粗暴地对待他们并从他们身上窃取东西。众多圣人都集中到了一块圣地上，进攻修道院在当时是一项更为宏大的事业。在野蛮时期，修道院曾经是教会的避难所，就如同教会是在俗教徒的避难所一样。虔诚的人在这里避难，就如同在东方，人们在荒僻的隐居地躲避上流社会的生活和君士坦丁堡的腐败一样。

以上就是教会历史上发生在野蛮时期的两件大事：政教分离思想的发展，以及西方隐修制度的发展。

在野蛮时期接近尾声的时候，又出现了一次复兴罗马帝国的尝试，这一次的主角是查理大帝。教会和世俗君主再一次建立起了紧密的联系。这是一个顺从的时代，教皇的权力也得到了极大的拓展。不过这一次的尝试还是失败了，查理大帝的帝国也败落了。尽管如此，教会仍然保住了它与帝王联合时所获得的优势。最终，教皇成为统治管理基督教教会的主要力量。

查理大帝离世后，混乱四起，教会跟世俗社会一样，再度沦落；同样，教会在进入了封建制度的框架中以后，便也脱离了这种混乱。这是教会发展的第三个阶段。查理大帝的帝国解体之后，教会和世俗社会都发生了差不多的变化：所有的统一性都消失不见，一切都变成了地方的、部分的、个人的。教士阶层面临着一场前所未见的抗争：封地领主的情感利益和教士阶层的情感利益之间的相互争斗。教皇们面临着来自两方面的挑战：一方面，教会思想不如从前那么强大和普遍；另一方面，个人利益后来居上，对自由的向往和对封建生活的习惯使得教会的等级制度有所松动。为了避免这种松动带来的后果，当时在教会的内部开展了一种新的尝试。人们试图在多个方面，通过某种联合体制，通过代表大会和共同审议来组织全国教会。这段时期，在封建制度的统治下，欧洲各地召开过的议会、会议，以及行省和国家级别的教士代表大会在数量上都堪称史上之最。尤其在法国，这项尝试开展得如火如荼，兰斯大主教欣克马尔可以说是其中的代表人物。他一直致力于组建法国教会，寻找并尝试了各种办法，以求能够为封建教会带去一点点的统一和团结。欣克马尔当时享有双重独立：一方面，因为教会独立于世俗权力，所以他也独立于世俗权力；另一方面，他自己独立于教皇权力。当他知道教皇可以来到法国并威胁开除他的教籍时，他说：“如要教皇来这里开除别人的教籍，那他回去以后就等着自己被开除教籍吧。”

但是，这一组建封建教会的尝试也没能比之前试图建立帝国教会的尝试更成功。人们没有办法在这个教会中重现某种团结统一；相反，教会中的离心力越来越强。每个主教，每个高级教士，每个修道院的院长都越来越将自己孤立在他的教区或是修道院的范围以内。于是，混乱再度四起。在这段时期里，发生了最严重的买卖圣职和肆意使用教会特惠权的行为，教士的精神道德也发生了严重的败坏。

这种混乱给人民和大量的教士带来了冲击。于是，在教会里又重新燃起了改革的思潮，人们要找到某种可以把所有元素联系起来的权威；相应的是，这种权威可以强行让所有元素都遵守某种规则。都灵主教克劳德和里昂大主教阿戈巴德在他们各自的教区里做过好几次这种类型的尝试，但是他们俩人当中没有任何一个人完成了这项工作。当时在教会里，只有一种力量可以完成这项任务：罗马教廷。罗马教廷也加紧了自己势力的扩张速度。11世纪时，教会进入到了它发展的第四个阶段——神权教会和修道教会。缔造出教会这种新形态的人是格列高利七世。

我们已经习惯了把格列高利七世看作一个意图让万物都静止不动的人、一个反对智慧文化发展和社会进步的人、一个企图让世界停止不前甚至倒退的人。然而事实并非如此。各位，格列高利七世其实是一个用专制来进行改变的改革者，就像查理大帝或彼得大帝一样；他是教会版的查理大帝、彼得大帝。他想要改革教会，想要通过对教会的改革来改变世俗社会，引入更多的道德、公正和规则。他想要通过罗马教廷来完成这种改变，并让这种改变服务于罗马教廷。就在他秉承着改革和进步，而不是停滞不前或倒退，试图把世俗世界置于教会的统治之下，把教会置于罗马教廷的统治之下的同时，修道院也开展了同样性质的尝试和运动：对秩序、纪律和道德的需求在修道院中爆发。在这一时期，莫莱斯姆的罗贝尔把一项严格的规定引入到了西多修道院；圣诺伯特开展了对法政牧师的改革；格列高利七世领导了克吕尼改革；圣伯纳德也完成了伟大的改革。这在修道院中引起了人民广泛的骚动。年迈的修道士觉得这些改革是有害的，为了自保，他们声称这些改革侵犯了他们的自由；想要回到教会最初的样子是不可能的，应该与时俱进；他们认为所有这些改革者都失去了理智、痴心妄想、专横暴虐。你们去翻一翻诺曼底历史学家奥德里克·维塔利斯的作品，在里面能看到很多这样的抱怨。

一切似乎都变得对教会，对它的团结统一和势力发展有益。就在罗马教廷试图统治世界、修道院进行道德改革的时候，个别能人为了人类理性的发展要求成为有影响力的人，要求获得发表个人观点意见的权利。他们中的大部分人并没有去攻击那些固有的观点和宗教信仰，只是宣称仅靠权威机构来向大家宣告这些观点和信仰是不够的，理性有权对它们进行论证。约翰内斯·司各特·爱留根纳、罗塞林、阿伯拉尔，通过他们，个人理性再一次得到发声；在希尔德布兰德和圣伯尔纳德进行改革的时候，他们成为思想自由运动的首批发动者。其实，这场运动的主要特点并不是观念的改变，也不是对公共信仰体系的反抗，它只要求理性能够发挥它的作用，人能够拥有进行思考的权利而已。在《神学导论》一书中，阿伯拉尔写道，他的学生问他："那些满足了理性思考的哲学论据要求人们去传授它们，去理解它们，而不是去重复它们有什么东西；没有人会去相信一个他自己都不理解的东西，而且，传教布道的人去向别人宣传一些他自己都搞不清楚的东西，会是一件很可笑的事……一切归根结底都是对哲学的研究，研究哲学，或者说引导人们去研究上帝，其目的是什么？为什么信徒可以阅读那些论述了19世纪事务的著作，为什么他们可以阅读外邦人的书籍，是为了让他们吸收宗教典籍当中真理的智慧，或是让他们学习为这些真理辩护？……在目标的驱动下，我们要充分利用理性的力量，避免在基督教信仰这种复杂的问题上，让它的对手轻易钻了空子，破坏了信仰的纯洁性。"

这一首次对自由的追求以及承认信仰自由的重要性很快就体现了出来。虽然教会自己也忙于改革，但它对此依然保持着警惕；后来它直接向改革者宣战，因为跟之前旧的教义相比，改革所采用的方式方法对它构成了更大的威胁。这就是11世纪末12世纪初，教会处于神权政治和修道教会状态时出现的一个非常重要的现象。在这段时期，在教士和自由思想家之间第一次出现了严肃的对抗。阿伯拉尔和圣伯尔纳德之间的争论，以及阿伯拉尔在桑斯和苏瓦松的大公会议上遭受的指控就是例证。这些在近代文明历史中都占有十分重要的地位。以上就是12世纪教会的主要情况，我们今天就先讲到这里。

与此同时，还发生了另一种性质的运动——市镇解放运动。这是多么轻率、无知和粗鲁的行为啊！如果有人告诉这些满怀热情追逐自身自由的资产家，这个世界上有人要求获得理性思考的权利和审查的权利，有人被教会视为异教分子，那么他们肯定会马上用石头或者是火刑将这些人处死。阿伯拉尔和他的朋友就不止一次遇到了这样的危险。而且，这些作家，这些为人类理性争取权利的人在谈到市镇解放运动时，都认为它们制造了一种极为糟糕的混乱，是对社会的颠覆和破坏。战争就这样在哲学运动和市镇运动之间，在政治解放和理性解放之间爆发了。直到几个世纪以后，这两大力量才明白它们的利益是一致的，才最终和解。但在12世纪时，它们确实没有什么共同点。关于这一点，在下一讲中，我们会讲到市镇解放运动，到那个时候大家就会明白了。

1493—1499 年间，佩德罗·贝鲁格特所作的绘画作品《火的测试》
画中描绘了多米尼加教团的创始人圣道明和阿尔比教派之间的一场争论，两人的书被扔进火中，
圣道明的书奇迹般地保存了下来

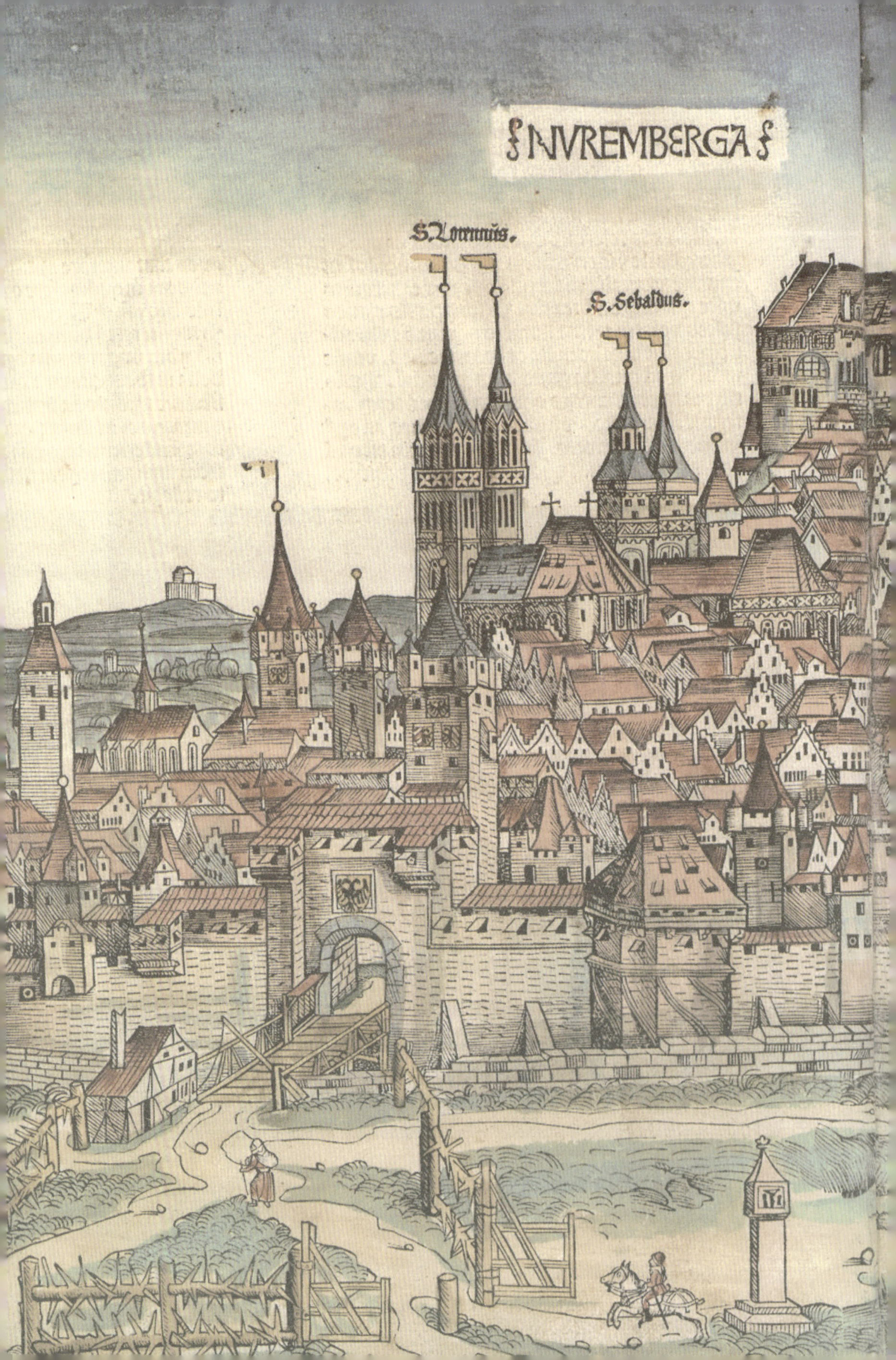

NVREMBERGA

S.Lorencius.

S.Sebaldus.

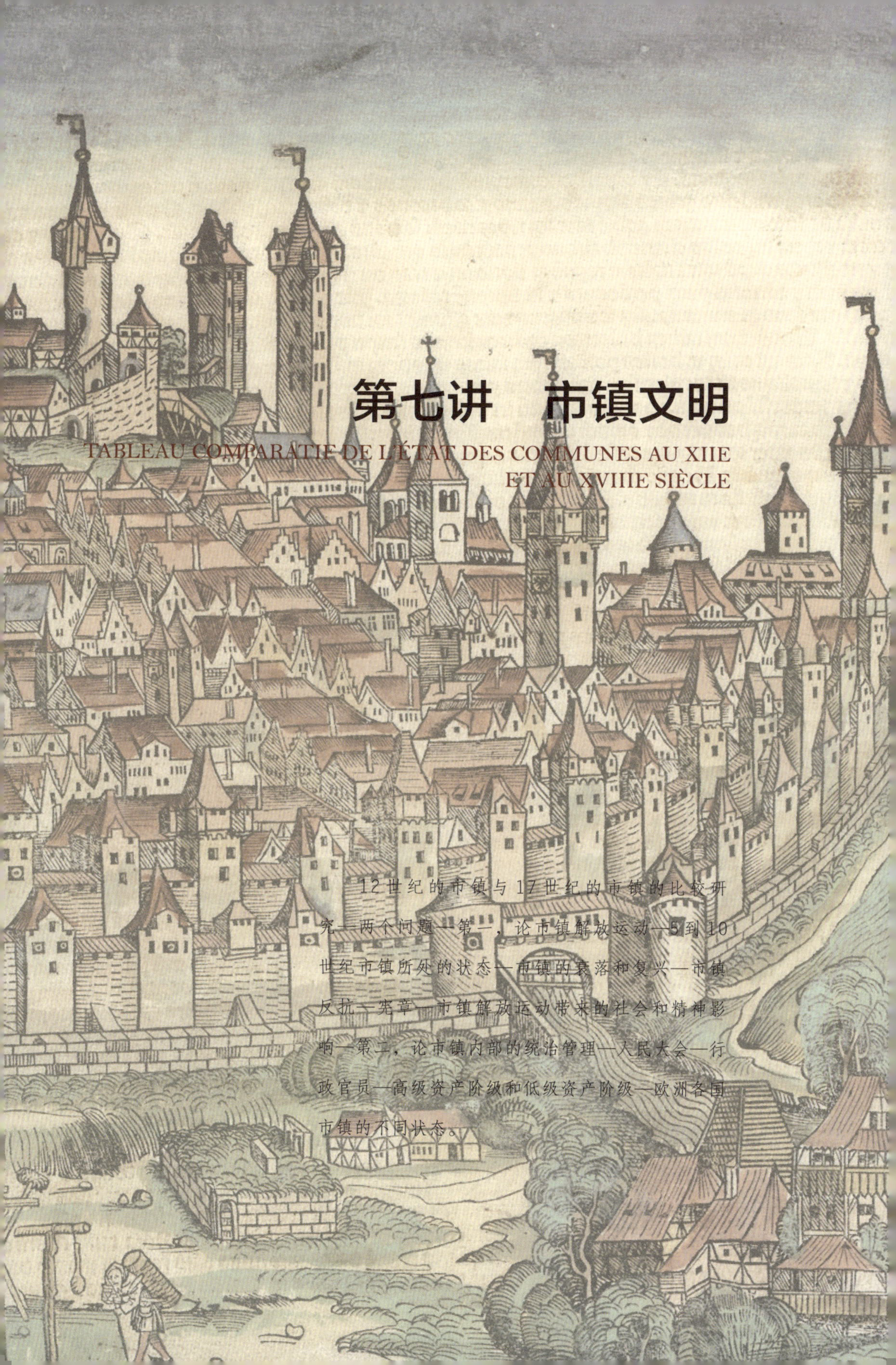

第七讲　市镇文明

TABLEAU COMPARATIF DE L'ÉTAT DES COMMUNES AU XIIE ET AU XVIIIE SIÈCLE

12世纪的市镇与17世纪的市镇的比较研究—两个问题—第一，论市镇解放运动—5到10世纪市镇所处的状态—市镇的衰落和复兴—市镇反抗—宪章—市镇解放运动带来的社会和精神影响—第二，论市镇内部的统治管理—人民大会—行政官员—高级资产阶级和低级资产阶级—欧洲各国市镇的不同状态。

前面我们一直在讲欧洲文明的两大元素——封建制度和教会，一直讲到了12世纪。今天我想给大家讲的是文明的第三大元素——市镇，跟前面一样，我们也把这个内容的时间段限制到12世纪以前。

市镇的情况跟教会或者是封建制度的情况不一样。尽管之后又有了新的发展，但在5到12世纪的时候，封建制度和教会所呈现出来的状态已经是比较完整，比较接近它们最终形态的了，我们能够观察到它们的诞生、成长和成熟。但市镇不一样，直到接近我们所限定的这个时间段的尾声，也就是11世纪到12世纪的时候，市镇才进入到历史舞台中来。这并不是说在这之前，市镇的历史就不值得一提，也不是说在这之前，根本就没有市镇存在过的痕迹，而是因为在11世纪，我们可以清楚明了地看到市镇出现在了世界的舞台上，是近代文明中的重要元素。另外，在我们研究5到12世纪封建制度和教会的时候，能看到它们是怎么产生影响的，看到事情的起源是怎么样的：每一次通过推测和归纳，我们都可以推断出某些事物发展的结果，可以用事实本身来验证我们的推论。但是对市镇的研究，可就没有那么简单了。我们先来看看它是怎么诞生的。我今天只能告诉你们它诞生的原因和源头。之后，关于市镇带来的影响，以及它在欧洲文明进程当中的影响，我都会以预测的方式告诉大家。我可能无法列举出一些众所周知的、影响至今的事例和证据。

但是你们要知道，直到11、12世纪，市镇才开始有发展、有成果，只有从这时候开始，历史才能成为我们论点的例证。我之所以强调这些不同，是为了提前告知大家，后面的内容可能会有不完整或是早熟的部分。

各位，假设一下：一个生活在12世纪的资产阶级突然出现在了1789年法国开始大革命的时候，有人给了他一本小册子，其中的论点在当时给人们带来了诸多精神思想上的激荡，比如西哀耶斯先生的《什么是第三等级》。他的目光落在了这一句话上："第三等级，首先应该是法兰西民族，而不是贵族或教士。"各位，我问你们，这样的一句话会给这样的一个人带来什么样的印象？你们觉得他能看懂这句话吗？不，他甚至都看不懂这些词，比如"法兰西民族"。因为这些词所表达的东西不是他所熟悉的，也不是属于他那个年代的。如果说他看懂了这句话，如果说他能从中看到第三等级在社会上被赋予了如此高的权力，他一定会觉得这种说法简直是大逆不道、疯人疯语，毕竟这跟他平日里所看到的，跟他的思想和感知是背道而驰的。

现在再让这位受到惊吓的先生继续跟随我们去到这个时期法国的某些市镇，兰斯、博韦、里昂、努瓦永，他一定会再一次感到惊讶。他进入到城市当中，这里没有塔楼，没有防御土墙，没有资产阶级的民兵，没有任何防御手段；一切都是开放的，一切都交付给了第一个到来的人、第一个占有者。这位先生一定会担心这个城市的安全，一定认为它太脆弱，太缺乏保障了。继续深入城市内部，他又会开始担心在那里发生的一切，那里的统治管理方式和人民的命运。这个时候，有人告诉他，在城墙之外，有某个政权可以任意征税或召集民兵对外开战，不必征求人民的同意；这里的行政官员、市长、市政长官，都不是由资产阶级来任命的；市镇的事务并不是只在市镇里解决，国王会指派一个人、一个总督来远程负责处理。当然，他还会被告知这里的居民没有权利为了他们身边的事举行公共集会或进行公共商议，教堂里的钟不会为了召集他们去广场而鸣响。听到这里，这位从12世纪来的先生一定很困惑。就在刚刚，他还在为这个市镇国家的伟大和第三等级的重要性而感到吃惊和担忧；现在，他看到他自己的阶级处在这样一种被奴役的、弱小的、无用的状态，这让他感受到了前所未有的愤怒。他从一个场景走到了另一个完全相反的场景，从资产阶级至上走到了资产阶级无能：你们让他怎么去理解、去调节，他的思想怎么可能不受到干扰变成一团乱麻？

各位，再假设一下，现在我们19世纪的资产阶级穿越回了12世纪,那么我们遇到的也将会是完全相同的场景。每当我们在观察一般性事件、国家、国家统治管理和整个社会时，我们完全都看不到资产阶级，人们对此也没有什么讨论；资产阶级什么也不是，也没有什么重要性，而且还不仅仅是在国家中没有什么重要性。如果我们想要了解资产阶级对他们自己的看法；想要了解他们如何谈论自己；想要了解在他们看来，他们和法国政府的整体关系如何，我们会发现他们的言语中流露出了一种极度的畏缩和低微。他们之前坦诚以待的主人、封地领主，在对待他们的时候，至少在语言上，依旧带着傲慢；这一点常常让我们感到疑惑，但是资产阶级对此却不会感到惊讶，也不会做出任何抵抗。

但是，让我们进入到12世纪的城镇当中，看看这里面都有什么：我们所看到的景象变了。我们进入到了一个由资产阶级武装、严防死守的区域；在这里，资产阶级自己向自己征税，自己选举他们的行政官员，自己完成审判和惩罚，自己聚集起来商讨他们的事务；所有人都会来到集会上；他们为自己而战，他们与封地领主为战；他们有自己的民兵。简单来说，资产阶级自己统治管理他们自己；他们是统治者。

这其中也有反差，就跟前面让12世纪的资产阶级感到惊讶不已的那种反差是一样的，只不过这里面的角色被调换了而已。在这里，资产阶级就是全部，市镇什么也不是；而在那里，资产阶级什么也不是，市镇才是全部。

当然，从12世纪到18世纪一定是发生了很多事情，发生了很多非同寻常的事件和很多的改革，才能让一个社会阶级发生了这么大的改变。但是，不管怎么变，从政治上来说，1789年的第三等级就是12世纪市镇居民的后裔和继承人。这一阶层的法兰西民众是如此傲慢，如此野心勃勃，高调地宣扬自己的意图和主权；他们不仅想要得到重生、自治，他们还想要重振和统治整个世界。毫无疑问，他们就是12世纪那些勇敢的、默默参与反抗的市镇居民的后嗣。当年，市镇居民们唯一的目标就是可以逃离某些封地领主的黑暗暴政。

可以肯定的是，这种转变已经完成，但我们没有办法在12世纪的市镇当中找到这种转变的原因，它隐藏在12到18世纪发生的一系列事件当中。这些我们在不断推进研究的过程中就会看到。第三等级的起源在这个变化历程中扮演了重要角色；虽然我们无法从中得知关于它的所有秘密，但我们至少能够从中找到它的萌芽；我们可以在它最终变成的模样当中找到它初始时期的模样，这也许比从它外表进行推测能获得更多线索。我认为，通过向大家展示一个12世纪市镇的画面，即使它可能不完整，也能够让大家对此信服。

为了能够更好地了解12世纪的市镇，我们要从两个主要方面来观察它，并回答两个问题：第一个，市镇解放的问题。即这一革命是如何开展的，原因是什么，它给资产阶级带来了什么改变，它给社会的其他阶级，给整个社会以及给国家带来了什么变化。第二个问题则涉及市镇的管理统治问题。即解放后市镇的内部状态如何，资产阶级的内部关系是怎样的，在城市中占据主流的原则、形式和思想道德风俗是什么。

资产阶级社会地位的改变以及资产阶级内部的统治管理是资产阶级对近代文明产生影响的两大源头。所有因为受到这种影响而产生的元素无一不跟这两大源头有关。如果我们能很好地认识和理解市镇解放和市镇统治管理，那么就相当于我们掌握了了解市镇历史的两把钥匙。

我要说的最后一点就是，欧洲的市镇各式各样。我今天要跟大家讲的内容一定不可以不加区分地套用在所有12世纪的市镇身上，套用在所有意大利、西班牙、英国和法国的市镇身上。共同点肯定是有的，但是其中的差异也很大。我之后在讲解的时候会给大家指出来。我们会在之后的文明进程中遇到它们，到时候我们再对此进行讨论。

想要了解市镇解放，就要先回想一下5到11世纪，也就是从罗马帝国覆灭一直到市镇革命开始期间，市镇是什么样的。在这里，我再重复一遍，欧洲各个国家的市镇是不一样的，差别很大；不过，还是有一些一般性元素是存在于几乎每个市镇里的，这也是我要给大家讲的重点。我还会讲到一些特殊情况，它们可能更适用于法国的市镇，特别是法国北部，罗纳河和卢瓦河以北的法国市镇。我主要想给大家展示的是一个整体情况，相比之下，这些个别地方的特殊情况可能会显得有些突兀。

罗马帝国覆灭以后，从5世纪到11世纪，市镇既不处于被奴役的状态，也不处于自由的状态。我们在用词的时候可能会犯错，这个错误跟我之前讲的在描述人物和事件时会犯的错误一样。当一个社会存在的时间长了以后，它的语言和文字就会变得完整、明确、精准，甚至在某种程度上具有合法性、官方性；时间赋予了每一个词不同的含义，当我们张口说出这个词的时候，词义就被唤醒了，而这些词义所产生的时间并不一致。比如奴役和自由，跟这两个词在10世纪、18世纪和19世纪相对应的元素相比，它俩如今在我们的大脑中能唤起的含义要更为精确和完整。如果我们说在18世纪的时候市镇处于一种自由状态，那可能有点过；我们如今赋予自由这个词的含义跟18世纪的情况完全不相符。同样，如果我们说那个时候的市镇处于被奴役状态，也是不对的，因为这个词现在所表达的含义跟那个时候的情况也是完全不相符的。因此，我再重复一遍，那时候的市镇既不处于被奴役状态，也不处于自由状态；人在这里会因为弱小而吃尽苦头，会遭受强者暴力对待和他们永无休止的劫掠；不过，虽然这个时候的市镇混乱、穷困、人口少，但它们依旧保存下了某些重要的东西：大部分的市镇都保留了教士主体，主教能够行使重要权力并影响民众，能够把社会各个阶级的人联系起来，从而保持市镇的某种独立性，让它得到宗教的庇护。市镇还保留了大量的罗马规章制度，在这方面，德·萨维尼、胡尔曼和德·蕾萨尔迪耶尔夫人等人都有收集和记录。我们可以看到元老会和市议会的召集，其实也就是公共集会和市镇管理人员集会。世俗范围内的事务，例如遗嘱、馈赠等一系列的世俗生活行为都在元老院中，由行政官员来负责完成，这一点跟罗马的市政府是一样的。的确，市镇的活动和自由逐渐消失不见。持续加重的野蛮、混乱和不幸加速了人口的减少。国家的统治者们都搬去了乡下，农耕生活开始占据优势，这些也都是市镇衰败的原因。在进入了封建制度的框架以后，主教们也减少了对市镇的关注。最后，封建制度获得了全面的胜利以后，市镇没有被外来的移民所奴役，而是被某位领主掌握在了他自己的手中，被限定在了某块封地的范围之内，并且在一定的程度上失去了原有的独立性；而哪怕是在最野蛮的那段时期，在入侵活动开始的第一阶段，市镇都不曾遗失过它的这种独立性。所以我们看到，从5世纪开始一直到全面建成封建社会，市镇一直处于衰败的状态。

等到建立了封建制度，等到人们停止流浪生活，找到他们自己的地盘并定居下来，在经过一段时间以后，市镇就重新开始变得重要起来；人们会再次开展起某些活动，包括人类活动和土地种植；一旦动荡停止，人就会重新开始活动，让一切事物都萌发、盛放。只要有一丝秩序与和平的光芒，人类就会带着对工作的期望重拾希望。市镇就是这样。封建制度刚建成不久，封地领主们就有了新的需求，某种对进步和完善的向往。为了满足这种需求，贸易和工业在市镇中又开始兴起，财富和人口也开始慢慢回流，市镇再次变得重要起来。这种现象的背后还有很多其他因素，在所有的因素当中，有一种，在我看来，被大家忽视了，那就是教会的庇护权。在市镇被建立起来之前，在市镇可以用武力庇护来自乡下、手无寸铁的民众之前，只有教会是安全的，这一点吸引了市镇中大量不幸的人和逃亡的人，他们或是躲在教堂里面，或是藏身于教堂周围。在这些人之中，有来自底层的、想要获得一点点安全保障的人，比如农奴、移民，但更常见的则是一些重要人士，一些富有的、流落他乡的人。编年史中记录了很多这样的例子。我们看到，有些人，不久前还有钱有势，却因为被比他们更有钱有势的邻居或国王追捕而放弃了他们自己的领地，他们带着所有他们能带走的东西躲到了市镇里，寻求教会的保护，变成了资产阶级。我认为，这种类型的避难者对市镇的发展是有影响的，他们带来了财富和上层人民所拥有的某些元素。大家都知道，一旦人群在某个地方会集，就会吸引更多的人到来：也许是因为他们觉得在这里可以得到更多的安全保障，也许只是因为他们身上那种固有的喜欢社交的群居性。

就这样，因为各种各样的因素，一旦封建制度步入正轨，市镇就会重获活力。但事实上，安全无法得到同等程度的保障。的确，流浪生活中止了，但流浪生活可以满足那些征服者和领地新主人的激情。当他们有抢夺的需求时，他们就会开始某种抢夺竞赛，去远方寻找别的财富和领地。当他们快要放弃流浪，差不多要定居下来的时候，贪婪、粗俗以及暴力却没有就此打住，转而继续去影响市镇，影响那些命运被强者掌握在手中的人。抢掠不再局限于去到远方，而是采取了就近原则。从10世纪开始，领主加重了对资产阶级的掠夺。每一次当市镇领地的主人爆发了某种贪婪的冲动时，他的发泄对象就是资产阶级。同样也是在这个时期，爆发了资产阶级对贸易安全缺乏保障的抱怨。商人们在外面买卖商品结束后都没有办法安全地回到自己所在的市镇；无论是在大路上还是在小道上，总有领主及其手下会对他们进行围攻。工业重启的时刻也是安全最没有保障的时刻。没有什么能够比在工作中受到侵扰以及被他人剥夺劳动果实更让人愤恨的了。这比起让人长期固定地重复一成不变的生活，或是拿走本来也不是由他创造出来的东西，或是剥夺那些没有给他带来希望和快乐的东西更让人气愤。一个人，或者是一群人，在走向富裕的过程中，有一个原则，那就是他们会比在其他任何环境下都更加积极地去对抗不公正和暴力。

这就是10世纪市镇的情况。它们拥有了更多的力量，变得更加重要、更加富饶，也有了更多需要它们去维护的利益。同时，它们也要花费更多的力气，毕竟领主们就在旁边虎视眈眈地盯着这些利益、力量和财富呢。在与日俱增的危险和困难当中，越来越多的应对手段也应运而生。再说了，封建制度给所有参与反抗的人做了个榜样：人们的印象当中，封建制度并不是一个有组织的、庄严的、能够解决所有问题并驯服所有人的统治管理方式；不过，它向人们展示了个人意志如何不断地拒绝服从封建统治。大部分的土地领主在面对他们的君王时，或是小领主在面对大领主时，都是这种状态。所以，市镇越是受到压迫和侵扰，它们就有越多的利益要去守护，也就越是能够学到更多的对抗方式。封建制度不断地在告诉人类个人意志在历史上是如何不留余力地发挥它的作用的。这一课上得很成功，无论市镇有多么脆弱，无论它和领主之间的不平等有多严重，它都一定会从各个方面进行全面的反抗。

想要给这一事件加上一个具体的日期可不是那么容易的事。我们只能说市镇解放大概始于11世纪。但是，其实对于所有的大事件来说都一样，在它们取得成功之前，还有很多不为人知的、不那么走运的努力。的确，上天有它自己的打算，在每件事情上都耗费了巨大的勇气、美德、牺牲和人力；最终，历经数不尽的努力，虽然这些努力常常被忽视甚至从表面上看起来是无用功；在大量的努力支持不住，消极地认为自己要失败了的时候，它们才赢得了最后的胜利。对于市镇来说也是一样的。毫无疑问，无论是在8、9世纪，还是在10世纪，市镇都曾经进行过很多次反抗和解放的尝试。它们不但没有成功，还给人留下了一事无成、一败涂地的印象。但是，可以肯定的是，这些尝试对后来发生的事件产生了影响，它们振奋并维护了自由，为11世纪的大起义做了准备工作。

我之所以用起义一词是有原因的。11世纪的市镇解放运动是一场真正的起义、一场真正的战争、一场由市镇人民向他们的领主发动的战争。在这类历史当中，我们看到的第一个现象就是资产阶级站起来，用手边的一切力量把自己武装起来。领主对他人进行驱逐和抢夺，这种行为对国王而言是不利的。这是一些战争的特点。如果起义失败了，征服者会怎么做？他会命令拆除资产阶级修筑的防御堡垒，不仅是围绕在他们市镇的那些，还有围绕在他们住所周围的那些。一旦开始联邦制，在承诺共同行动之后，在共同对着市镇发过誓之后，每个资产阶级做的第一件事就是躲回自己的地方，然后进入抵抗的状态。有些市镇的名字如今已经变得很模糊了，但它们都曾对它们的领主进行过长期的、有力的对抗，比如尼韦内的维泽莱。不过最终胜利还是落在了维泽莱修道院院长的头上，他立刻下令拆除了资产阶级房屋周围的防御壁垒，紧接着，这些房屋中有很多就被摧毁了，只留下了它们的名字。

现在让我们进入到这些我们祖先的房子里，研究一下它们的建筑方式以及其中透露出来的生活方式。一切都具备了战争的特点，战争注定会发生。

根据现有的资料，12世纪资产阶级的住宅是这样的：一般来说有三层，每一层都只有一间房；全家人在最底层的一楼的房间里吃饭；第二层修得很高，算是一种安全措施，也是这类建筑的显著特点；资产者，也就是房子的主人和他的妻子就住在第二层的房间里；房子的侧翼有塔楼作防卫，一般来说是四方形的，这也是一种战争的征兆、一种防卫的方式；三楼房间的用途是不太确定的，很有可能是为孩子和其他家庭成员准备的；再往上，通常会有一个小平台，很明显是用来观测的。整个房屋的建设会让人想到战争。是战争催生了市镇解放运动。

当战争持续了一段时间以后，不管交战双方是谁，最终都会走向和平。市镇和它们的敌人签署了和平协议，也就是和平宪章。这些市镇和平宪章其实就是资产阶级和领主之间的和平协议。

起义曾经是一种普遍现象。当我说它是“普遍”的时候，并不意味着一个国家，甚至世界上所有的资产阶级都联合起来共同采取行动。当时，各地市镇的情况差不多，它们面临着同样的危险，遭受着同样的痛苦。在掌握了差不多同样的防御抵抗手段之后，它们差不多在同一时期开始使用这些手段进行抵御。而且，榜样效应也在其中发挥了一些作用，在一两个市镇获得了胜利之后，更多的市镇也取得了它们的胜利。此外，有时候这些和平宪章看上去都差不多，比如博韦和圣昆廷的宪章就是以努瓦永的宪章为模板而撰写的。我觉得榜样效应产生的影响也许比我们想象中的更大。那个时候通信困难，也很少见面，大多是模糊不清、转瞬即逝的传闻。这也让人认为起义是缘于对同一种情况的反应，是一种自发的、普遍的运动。我说“普遍”，意思是说几乎每个地方都发生了起义，而不是说这种运动是整个资产阶级在经过商议和一致投票后才有的行为。所有的一切都是特殊的、地方的：每个市镇都是为了它自己而站起来去与它的领主抗争；所有的运动都发生在当地。

抗争的结果总是难以揣测。不仅仅是因为胜负难以预测，更是因为哪怕好像获得了和平，双方都发誓会遵守宪章，但还是会有人去违背宪章，通过各种方式去规避它。国王在这种争斗中扮演了重要的角色。之后讲到王权的时候我会跟大家细讲。至于王权在市镇运动中的影响，我觉得人们或是过分抬高了它的地位，或是过分贬低了它的作用。今天，我想说的是，国王经常会受市镇或领主之托，帮助其中一方与另一方斡旋；他有时候遵循的是这条原则，有时候则是那条；他会不断地改变自己的意图、目的和行为。但是，总体来说，国王积极地参与了市镇和领主之间的争斗，而且他的参与带来的影响好的比坏的多。

虽然胜负难测，宪章也总是被人违反，但是在12世纪，市镇已经完成了它的解放运动。在欧洲，特别是在法国，遍地都在搞起义，持续了整整1个世纪；到了12世纪以后，各地纷纷签署了和平宪章。宪章在那个时候还是比较受大家欢迎的，市镇对此还是比较放心的，最后也完全接受了它。这种现象成为主流并得到了大家的认可。

现在让我们来看看这种现象带来了什么直接影响，以及它为社会中的资产阶级带来了什么。

在刚开始的时候，我们认为它并没有改变资产阶级与全国统一统治管理机构，也就是我们现在所说的国家之间的关系；跟之前相比，资产阶级并没有更多地参与到统治管理中来：一切都还是地方性的，局限在封地范围之内。

但是，另一种情况的出现可能会打破这种看法：实际上在这个时期，资产阶级和国王之间已经建立起了某种联系。在宪章的作用下，有时候资产阶级会请求国王帮助他们对付领主，或是让国王替他们做担保；有时候领主也会请求国王来裁判他们跟资产阶级之间的纷争。就这样，受双方之托，因为各式各样的原因，王权参与到了领主和资产阶级之间的争斗当中；也因此，在资产阶级和国王之间建立起了一种密切的、经常往来的关系。正是通过这种关系，资产阶级得以接近国家的中心，并与中央政府之间有了联系。

虽然一切都还只是地方性的，但是通过解放运动，一个新的、广泛的阶级被建立了起来。在资产阶级内部没有任何的联合；作为一个阶级，他们没有任何共同的、公共的生活。但是，因为整个国家到处都是面临着同一种境况的人，他们有共同的利益、相同的道德思想；在这些人之中一定能够萌发出某种联系，某种可以催生出作为整体出现的资产阶级。资产阶级作为一个重要的社会阶级被建立起来，是地方资产阶级解放运动导致的必然结果。

资产阶级在初始阶段的模样跟它后来的样子可不一样。它的社会地位发生过重大的变化，它的元素也跟之后我们看到的有所不同。在12世纪时，资产阶级只包括从事小额贸易的商人和批发商，以及住在城里的小地主。在经过了3个世纪以后，资产阶级又涵盖了律师、医生、各类文人以及地方行政官员。资产阶级是逐步形成并且由不同的元素所构成的：人们往往没有从历史的角度上对它进行整体的考量，没有考虑到它的延续性和多样性。每一次在谈到资产阶级的时候，人们好像都认为无论在哪个年代，它的组成元素都是一样的。这种看法是荒谬的。也许，要想解开资产阶级命理中的秘密，就要从它在不同时期的各种组成元素开始着手。当行政官员和文人还没有被纳入资产阶级的时候，当它还没有变成它在16世纪时的模样的时候，它在国家中的特点和它的重要性都是不同的。在资产阶级的内部逐步有了新的职业、新的思想道德和新的知识文化，这正是资产阶级的财富和力量在历史当中不断更迭的原因。我再次强调，在12世纪时，资产阶级只包括那些每次完成交易后都会回到城里的小商贩，还有那些把家安在了附近的房屋或小型土地的地主。这就是欧洲资产阶级在初始时期的样子。

市镇解放带来的第三个重要影响，就是阶级斗争。斗争是近代历史中的固有现象，分布在近代历史中的各个阶段。近代欧洲就诞生于各个社会阶级的斗争中。在其他地方，这种斗争带来的结果则完全不同，比如，在亚洲，有一个阶级获得了全面胜利，种姓制度取代了阶级制度，社会从此停滞不前。感谢上帝，在欧洲并没有发生这样的事情。在欧洲，没有任何一个阶级可以打败或是驯服其他阶级；斗争不但没有造成社会的停滞不前，反而促进社会的进步；各个阶级相互之间有时候需要去攻击对方，有时候则需要做出让步；它们各自的利益和激情，它们对于胜利的渴求，即使可能无法走到终点，但却可能为欧洲文明的发展繁衍出最具活力、最高效的元素。各个阶级之间不断争斗，互相憎恶；它们有不同的处境，不同的利益，不同的道德思想，也因此在精神道德上对彼此怀着深深的敌意。尽管如此，它们还是在逐渐地相互靠近，相互了解，相互同化；在欧洲大陆上的每一个国家中都诞生、发展出了某种普遍的精神思想，某种由利益、观念和感知连接起来的共同体，它们最终战胜了多样性和战争。比如，虽然17、18世纪的时候，法国各个阶级在社会地位和精神思想上有很大的差距，但是毫无疑问，阶级融合得到了极大的发展，从那以后才有了一个真正的法兰西民族，它不独属于任何一个阶级，而是容纳了它们全部，所有的阶级都被同一种情感激励着，拥有着共同的社会生活，被深深地烙上了民族的印记。

就这样，在多样化、敌意和战争之中，近代欧洲孕育出了民族的团结和统一。民族的团结和统一在如今看来是那么光彩夺目，它不断地发展、净化，散发出更加耀眼的光芒。

以上就是我们所关注的革命所带来的外在的、表面的、社会上的影响。现在我们再来看看，它所带来的精神上的影响是什么样的，看看在资产阶级自身的灵魂中发生了什么样的变化，看看他们变成了什么样子，以及在新的环境下他们应该会变成什么样子。

在研究12世纪、甚至是12世纪以后的资产阶级与国家、与国家政府以及国家整体利益之间的关系时，我们一定会被一个事实所震惊：在统治管理国家方面，资产阶级在思想上和目的上表现出了过分的羞怯和谦逊，他们太容易满足了。没有什么能够在他们身上激发出真正的政治精神，让他们渴望发挥影响力，渴望改革，渴望统治和管理整个国家；他们的思想不够大胆，目标不够宏大，可以说他们只是一些聪慧且老实的自由人。

在政治领域，伟大的志向和坚定的思想只有两个来源。第一，在广阔的境域里能感受到自己的重要性，感受到自己拥有影响他人命运的强大力量；第二，能够强烈地感受到一种完全的个人独立，对自身的自由很确信，不知晓除他个人以外的意愿。这两种情况中的任何一种似乎都能带来大胆的思想、远大的抱负以及在广阔的领域中采取行动并获得伟大成效的渴望。

约1565—1570年间，马丁·范克利夫的绘画作品《酒吧里的斗殴》

中世纪的资产阶级并不具备这两种条件中的任何一种。他们的重要性仅仅只是对他们自己而言；在他们生活的市镇之外，他们无法对国家从整体上施加任何影响。他们也没有办法完全感受到个人的自由。虽然他们胜利了，获得了宪章的签署，但实际上这些都是徒劳无用的。某个市镇的资产阶级跟住在他附近的领主相比，虽然前者赢得了胜利，但却还是能够明显地感觉到自己低人一等。资产阶级没有土地领主拥有的那种由自由带来的自豪感；他所拥有的自由并不是来自他自己，而是来自跟其他人的联合。这种联合是脆弱的，在需要寻求帮助的时候常常会遇到困难。就因为这样，哪怕他们决定了要做什么事情，也会表现出一种含蓄谨慎的特点，在言语上谦卑，在思想上同样也是畏畏缩缩、保守谨慎。不仅12世纪的资产阶级是这样的，他们好几辈的子孙后代也是如此。他们并不期望着自己能够做成大事；如果命运让他们不得不为之，他们会感到非常担忧和为难。责任感会让他们感到烦忧，他们会觉得这超出了他们的领域范围，他们只想回到自己的地盘上，所以他们只会漫不经心地应付着。另外，在欧洲历史当中，特别是在法国历史当中，我们看到资产阶级被重视、被看重、被照顾、被尊敬，但很少有人会害怕他们。资产阶级很少能够让他们的对手认为他们拥有一种强大的、可以引以为豪的、真正的政治力量。其实我们不必对近代资产阶级的这种软弱感到诧异，因为这其中的主要原因其实就隐藏在它的起源当中，隐藏在我刚才提到过的解放运动的背景环境里。在欧洲，有一些感知和观念是非常近代的，比如不考虑社会条件的宏大目标、广阔且坚定的政治思想、参与国家事务的欲望、作为人所能够感知到的人类的伟大和他所拥有并可以施展的力量。这些都源于近代文明，具有一种辉煌而伟大的广泛性，它对人民、对国家政府以及我们资产阶级的祖先都产生了影响。

然而，在地方利益的争夺之中，在这一狭窄的领域里，资产阶级获得并表现出了无人能比的活力、坚持、耐心和奉献精神。采取行动的确很困难，他们需要对抗这一切的险恶，需要展现出无与伦比的勇气。我们今天对12、13世纪的资产阶级有一种错误的看法。比如沃尔特·司各特在《惊婚记》中塑造的比利时列日市市长就是一个充满了喜剧特点的资产阶级形象：身材肥胖、优柔寡断、经验不足、胆小怕事，只顾着让自己过得方便舒适。其实这个时期的资产阶级一直都是身披锁子甲、手拿长矛的。他们跟他们所对抗的土地领主一样，好战尚武，过着动荡不安、艰难严酷的生活。就是在这种持续不断的危险当中，在与现实生活中各式各样的困难进行博弈的过程当中，资产阶级逐渐形成了那种刚毅和固执的特点；只不过到了近代以后，他们的行为活动变得软散无力，他们刚毅固执的特点也不复存在。

在12世纪时，市镇解放带来的精神和社会影响还没有完全显现，直到几个世纪以后，它们才清晰地出现，被人观察到。但是可以肯定的是，种子就埋藏在市镇的原始状态当中，在它们进行解放运动时所采取的方式方法当中，在资产阶级所处的社会地位当中。所以，这些是可以预测的。现在，先让我们进入到12世纪市镇的内部，看看它是如何被管理的，看看在资产阶级的内部，什么元素占据了主要地位。

之前我曾讲过，罗马帝国为近代世界留下了市政制度：罗马世界是一个大型的市镇联盟；以前的各个市镇都跟罗马一样，拥有它们自己的主权。每个市镇都跟罗马一样，是一个独立的小型共和国，无论是打仗、和解还是决定如何统治，都由它们自己说了算。被并入到罗马世界以后，主权、决定战争与和平的权利、立法权、征税权等都纷纷从各市镇溜走，汇集到了罗马的手中。于是，就只剩下了一个拥有主权的市镇，那就是罗马，罗马统治着大部分只有公民权利的市镇。市政制度的特点发生了改变，它不再是一个政治统治管理机构，一个拥有主权的政体，而是变成了一种行政管理模式。在罗马帝国的统治下完成了一场伟大的变革，市政制度变成了一种行政管理模式，只负责管理地方事务，解决市镇公民的利益问题。以上就是罗马帝国衰败后留下的市镇和它们的统治管理机构。在野蛮带来的混乱当中，所有的思想和事物都变得模糊起来，主权和行政管理的权限也变得模糊不清。区分它们不再是问题的关键。一切事务都会根据需要来决定是交给君王还是交给行政管理人员来负责。市镇发生了起义以后，为了获得一些安全保障，市镇又把主权要了回来。这样做不是因为遵循了某种政治理论，也不是出于维护尊严，只是为了获得对抗土地领主的方式方法。它们重新获得了招募民兵、为战争征税、自己任命首领和行政管理人员的权利，简而言之，它们自己统治管理它们自己。市镇内部的统治管理就是要抵御侵扰和保障安全。之前因为罗马的征服和胜利而出逃的主权再一次回到了市政制度的体系里。市镇重新获得了主权。这是市镇解放运动的政治特点。

不过这并不意味着它们获得的主权是完整的。总会有一些主权被流放在外：要不就是领主还保留着往市镇派遣行政官员的权利，让市镇的行政官员们都做他的副手；要不就是他还有可以收取某些费用或贡品的权利；有时候这些权利也会落到国王手中。

而市镇本身则进入到了封建制度的框架之中，摇身一变成为了封建君主，坐拥封臣，并因此得到了封建君主自身拥有的主权部分。它们在封建制度中所享有的权利与它们通过起义而获得的权利混在了一起；通过封建制度和起义这两个渠道，市镇获得了属于它们的主权。

根据一些遗迹，虽然它们非常不完整，但我们至少可以推断出在初始阶段，市镇内部的管理统治是怎么样的。市镇里的全体居民组成了市镇议会；每一个住在城墙内的人都必须对市镇发誓，每一个发过誓的人在听到钟声响起的时候都要前往参加全体大会。在这里由居民们来任命行政官员；行政官员的数量和类型非常多变。行政官员一旦被任命，议会就会被解散，行政官员可以比较随心所欲地进行统治管理；当时最重要的两项职责就是负责新的选举和处理民众暴动。

所以我们看到，市镇的内部组织被缩减了，只剩下两个极其简单的元素，居民全体大会以及负责处理骚乱、暴动的专制政府。因为当时的精神思想状态发展有限，所以无法建立一个固定的、长期的、能够真正维护秩序的政府。绝大部分市镇居民都还是比较无知、粗俗、凶狠无情的，很难管理。不久以后，在市镇内部，资产阶级和封地领主之间的关系变得几乎跟之前一样没有保障。一种较高层级的资产阶级被迅速地建立起来。原因应该不难理解。思想和社会关系的发展自然催生了工业职业行会。特权体制被引入到了市镇内部，由此带来了极大的不平等。很快，各地开始出现了一定数量的大资产家以及工人阶级，后者虽然地位较低，但他们在市镇事务当中有很大的影响力。于是，市镇就被分割成了上层资产阶级和不得不忍受过错和罪行的下等民众。上层资产阶级一方面需要面对统治下层民众的巨大困难，另一方面还要应付市镇以前的主人想要重新夺回权力的企图。这样的情况不只出现在法国，整个欧洲都是这样的，一直持续到16世纪。也许这就是欧洲很多国家，特别是法国的市镇无法全面获得政治重要性的原因。在这里面，有两种思想一直在打架：在底层人民当中，有一种盲目的、过分的、残暴的民主思想；而在上层人民当中，有一种羞怯的、妥协的思想，为了在市镇当中建立起某种秩序与和平，他们很容易就跟国王或是老领主和解了。这两种思想当中无论哪一种，都让市镇无法在国家当中占领重要的地位。

这些影响在12世纪的时候都还没有凸显出来，但是，通过起义的性质，通过起义开始的方式，通过市镇人民所处的境况，我们可以猜测得到。

如果我没有弄错的话，这就是市镇解放和市镇内部统治管理的主要特点和整体影响。但我要告诉大家的是，所有的这些东西并不像我刚刚所陈述出来的那么统一和普遍，欧洲市镇的历史具有丰富的多样性。比如，意大利和法国南部都是以罗马市政制度为主，跟欧洲北部地区相比，这里人与人之间的不平等没有那么明显，分歧也没有那么严重。市政制度这种组织管理方式要好得多，也许是因为它保留了罗马的传统，也许是因为在它统领的地方，民众的素质更好。在欧洲北部地区的市镇中，占据统治地位的是封建制度。在北方，一切似乎都在为抵抗封地领主而服务；南部的市镇则是把更多的心思放在它们内部的组织、完善和发展上，我们能够感觉到它们会变成独立的共和国；而位于北部地区的市镇，尤其是法国北部的市镇，命运坎坷，没能得到完整的、良性的发展。如果我们去观察德国、西班牙和英国的市镇，一定能够从中找到其他的不同点，我就不具体讲了。之后，随着对文明史的进一步研究，我们会看到其中的某些不同点。其实，在刚开始的时候，所有事物都混在一起，呈现出差不多的面貌；经过一点一滴的发展才最终变成了不同的模样。在这之后，又会开始新的发展，推动社会朝着一种自由的高度统一去发展。这是人类奋斗的光辉目标和憧憬。

1560 年，彼得·勃鲁盖尔的绘画作品《儿童游戏》

第八讲　宗教战争

COUP-D'ŒIL SUR L'HISTOIRE GÉNÉRALE DE LA CIVILISATION EUROPÉENNE

简述欧洲文明史—它的主要特点以及特殊特点—特点开始显露的时代—12到16世纪欧洲的情况—宗教战争的特点—它们的社会和精神动机—这些动机在13世纪末时就已经不复存在了—宗教战争对文明的影响。

之前我没有给大家完整地展示过这门课程的大纲。我只是在刚开始的时候，指定了一个主题来进行阐述；我没有对欧洲文明进行整体的论述，也没有告诉大家哪里是起点，路线是怎么样的，终点在哪里；没有道明开始、过程和结果。但是到了这个阶段，我们必须从整体上去进行观察，从整体上去描述这个世界。对于之前的那几个时期，我们通过研究它们本身或是不久之后由它们带来的明确的影响，或多或少都能理解清楚。但对于接下来我们要研究的这几个时期而言，如果不把它们跟它们所带来的最不直接、最长远的影响联系起来的话，没有人能够理解它们，它们也不能激起人们的任何兴趣。在做一项主题很广泛的研究时，某一瞬间我们可能会觉得摆在自己面前的只有未知和黑暗，以至于没有办法下定决心继续走下去。我们不仅想要知道我们是从哪里来的、我们是谁，还想要知道我们将要走向何方。这也是我们现在的感受。对于我们现在要讲的这个时期，我们只有把它跟近代的这几个时期联系起来才能够理解它并掌握它的重要性。它真正的意义要在很久以后才会显现出来。

这个时期包含了欧洲文明几乎所有的元素。我说几乎，是因为我还没有讲到君主制。直到12世纪甚至到了13世纪，君主制才有了决定性的发展；也是到了这个时候，君主制度才被真正地建立起来，并开始在近代社会当中占领它最终的位置。这也是为什么我在之前没有提到它，我在后一讲中会讲到它。我再重复一遍，这个时期具备了欧洲文明的所有重要元素，除了君主制。我们已经看到了封建贵族、教会和市镇是如何诞生的，我们也已经了解了相关的组织机构、原则和思想。所以，关于封建制度，我们已经了解了它近代形态成形之前的初始模样，了解了那个时候的家庭内部生活；我们已经理解了对个体自由的感知以及它在欧洲文明中的地位。关于教会，我们已经知道了一个纯宗教社会是如何诞生的；它与世俗社会之间的关系；神权思想；政教分离；宗教迫害的第一个阶段以及自由意识的第一声呐喊。还有新生市镇的建立原则与教会或封建社会的完全不同，社会阶级多样性，阶级之间的争斗，近代资产阶级思想道德最初、最深层次的特点，他们思想上的羞怯和灵魂上的活力，煽动群众的思想和追求合法的思想。一句话，我们已经了解了欧洲社会所有的组成元素、它以前的样子和它要传达的思想。

现在，让我们一起进入到近代欧洲的内部。我说的不是当代欧洲，而是17、18世纪的欧洲。我问问你们，你们还能认出这个我们之前讲过的12世纪的社会吗？变化多大呀！我强调过了市镇的变化：18世纪的第三等级跟12世纪的第三等级是非常不一样的。封建制度和教会也是，你们同样也会惊讶于它们的改变。路易十五统治下的贵族阶级跟封建贵族、伯尼斯红衣主教的教会跟叙热院长的教会并没有太多的相似之处，就像18世纪的第三等级跟12世纪的资产阶级一样。在这两个世纪之间，虽然各个元素齐全，但整个社会发生了变化。

我想要清楚地分析一下这种变化的主要特点。

从5世纪到12世纪，整个社会包含了我讲过的所有元素——国王、世俗的贵族、教士、资产阶级、移民、宗教和世俗权力，简单来说就是构成一个政府、一个国家的所有幼苗，尽管这个时候还没有出现任何政府或任何国家。在我们所研究的这段时期当中，民众和政府跟我们今天所理解的严格意义上的民众和政府不是一回事。我们能看到各式各样的特殊力量，各种特别的元素以及地方性的组织机构，但都没有什么是普遍的、公共的，没有什么是属于严格意义上的政治的、国家的。

反观17和18世纪的欧洲，我们会看到有两大力量出现在了世界舞台上的各个角落，那就是政府和人民。某种普遍的权力作用于整个国家，反之，国家也会对统治着它的权力产生影响。这就是社会，这就是历史：这两大力量之间的关系，它们的联合和斗争。贵族、教士、资产阶级，所有的阶级，所有的特殊力量都退居二线，变成了民众和政府这两大主体背后的影子。

如果我没有弄错的话，这就是区分近代欧洲和原始欧洲最主要的一点，这就是13到16世纪这段时期中完成的变革。

也就是说，我们从13世纪一直到16世纪当中去找寻其中的秘密。在这段时期里蕴藏了让原始欧洲变成近代欧洲的决定性因素，这也是它在历史上很重要并且能够激发人们兴趣的原因所在。如果我们不是从这个角度去进行观察，如果我们不去探寻在这段时期里发生了什么，那我们不仅无法正确地理解它，还会很快就因为感到无趣而最终放弃它。如果我们只对这段时期的本身进行观察，而不考虑它的影响，那么其实它是没有什么特点的。在这个时期当中，越来越多的事物混杂在了一起，而我们也不清楚其中的原因；其中发生了一些没有方向的运动和没有结果的动乱；王室、贵族、教会、资产阶级，社会秩序中的所有元素似乎都在同一个时期里不停地打转，无法消停，也没有任何进步。人们进行了各种各样的尝试，但都失败了：建立政府、创建公共自由、改革宗教，但没有一项能完成、能成功。在这段时期，人类好像注定了要被困在这种动荡却又停滞不前的状态里，无论怎么努力都还是颗粒无收。这就是13到15世纪的欧洲历史以及它所呈现出来的样貌。

我知道有一本书真实地还原了这个时期的风貌，这就是德·巴朗特先生的《勃艮第公爵史》。我的意思不是说他多么真实地描绘了当时人们的精神思想状态，或是精确地叙述了某些事件的发生。我的意思是说，这本书描述了一种普遍的事实，既展现了进步的一面，也没有忽视停滞的部分，可以说是那个时代的一面镜子，为读者呈现出了一幅真实可信的画面。

如果把这一时期跟它之后的时期对比起来观察的话，就像我们从对原始欧洲的观察过渡到对近代欧洲的观察，那么这个时期的特点就会变得很明显、很生动。我们可以从中找到一个整体、一个前进的方向；除此以外，我们还可以从中看到，通过漫长而默默无闻的努力，它最终完成了它的统一，实现了它的利益。

所以，其实欧洲文明史可以总结为三个阶段：第一个阶段我把它称作起始期、形成期。在这个阶段，欧洲社会中的各个元素从混乱中脱颖而出，带着那些赋予了它们生机与活力的准则，以它们最原始的形态存活在社会当中。这个阶段差不多一直持续到12世纪。第二个阶段是试验期、尝试期、摸索期。社会秩序中的不同元素相互靠近，相互融合，相互试探；不过这个阶段并没有孕育出任何普遍的、固定的、持久的东西。这个阶段一直持续到16世纪才结束。第三个阶段是发展期。人类社会的最终形态在欧洲成形，有了它明确的发展方向，朝着一个清晰而明确的目标快速前进。这个阶段开始于16世纪，一直持续到今天。

我所认为的欧洲文明就是这样的，这也是我力图想要重现的欧洲文明画卷。我们今天来讲一下欧洲文明史的第二个阶段。我们要在其中找到重大事件、决定性的动机以及由此带来的社会变化。

我们看到的第一个重要事件，也是开启了这个时代的重大事件，就是宗教战争。它们开始于11世纪末，贯穿了整个12和13世纪。毫无疑问，这是非常重要的事件。在宗教战争结束后，哲学历史学家们一刻不停地在对它们进行研究和讨论；在还没有了解清楚以前，他们就已经猜到宗教战争影响并改变了民众的生活环境，并且认为必须对此进行研究，以便能够弄清一切事物的整体发展进程。

宗教战争的第一个特点就是它们的普遍性。整个欧洲都参与其中，这是欧洲的第一个重大事件。在宗教战争以前，人们还没有见到过欧洲会因为某种感知而受到如此大的触动并因此采取行动；那个时候还没有欧洲，是宗教战争唤醒了基督教的欧洲。第一批十字军是由法国人组建的，但是德国人、意大利人、西班牙人、英国人也都是其中的一分子。第二批、第三批的十字军当中包括了所有信仰基督教的民族。这是前所未有的。

这还不是全部：宗教战争于欧洲而言是一个重大事件，于每个欧洲国家而言也是一个重大事件；在每个欧洲国家里，社会各个阶级的人民都因为同一种感受而兴奋，都遵从于同一种思想，放任于同一种冲动。国王、领主、教士、资产阶级、乡村民众，所有人在宗教战争中想要维护的都是同一样东西、同一种利益。这个时候各个国家突然表现出了一种精神上的团结，这跟欧洲统一一样是个新事物。

当这一类事件发生在这段时期，发生在年轻一代的民众身上时，他们自发地、自愿地做出了反应，没有任何预谋，没有任何政治意图，也没有政府的参与，我们从中看到了历史上所说的英雄岁月和英雄事件。实际上，宗教战争就是发生在近代欧洲的英雄事件。它们既是个人的也是全体的；它们是无人指挥的国家运动。

宗教战争最初的特点是什么，文献能告诉我们，事实也能为此佐证。最先开始参与到战争当中的十字军战士是谁？是普通民众，他们追随着隐修士皮埃尔，没有任何准备，没有任何指引，也没有首领，有的只是几个无名骑士；他们穿越了德国和希腊帝国，分散或者说是消失在了小亚细亚。

在这一次宗教战争当中，上层阶级和封建贵族却动摇了。在戈弗华·德·布永的领导下，领主和他们的手下满怀热情地出发了；穿过了小亚细亚后，军队中的首领却失去了兴致，感觉到了疲惫；首领们不再关心如何继续走完这条路，而是只关心他们自己，想要在他们已经征服了的地方定居

约 1474 年，让·科伦布的绘画作品《安条克之围》

下来。军队中的民众起身反抗，他们想要去到耶路撒冷：宗教战争的目的是拯救耶路撒冷，而不是从图卢兹的雷蒙德伯爵、博西蒙德公爵或者其他人那里获得爵位和封地；民众的、国家的和欧洲的推动力高于所有的个人意图，首领们在群众中没有足够多的直系亲属，无法让所有人都服从于他们自己的利益。没有参加过第一次宗教战争的君王最终也像所有民众一样被卷入了进来。12世纪大规模的宗教战争就是由国王指挥的。

让我们快速地跳转到13世纪末。这个时候，人们还在谈论宗教战争，还在满怀热情地宣传它。教皇鼓动君主和民众，在大公会议上论述“圣地”的重要性；但是，没有人会再去那里了，也没有人会再去为此操心。欧洲人的精神思想和社会发生了某些变化，结束了宗教战争。当然，这个时候还是会有一些个别的远征，我们也能看到有些领主和团伙还是会继续前往耶路撒冷。但是很明显，这个时候已经没有了以前那种普遍的出征活动。尽管如此，继续宗教战争的必要性和可能性却还没有消失。穆斯林在亚洲取得了越来越多的胜利。跟刚开始的时候相比，十字军战士们拥有更多可以让他们夺得胜利的手段；他们在小亚细亚、叙利亚和巴勒斯坦有了更多、更强大的基督教信徒；他们知道了更多远行和采取行动的方式方法。不过，还是没有什么事物能够重振宗教战争的雄风。很明显，这是因为当时社会上的两大力量——君王和民众，并不想再这样继续下去了。

很多人说这是因为厌倦，说欧洲厌倦了像之前那样不断地奔赴亚洲。虽然我们经常会在类似的情况下使用“厌倦”这个词，但它其实并不是那么准确。人类不会因为他们没有做过的事情而感到厌倦，也不会因为他们父辈的疲惫而感到厌倦。厌倦是很个人的东西，它不像遗产那样可以传递给下一代。13世纪的人并没有因为12世纪的宗教战争而感到厌倦，影响他们的其实是另一个因素。当时在社会上，思想和感知都发生了变化；人们的需求和渴望变得跟从前不再一样，人们所相信的以及想要的东西也跟从前不一样了。

因此，后来的人做出了完全不同的决定是因为精神和政治上的变化，而不是因为他们厌倦了。说他们厌倦是一种没有根据的表达。

把欧洲推向宗教战争的原因有两大类：一类是精神上的，一类是社会上的。

精神上的原因，你们知道的，是来自宗教信仰和宗教情感的推动。从7世纪末开始，基督教就在跟伊斯兰教做斗争。需要注意的是，这两个社会和宗教体系之间的争斗。其中，宗教战争可以说是它们之间最主要的冲突。这其实也是它们共同的历史特征，是把所有事物联系起来的一根纽带。

还有另外一个原因，11世纪欧洲的社会状态，也极大地促成了宗教战争的爆发。我在前面已经解释过，在5到11世纪的时候，为什么欧洲没能够建立起一种广泛的、普遍的东西；我也向大家说明了所有的事物是如何变成了地方性的，以及国家、人民和思想是如何被限制在了一个狭小的空间里。封建制度占据了上风，经过一段时间以后，因为范围有限，不够用了，人类的思想和活动就开始盼望着能够冲破禁锢它们的牢笼。流浪生活的确是结束了，但是对变动和冒险的喜爱却没有。人们忙于加入宗教战争，似乎这样就能获得更开阔、更多样化的新生活，能让他们重新回忆起野蛮时代的自由，或者让他们看到一个广阔的未来。

我认为，这是12世纪宗教战争的两个决定性因素。到13世纪末的时候，这两个因素都消失不见了。人类和社会发生了极大的变化，以至于之前让欧洲扑向亚洲的那种精神上的冲动以及社会需求都不复存在。我不知道你们当中有多少人读过宗教战争那个时期的历史学家写的东西，也不知道你们有没有比较过第一批宗教战争时的史学家跟12、13世纪的史学家写的东西有什么不同。比如，见证了第一次宗教战争的阿尔伯特·德艾克斯、修士罗伯特、雷蒙德和提尔的威廉、雅克·德·维特里。当我们在比较这两大类作家时，一定会因为他们之间的不同而感到惊讶。前一类作家很活跃，充满了动人的想象力，激情地叙说着宗教战争中发生的事件。但是这一类作家的思想太狭隘，他们对自己那个小圈子以外的东西完全不了解，不懂科学，满腹偏见，无法对他们身边发生的事情以及他们要叙述的事件做出评判。相反，如果你们翻看的是提尔的威廉所写的历史，你们会惊讶地发现他几乎可以说是一个近代作家，他思想成熟、开阔、自由，有整体的概念，能够从政治的角度去解读各个事件，能够分析事件的原因和影响；他是一个不仅关心与宗教战争相关的事物，也关注当时的自然历史、人种分布、地理形态和人们的精神思想状态，对整个世界都有观察和描绘的智者。简单来说就是，第一次宗教战争时的历史学家和最后一次宗教战争时的历史学家之间的巨大差异，反映出人类在精神上的真正变革。

这场变革也体现在人们谈论穆斯林时采取的方式上。对于我们刚才讲的第一类历史学家和第一批十字军战士而言，穆斯林只作为一种仇恨的元素而存在。很明显，他们虽然的确在谈论穆斯林，但是他们对穆斯林一无所知；他们只是从宗教敌对的角度来对穆斯林进行观察，无法对这个群体做出合理的评判；我们在其中看不到任何社会关系的痕迹，他们只是憎恨穆斯林并对其进行口诛笔伐，仅此而已。提尔的威廉、雅克·德·维特里和财务官贝尔纳在谈论穆斯林时采取的态度和方式则截然不同。我们能够感觉到，虽然他们也在攻击穆斯林，但是他们没有把穆斯林当作怪物来看待；他们在某种程度上融入到了穆斯林的思想当中，跟穆斯林一起生活，与穆斯林建立联系甚至是某种情感。提尔的威廉高度赞扬了努尔丁，财务官贝尔纳则大力称赞了萨拉丁[①]。有时候，他们甚至会把穆斯林的思想和行为与基督教教徒的思想

① 努尔丁：第二次宗教战争中近东穆斯林最重要的领袖；他一统叙利亚，把赞吉王朝势力拓展到了埃及并赢得了对法兰克基督教教徒的一系列胜利。他是中世纪伊斯兰世界最伟大的英雄之一，他的名号“努尔丁”，字面之意为“信仰之光”。萨拉丁是中世纪穆斯林世界著名的军事家、政治家，埃及阿尤布王朝首任苏丹，因在宗教战争中表现出卓越的领袖风范和军事才能而闻名于基督教世界和伊斯兰世界，在埃及历史上被称为民族英雄。

15 世纪，大卫·奥伯特的绘画作品《军队占领君士坦丁堡》

和行为进行比较，通过对穆斯林的肯定来讽刺基督徒，就像塔西佗把日耳曼思想与罗马思想进行对比一样。你们可以看到，在这两百年当中发生了多大的变化，第二类作者在描写基督教教徒的敌人、宗教战争的对手时表现出了一种自由的态度和不偏不倚的思想，而这些要是被第一批十字军战士知道了的话，他们一定会对此感到震惊和愤怒。

这也是宗教战争所带来的第一个主要影响，我们朝思想解放迈出了一大步，离更开阔、更自由的思想越来越近。宗教战争以宗教的名义开始，受宗教信仰的影响，却剥夺了宗教思想独有的对人类精神的控制和支配。这个结果可能是人们之前没有预料到的，其中的原因有很多。第一，显然十字军战士们看到了一个崭新的、广阔的、多样的景象，就跟旅行者一样。在旅行途中，旅行者们的思想得到了解放：他们习惯了对不同的人、风俗习惯和观念主张进行观察，所以他们的思维得到了扩展，摆脱了陈年偏见的束缚。十字军战士也一样，因为看到了不同的事物，见识到了不同的道德风俗，他们的思想得到了发展，变得更加开放。他们跟两种文明产生了联系，这两种文明不仅互不相同，而且发展都很成熟，一个是希腊文明，一个是伊斯兰教文明。虽然希腊文明这时候已经衰落了，处在垂死的边缘，但是在十字军战士看来，它比他们自己的文明更先进、更文明、更有智慧；伊斯兰教文明对于他们而言也是这样的。编年史中描述的十字军战士对穆斯林的第一印象很有意思。在穆斯林看来，十字军战士都是野蛮人，是他们见过的最粗野、最残暴、最愚蠢的人；而十字军战士则被当地的富饶以及穆斯林高尚的道德思想所震惊。很快，在两个族群之间便建立起了密切的联系，而且这种联系不断得到扩展，变得比我们想象中的更为重要。

你们已经看到在13至14世纪的时候，是什么激起了宗教战争的热情，而摆在欧洲人面前的又是一个怎样广阔而崭新的世界。我们相信，这是在宗教战争之后，发展和思想自由的一大来源。

还有一个情况也值得注意。一直到宗教战争之前，罗马教廷，也就是教会的中心，只通过神职人员作为媒介跟普通民众进行交流，有时候是罗马教廷任命的特使，有时候则是主教或教士。当然，也有个别人能够与罗马建立直接联系。但是，总体而言，罗马教廷当时是通过教士来与人民进行互动的。相反，在宗教战争期间，罗马对于大部分十字军战士来说是一个必经之处，很多人去了那里，也有很多人从那里回来。大量的普通群众都见识到了罗马教廷的政策和道德思想，并在宗教辩论中发现了关乎个人利益的那部分内容。毫无疑问，这种新的认知在思想上唤起了很多人前所未有的胆量。

当我们从整体上对宗教战争结束后人们的思想，特别是他们的宗教思想，进行观察时，一定会因为一个独特的事实而感到惊讶：他们的宗教思想完全没有改变，没有被其他相反或是不同的思想替代。尽管如此，他们的思想还是变得更加自由了，宗教也不再是人类思想可以展露拳脚的唯一领域；人类思想虽然没有放弃宗教，但是在别的领域活动，却开始与它分离。于是，在13世纪末，它决定了宗教战争的精神动力，或者我们至少可以说它是促成了宗教战争的重要元素，就这样消失了；欧洲的精神思想状态完全改头换面。

社会状态也同样发生了变化。关于宗教战争在这个方面所带来的影响，我们做了很多研究。研究向大家展示了宗教战争是如何迫使数量如此庞大的封地领主为了拿到钱去参加宗教战争，把自己的土地卖给国王或是把自己签订的宪章卖给市镇的；很多领主，仅仅因为他们自己的缺席，就失去了大部分的权力。我认为可以省去细节，把宗教战争给社会带来的影响总结为几个大的方面。

宗教战争极大地减少了小面积的封地、小型地产和小封地领主，把权力和财富集中到了一小部分人的手中。宗教战争以后，我们才看到大面积封地

约1474年，让·科伦布的绘画作品《克莱芒会议》
克莱芒会议是1095年11月18日至28日期间，天主教会在法国克莱芒举办的一场宗教会议。教宗乌尔巴诺二世于11月27日进行了演讲，号召基督教教徒征讨东方的异教徒，夺回圣地，从而引发了第一次宗教战争

和大封建主的出现和增加。

我经常会觉得遗憾，怎么就没有一幅按照封地来绘制的法国地图呢？就像我们现在可以看到的那种按照省份、市区、大区和市镇来划分的法国地图，在上面可以看到所有的封地，它们之间的界限、比例以及它们相继发生的变动。如果有这种地图，在它的帮助下，我们把宗教战争前后法国封地的情况做个对比，就会发现有很多小型的封地都消失了，取而代之的是中型和大型的封地。这是宗教战争带来的重要影响之一。

即使小领主把他们的封地保留了下来，他们也不再像从前那样离群索居。拥有大面积封地的土地领主成为中心，拥有小面积封地的土地领主在他们的周边聚集和生活。十字军战士在东征的时候，一定会跟在最富有、最强大的人身后，从他那里获得帮助；跟这个人一起生活，与他共享财富、面对同样的风险。回到故乡以后，这种人与人之间的关系准则，这种生活在强者周围的习惯在十字军战士们的大脑中被保留了下来。相应地，我们看到在宗教战争以后，大型的封地在增加，大型封地的主人在他们的城堡里建造了更大的宫廷，大批保留着自己小型地产的贵族们走出了自己的领地，聚集在了大领主身边。

封地得到了扩张；各地建立起了一定数量的社会中心，取代了之前散居的情况。这是宗教战争给封建社会带来的两个最大的影响。

同样性质的影响也发生在了资产阶级身上。宗教战争创造出了大型的市镇。小商贩和小工厂无法让市镇变成像是意大利或弗兰德地区中的那些大城市。这样的大城市靠的是大规模的贸易，海上贸易，特别是东西方的贸易；或者说，是宗教战争让海上贸易获得了前所未有的发展动力。

总的来说，当我们在观察宗教战争结束后的社会状态时，我们会发现以前那种分离、离散、地区化的运动停止了，取而代之的是一种相反的运动，一种把所有事物集中、汇聚起来的运动。一切事物都开始相互靠近。小的被大的吸收或是围绕在它的周围。就这样，社会不断地运转并向前推进。

你们现在应该明白了，为什么在13世纪末14世纪初的时候，民众和君主都不需要宗教战争了。他们已经没有需求也不想这么做了。之前，宗教思想独占鳌头，人们受到宗教思想的鼓动参与了宗教战争。但是后来，宗教思想失去了它的活力。人们曾经也在宗教战争中找到了一种新的、更广阔、更多样化的生活。但是后来，他们开始在欧洲本土，在新的社会关系中去寻找这种生活。同样也是在这个时期，国王们的政治生涯得到了扩展。如果自己家门口就有王国可以攻占，那么为什么还要跑去亚洲呢？菲利浦·奥古斯都[①]参加宗教战争的时候就非常不情愿，这再自然不过了，不是吗？他有能力让自己成为法兰西的国王。对于民众而言，情况也是一样的。在他们眼前就摆着事业和财富。他们放弃了冒险，选择了工作。很大程度上，冒险被国王、政治和工作替代了。社会上唯一一个还在对冒险念念不忘的阶级就是封建贵族。他们不敢想象自己还能在政治上有所突破，他们不用担心工作的事情，他们保留了之前的社会地位和思想风俗，所以他们选择了继续参加宗教战争，并试图对它们进行改革。

这些就是宗教战争带来的真正影响：一方面，思想得到了拓展和解放；另一方面，生活方式得到延伸，活动空间变大——由此带来了更多的个体自由和政治统一，推动了人的独立和社会的集中。人民获得了大量的文明工具，其中有很多是直接从东方引进的。有人说，在14至15世纪的时候，大部分促进了欧洲文明发展的伟大发明——指南针、印刷术、火药，都是从东方来的，是通过十字军战士带回来的。可以确定的是，宗教战争的确对社会和思想产生了普遍的影响：它打破了欧洲长期以来的狭隘，把欧洲引导到了全新的、广阔的大道上；它开启了欧洲社会的统治管理和当地民众的转变，这

① 菲利浦·奥古斯都：卡佩王朝的国王，在位时间是1180年至1223年。

也是近代文明的特点。差不多在同一时期，君主制，这个在宗教战争中贡献最大的制度之一，也得到了发展。它的历史，从近代国家的诞生一直到13世纪，将是我们下一讲的主题。

第九讲　不简单的君主制

RÔLE IMPORTANT DE LA ROYAUTÉ DANS L'HISTOIRE DE L'EUROPE, DANS L'HISTOIRE DU MONDE

导致君主制重要性的真实原因—要从两方面来观察君主制—它固有的长期属性—它是法治君王的化身—受到的限制—它的灵活性和多样性—欧洲似乎呈现出来的是多种类型的君主制—野蛮君主制—帝国君主制—宗教君主制—封建君主制—严格意义上的近代君主制以及它真正的特点。

在前一讲中，我们把欧洲的近代社会和原始社会做了比较，总结出了前者主要的特点。社会元素在最开始的时候数量繁多，各式各样，到后来其实就只剩下两个了，一个是政府，一个是民众。历史舞台上的第一批演员，欧洲原始社会的主要力量，封建贵族、教士、国王、资产阶级、奴隶、移民，在这个时候都已经退场了，只留下两大力量继续活跃在近代欧洲的历史舞台上——政府和国家。

如果这就是欧洲文明最终要通往的方向，那么这也应该是我们的研究最终要带领我们去到的目的地。我们应该了解这个结果是如何诞生、发展并一步步得到巩固和加强的。我们现在可以追溯它的起源，正如你们所见，欧洲在12到16世纪开展了这项缓慢而隐秘的工程，改变了社会面貌，让社会变成最终这个样子。我们之前还研究了第一个把欧洲推向这条道上的重大事件——宗教战争。

差不多在同一时期，在宗教战争爆发的时候，有一种制度开始成长，它可能为建立近代社会，促进社会元素融合成两股主要力量——民众和政府——做出了最多的贡献，它就是君主制。

很明显，君主制在欧洲文明史中扮演了极其重要的角色，稍微了解一下事实就能明白这一点。至少在很长的一段时间里，君主制的发展跟社会发展是同步的：它们取得了同样的进步。不仅如此，每当社会朝它最终的近代特点靠近时，君主制似乎也会跟着获得成长和发展。所以，当欧洲那些大国中没有其他力量能够比政府和民众更重要、更关键时，君主制就占据了统治的地位。

不仅法国如此，大部分欧洲国家都是这样的：英国、西班牙、德国的社会历史都是这样的，只不过有的早一些，有的晚一些，在形式上稍微有些不同而已。比如英国，在都铎王朝的统治下，以往社会中地方性的特殊元素发生了变质，逐步消失，被公共权力体系替代；这也是君主制影响力发挥到最大的一刻。在德国、西班牙和所有欧洲大国中都是一样的。

如果我们走出欧洲，把目光投向世界上的其他地方，会惊讶地发现情况也是一样的，君主制在世界各地都占据了重要的位置，是最普遍、最持久的一种制度，势不可当。自古以来，在亚洲，它就占据着统治地位。人们在发现美洲的时候，在当地也找到了处于君主制统治之下形形色色的大型国家。在非洲，各个国家的土地面积比较大，占据主流地位的制度依然是君主制。君主制不仅渗入到了各个国家当中，而且适应了各种不同的环境和文明。它适应了野蛮，适应了最温和的道德风俗，比如中国的文明风俗，也适应了以战争和军事思想为主的道德风俗：它可以在种姓制度当中被建立起来，在等级制度最严格的社会当中被建立起来；也可以在平等的制度当中被建立起来，在一个没有任何法定的、长期的等级秩序的社会当中被建立起来。君主制常常是专制的、暴虐的，但它也可以促进自由和文明的发展。它像是一颗可以放在各种不同身体上的头颅，一种可以长出不同胚芽的果实。

我们可以从中得出很多重要但是却很少见的结论。我就说两个：第一，这一结果的产生绝对不是纯属意外，也不是单凭暴力或篡夺就能达成的。君主制的本质跟个人或是人类社会之间，一定存在着某种极其相似的地方。也许在这个制度的起源里混杂了暴力，也许这个制度的发展有暴力的积极参

匈牙利国王路德维希二世

与，但是，当你们看到任何类似的情况，看到某个重要元素在一段很长的时间里，在各式各样不同的环境中发展、繁衍时，一定不要把它归结于武力。武力确实很重要，它在人类的日常事务中扮演了重要的角色，但是它一定不是最主要的动机和因素：在它之上永远都有一种精神上、道德上的因素，后者决定了所有事情的走向。武力在社会历史中的位置就跟肉身在人类历史中的位置一样。当然，身体在人类的生活当中占有很重要地位，但它并不是最主要的。生活的运作需要身体但生活并非源于身体。人类社会的游戏也是这样：武力只是在其中扮演了某些角色，但是起到支配作用，可以决定人类社会命运的并不是武力，而是隐藏在武力背后，决定社会进程的思想观念和道德影响。可以肯定，就是这类元素中的某一种，而不是武力，让君主制得到了发展。

第二个需要注意的是制度的灵活性——它自我调节和适应多种环境的能力。注意一下它的另一面：它的形态是单一的、持久的、简单的；它没有其他制度那种复杂多样的联合；但是，它却能够适用于各种不同的社会。显然，它对多样性的接纳度很高，能够包容人或社会中很多不同的元素和观念。

我们有时候无法理解君主制在世界历史中的作用，弄错它的性质和影响，是因为：一方面，我们没有从整体上去对君主制进行观察，没有深入了解它固有的、恒定的原则，以及不管环境如何改变都能存活下来的那些主要元素；另一方面，我们没有考虑到它所面临的所有变化以及它可以利用的所有其他原则。

我想要和大家一起，完整地、准确地总结出这个制度对近代欧洲产生的影响，这种影响也许源自它自身的原则，又或许源自它经历的改变。

毫无疑问，君主制的力量，它精神上的力量、它真正的原则并不在于在位君王的个人意愿；各国民众接受君主制，哲人们支持君主制，但他们绝对不愿意相信，也绝对不会接受一个人狭隘的、专横的、任性的、无知的意愿。

君主制不等于一个人的意愿，虽然它是以这种形式表现出来的。君主制是法治君权的化身，代表的是一种总体而言还算理性、智慧、公正、公平，不同且高于所有个人意愿的意愿，也因为这样，这种意愿有权支配其他的个人意愿。这就是人们心中对君主制的理解，是他们接纳君主制的原因。

真的存在一种法治君权，一种有权可以控制人类的意愿吗？人们肯定相信它是存在的，因为他们一直在寻找它，而且他们无法让自己不受它的控制和影响。你们设想一下，有一小撮人，他们服从于一个只在事实上存在的君王——一种不讲求理性、正义和事实，只会使用武力来进行统治的力量；人的本性一定会马上对这种假设做出反抗：它相信法律。它要寻找的是法治君权，这是人类唯一愿意服从的力量。这一普遍事实有着什么样的故事或演绎呢？那些改变了民众生活的斗争，或者说民众为了追求法治君权而做出的努力又是什么样的？不仅是民众，连哲人们也对法治君权深信不疑，并不断地在寻找它。政治哲学的所有体系，或者说是对于法治君权的研究是什么样的？他们是怎么处理谁有权利统治社会这个问题的？看看神权制度、君主制度、贵族制度和民主制度，它们都吹嘘说自己发现了法治君权，都保证会由合法的主人来依法统治社会。我重复一下，这是所有哲人工作的目标，也是所有国家努力的目标。

人们怎么可能不相信法治君权的存在？人们怎么可能不去不断地追寻它？我们做一个最简单的假设：当我们要对社会整体，或是社会中的某些成员，又或是某一个人采取某种行动时，这种行动明显遵循了某种规律，某种合法的、要求大家去服从和实施的意愿。无论我们走进社会生活中的细枝末节，还是纵观社会生活中的重大事件，总能遇见某种有待挖掘的真理，某种现实所遵循的法则。这就是哲人和民众不断追求的法治君权。

人类的意愿在多大程度上可以广泛地、长期地代表法治君权呢？在这一假设当中，有什么必然的错误或危险的地方吗？应该如何看待以王室形象出现的法治君权呢？在什么条件下，在什么限制范围内这种代表性是可以被接受的呢？这些大问题我在这里不做详细的解答，但我会说说大致的看法。

我认为，最基本的常识也会认同这一点：完整和持久的法治君权不应该属于任何一个人，赋予任何人类力量以法治君权都是极其错误和危险的。因此，所有权利，不管它们以什么样的形式或名头出现，都必须受到限制；任何绝对的权利，不管它的起源如何，是通过战争、继承还是选举得来的，都应该是不合法的。寻求法治君权的方式方法可能会有所不同，会根据时间和地点的不同而有所改变。但是，无论在什么地方，无论在什么时候，任何权力都不能成为法治君权唯一的合法拥有者。

道理虽然如此，但我们看到在某些制度当中，王室就是法治君权的代表。来听听看神权制度是怎么说的，它会告诉你们，国王是上帝在人世间的化身，是崇高的正义、真理、善良的象征。如果你们去问法律专家，他们会回答说，国王就是活着的法律，代表了法治君权和合法统治，有权对社会进行管理和干涉。如果你们去问君主专制制度，它会告诉你国王是国家和整体利益的象征。不管什么情况下，不管社会各个元素之间有什么联合，所有王室都会声称自己代表并重现了法治君权，唯有王室能够合法地统治社会。

其实也没有必要对此感到惊讶。法治君权的本质有什么特点？首先，它是唯一的。因为真理和裁判权都是唯一的，所以只能有一个法治君权。其次，它是永久的，它会一直保持原来的模样：因为真理不会改变。它被放在了一个很高的位置，对世间的兴衰变迁和各种可能性都不了解，从某种程度上来说，它只是这个世界的观众和裁判：这才是它的角色。法治君权这些理性的、自然的特点，其实是王室用一种最明显的方式，通过外在表现出来的特点，就仿佛王室是法治君权最真实的模样。本杰明·贡斯当在他的著作中，巧妙地把王室描绘成一种中立的、能起到缓和作用的权力机构，它位于偶然事件和社会斗争之上，只参与重大事件。这不就是法治君权在管理世间万物时的态度吗？在法治君权这一思想当中，一定有某种能够打动人的东西，因为它很快就从书本上走到了现实中。巴西的某个君王将它写入了宪法，并把它作为自己统治的基础；在那里，王室代表了一种调和的权力，高于其他所有权力，既是观众也是裁判。

如果从某种角度去观察君主制，把它跟法治君权做对比的话，我们会发现它们外部的相似度还是很高的，所以人们对此感到惊讶也在所难免。因此，如果人们对法治君权的本质和它的主要特点进行了反思或研究的话，他们就更容易倾向于王室；因此，在宗教思想盛行的年代，对于上帝本质的习惯性思考最终将人们推向了君主制度。同样地，当法律专家在社会中占据了主导地位的时候，以法律的名义去研究法治君权的本质，其实对于王室就是法治君权的象征这一说辞是有利的。王室对外展现了一幅法治君权的画面，在还没有出现其他可以消除这种影响的理由之前，每一次人类对法治君权的本质及其特点的认真思考都会为王室的统治添砖加瓦。

而且，有时候会出现特别适合发展这种代表性的时机，比如个人暴力行为在各地肆虐的时候；又或是因为无知、野蛮或堕落，个人被自私自利支配的时候。社会陷入了个人意愿的冲突之中；这些个人意愿无法再继续互相协作，一起追逐一种广泛的、能够把所有意愿都联系起来，让所有意愿都服从听话的共同意愿；这种共同意愿热切地盼望着朝那个万人服从的统治者靠近；这时候，一旦某个政权表现出了法治君权的某些特征，向社会展示出它的权威，那么社会就会带着一种渴望，非常殷勤地去支持它，就像那些被流放的人躲到教会里去避难一样。民众的发展初期就跟我们刚才看到的一样，混乱无序。君主制非常适合这个被无序和混乱充斥的年代，因为在这个时候，社会期盼着自己可以成形，可以变得有秩序，但是单凭个人意愿的自主协调无法做到这一点。但在另一些时候，缘由与上述的相反，君主制仍然具有同样的作用。为什么在共和国末期快要解体的罗马世界，最终还是以帝国的名义坚持了差不多15个世纪，虽然它在不停地衰败，在垂死的边缘做着漫长的挣扎？只有君主制才能产生这样的结果，只有它可以遏制自私自利不断造成的毁灭。帝国权力与罗马世界的残骸搏斗了15个世纪。

有时候只有君主制可以延迟社会的解体，加速社会的建设。因为它能比其他制度更清楚、有力地代表法治君权，因为它在处理重大事件的时候会运用这项权利。

从某些方面、某些年代去观察这个制度，你们会发现它主要的特点、它的精神道德原则以及它真实的、内在的含义。我再重复一遍，君主制的力量来源于它阐释、象征、代表了一种唯一的、至高无上的、本质上合法的、有权可以统治社会的意愿。

我们再从另一个角度来观察一下君主制，看看它的灵活性，它扮演的多重角色以及它产生的影响，了解并明确一下其中的原因。

在这里，我们有一个优势，我们可以立刻进入到欧洲历史当中。因为巧合以及一些特殊情况，近代欧洲的君主制具备了世界历史中君主制所表现出来的所有特点。用几何学的言语来说的话，欧洲的君主制在某种程度上是所有君主制的和。接下来，我要讲讲欧洲君主制从5到12世纪的历史，你们会看到它呈现出来不同的样貌，会看到欧洲文明中的多样性、复杂性和争斗性。

在5世纪时，也就是日耳曼民族大规模入侵的时候，存在着两种君主制：蛮族君主制和帝国君主制，也就是克洛维统治下的君主制和君士坦丁大帝统治下的君主制，它们在原则和影响上有很大的不同。

蛮族人的君主基本上是靠选举产生的：日耳曼的国王们都是选举产生的，虽然他们选举的方式跟我们现在所熟悉的选举方式完全不同。蛮族选举出来的是军事将领，后者必须让他们众多的同伴都自愿地接受他们的权力，把他们当作最勇敢、最聪明的人来服从。选举是蛮族君主制的源头，是它原始的主要特点。

在5世纪时，这种特点就已经开始有了些许改变，加入了一些不同的元素。不同部落有他们自己的首领，一段时间以后，这些首领的家族就开始变得更加受人尊敬，更加重要，比其他人更加富有。从这里开始，就有了继承制，也就是说部落的首领只能从这些家族的成员当中挑选。这是第一个被加入到选举制度中的新元素。

除此以外，宗教元素也渗入到了蛮族君主制当中。某些蛮族群体，比如哥特人，他们相信自己的国王是英雄或诸神，比如奥丁的后裔。荷马笔下的那些国王都出身于神或半神的家族，就因为这样，他们虽然权力有限，却仍旧是某

1863—1883 年间，威廉·沃尔特斯的绘画作品《基督教教徒最后的祈祷》
沃尔特斯于 1863 年接受委托，直到 20 年后才交付，画作中展现了基督教教徒在戴克里先执政时所遭受的迫害

种宗教崇拜的对象。

这就是5世纪的蛮族君主制，虽然一直受初始原则的支配，但它依然具有多样性和不稳定性。

下面再来说说罗马的帝国君主制。它完全是另一回事，它是国家的象征，是统治权和罗马君王的继承者。看看奥古斯都和提比略统治下的君主制，皇帝是元老院、民众大会和整个共和国的代表。皇帝继承了统治权，统治权以皇帝为代表。大家应该都能从第一批皇帝，从那些有常识、了解自身情况的皇帝谦逊的口吻中感受到这一点了吧？他们知道自己面对的是一群不久前还掌握着主权的民众，后者为了自身利益把主权让给了他们。所以他们在讲话的时候，把自己定位成了民众的代表和大臣。实际上，他们高强度地行使着民众的所有权力。这种变化对于我们来说还是很好理解的，毕竟在拿破仑的故事当中，我们也见识过了统治权如何从民众的手中转移到一个人的手中。拿破仑其实就是民众的象征，他自己也在不断地这么说：“谁能像我一样，由1800万人推选出来？谁能像我一样成为民众的代表？”印有拿破仑头像的硬币上，一面写着法兰西共和国，另一面则写着拿破仑皇帝。民众变身为国王，这不就是帝国君主制吗？

以上就是帝国君主制的主要特点。这一特点帝国君主制保留了3个世纪。在戴克里先的统治下，帝国君主制呈现出了它最终的、完整的形态。就在这个时候，它即将面临一个重大的改变：一种新的君主制即将诞生。3个世纪以来，基督教就一直致力于把宗教元素引入到帝国当中。在君士坦丁的统治下，教会终于成功了。虽然宗教还无法支配帝国，但是它仍然在其中扮演了重要的角色。这时候的君主制在表现方式和起源上都跟之前的完全不一样：国王并不是公共统治权的代表，他是神的象征，是神的代表，国王的权力来自上帝；而在帝国君主制中，权力来自民众。这两种情况完全不一样，所导致的结果也不一样。自由的权利和政治保障很难与宗教王权融合起来，但是这种宗教君主制的原则是高尚的、符合道德的、有益的。以下是7世纪时，人们对于国王的看法。这是我在托莱多宗教议事会的法律文书中发现的。

> 国王是民众的国王，正确合理地管理他的民众。如果国王能够公正地进行统治管理，那么他就合法地享有国王的称号；如果国王不能公正地进行统治管理，那么很不幸，他将失去这个头衔。我们的祖先说得对：国君公正则立，不公正则废。国王要具备两大美德，公正和实事求是（讲求科学真相，重视理性）。
>
> 国王跟全体民众一样，要遵守法律……服从上天的意愿。我们颁布的法律不仅针对我们的民众，也针对我们自己。无论是陛下本人，还是他的继任者，都必须跟王国中的所有人一样，遵守这些法律规定……
>
> 上帝是世间万物的创造者，在构造人类身体的时候，他把头放在了最上面，希望可以由头来控制人类的四肢；他把明亮的双眼嵌在了头部，希望它们可以看清所有有害的事物；他给了人类智慧的力量，希望后者可以控制住人类的四肢，让人类明智地调控自己的行为……所以，国家治理要从国王开始，要先保证他们的生命安全，然后再安排跟民众相关的事务。只要保障了国王的安全，民众就能同时获得同样的保障。（《西哥特法典》）

在宗教君主制的体系当中，除了君主制以外，还有一个元素。这是一种新的权力，它就在君主制的旁边，但比君主制更接近上帝——君主制权力的来源；它就是教士阶级，是位于上帝和国王、国王和民众之间的教会权力。因此，君主制作为上帝的代表，很可能沦为了人类阐释神意的工具。这一点也同样造成了君主制命运和影响的多样性。

这就是5世纪存在于罗马帝国废墟中各式各样的君主制：蛮族君主制、帝国君主制和新生的宗教君主制。它们命途不同，就像它们拥有各自不同的原则一样。

在法国，刚开始的时候是蛮族君主制占据了主导地位，教会曾经尝试过往里边添加一些帝国或宗教的色彩，但总体来说还是以在王室家族内部举行的选举为主，虽然其中也掺杂了些许继承和宗教的思想。

在意大利的东哥特人那里，帝国君主制战胜了蛮族人的风俗惯例。泰奥多里克成为了继任者。我们只需要读一下卡西奥多鲁斯[①]的作品就能了解泰奥多里克的统治特点。

在西班牙，君主制的宗教色彩比其他地方都要浓厚。这里有托莱多宗教议事会，宗教力量能够影响西哥特国王的政府统治，西哥特人的法律和语言都受到教士阶层的影响，具有明显的宗教特点。

在英国撒克逊人那里，蛮族人的风俗习惯基本上被完整地保留了下来。七大王国[①]其实就是各个首领的部落聚集地。跟其他地方相比，这里明显采用了军事选举。英国的君主制应该是最贴近蛮族君主制的君主制类型。

从5世纪到7世纪，这三种君主制在与其他制度的竞争中脱颖而出，在不同的情况下、在欧洲不同的国家中占据了主导地位。

但是在那个时期，没有什么是普遍和永久的，8世纪以后，虽然历经兴衰变迁，但君主制依然没有定性。

到了8世纪中期，伴随着法兰克第二代国王的胜利，这类事件变得越来越多，越来越清晰。因为它们的规模越来越大，所以人们也能够更好地理解它们，它们的影响也随之变得更大。在极短的时间之内，发生了不同君主制度

① 卡西奥多鲁斯：古罗马政治家、学者、修士。主要著作有《宗教文献和世俗文献指南》《杂录》《远古史》《论灵魂》《哥特史》。

① 七大王国：指从5世纪到9世纪，居住在英格兰的盎格鲁－撒克逊部落的非正式联盟，由肯特王国、萨塞克斯王国（南撒克逊）、韦塞克斯王国（西撒克逊）、埃塞克斯王国（东撒克逊）、诺森布里亚、东英吉利亚王国和默西亚王国七个小王国组成。

的交替更迭和联合重组。

加洛林王朝取代了墨洛温王朝以后，蛮族君主制死灰复燃，选举再次出现，丕平在苏瓦松被选为国王。加洛林王朝的第一批统治者在把王国传给他们下一代的时候，会特别留心让那些大人物能够接受他们的新统治者；在分配的时候，这些统治者也希望它能够获得国家大会的批准。总而言之，选举这一概念以民众的认可作为它的表现形式，再一次出现在了欧洲。这次的王朝更迭其实是日耳曼民族对西欧的又一次入侵，给西欧带来了某些日耳曼人过去的制度和观念。

同时，我们还会更明显地看到宗教进入皇室的内部，扮演了更加重要的角色。丕平让教皇承认了他自己并接受了教皇的洗礼，因为他需要宗教的认可。这是一种强大的力量，是他在寻找的力量。查理曼也是这么做的。宗教君主制得到了发展，但它在查理曼统治期间并不是主流。因为那个时候，帝国君主制正迫不及待地想要复苏。虽然查理曼跟教士建立了紧密的联系，但是他在利用他们的同时，并没有成为他们的工具。伟大的国家、伟大的政治统一和复兴罗马帝国才是查理曼统治的优先选择和终极梦想。

查理曼去世以后，路易一世继承了他的王位；没有人不知道这时候的王权是什么样的；国王落到了教士手中，被贬责[①]、被罢免、被复位、被支配；服从于宗教势力的宗教君主制似乎马上就要建立起来了。

就这样，从8世纪中期一直到9世纪中期，三种不同类型的君主制都明确地出现在了各种时间、地点相近的重大事件当中。

路易一世去世以后，欧洲开始瓦解，这三种君主制也开始逐步消失：一切又都混杂在了一起。一段时间以后，在封建制度占据了主导地位以后，第

① 在宗教中，贬责指的是在一段时间内，取消处罚对象所享有的在教会管辖范围内的宗教权利和福利，比如圣礼、公开祈祷、宗教宽恕或担任圣职等。

《大卫被撒母耳加冕》

"君权神授"的思想是基督教神权政治传统的重要组成部分。这一主张源远流长，早在《圣经》中就已现端倪。在《旧约全书》的《撒母耳记》《列王记》等中，也有希伯来人的大卫、耶户等"神命"新王被先知用油"膏"(涂油)头为王的记载

四种君主制出现了，它跟我们之前讲的那些君主制都不一样，这就是封建君主制。封建君主制中掺杂了很多东西，所以我们很难对它下定义。有人认为，在封建制度当中，国王是各个领地封建君主的主君，是封地领主的主人；他一级一级地最终掌握了联系整个社会的纽带，他先是可以召唤他管辖之下的诸侯，然后可以通过诸侯召唤诸侯的附庸等；到最后，他可以召齐所有的人，成为真正的国王。这就是封建君主制的原理，我不否认，但是它只是一种纯理论，事实远非如此。像上文提到的那样，国王一级一级地获得广泛的影响力和黏合力，把王室跟整个封建社会联系在一起，这种理论只是政论家们的梦想。实际上，在那个年代，大部分的封建君主是完全独立于王室的，很多封建君主只是知道王室的名字，跟后者只有一点儿，或是完全没有任何联系：所有的君主都是地方的、独立的。国王的名字，其实就只是众多封建君主中某个人的名字而已；它更像是某种纪念，而不是一种事实。

11世纪到12世纪的时候，君主制就是以这样的状态呈现出来的。12世纪时，在路易六世的统治下，情况有了转变。人们越来越多地开始谈论国王：国王的势力渗入到了他以前从未触及过的领域，他也更加积极活跃地参与到了社会生活当中。这时候的国王所依据的理由跟之前的国王所惯用的那些都不一样：他能逐渐站稳了脚跟、变得越来越强大不是因为他是帝王之位的继承人；他也没有依靠选举或神授权力：这个时候不存在任何选举，继承王位的思想占据了主导地位；虽然国王登基要得到宗教的认可，但是人们其实根本不关心路易六世的王朝是否具备了宗教特性。一种新的元素、一种前所未有的特点出现在了君主制当中。又一种新的君主制开始了。

不用我多说，这个时候的社会正处于巨大的混乱和持续的暴力之中。社会无法应对这种局面，也不能恢复原先的秩序，让人们重新团结起来。封建组织机构，无论是大贵族议会，还是领主法庭，曾经在近代社会中让封建制度保持有条不紊的这些组织机构这次都对重建社会的秩序和公平无能为力，以至于在社会崩解的时候，人们都不知道该求助于谁才能够弥补和补救那些极大的不公和缺陷，把国家建立起来。领主延续了国王这个称号，有些人在遇到困难的时候会求助于他。王室那些不同的头衔和称号虽然不能产生什么大的影响，但它们依旧存在于人们的脑海中，在某些时刻会被唤起：有时候为了镇压骇人听闻的暴力活动，为了恢复国王领地附近的秩序，为了结束一场旷日持久的纷争，人们会求助于王室，要求国王对那些跟他其实没有直接关系的事务进行干涉，仿佛他就是公共秩序的守护者，是裁判员，是喜欢打抱不平的游侠骑士。于是，正因为他在人们的精神思想当中还保有威严，所以他慢慢地有了更多真实的权力。

这就是在路易六世和叙热[①]的统治管理之下，新出现的君主制特点。我们第一次看到，在人们的精神思想当中，出现一种非常不完整、非常模糊、非常羸弱的公共权力的思想。它跟当时在社会中盛行的地方权力不一样，人们可以通过它为那些不能经由普通渠道获得公正的人主持公道，恢复或指导恢复社会秩序；除此之外，人们还有了大法官的概念，它主要的特点就是维护和重建和平，保护弱者，在没有人愿意退出的纠纷中做出裁判。这是12世纪以后欧洲，特别是法国君主制的一个全新特点。它跟蛮族君主制、宗教君主制和帝国君主制都不一样，它的权力是有限的、不完整的、偶然的，在某种程度上，我觉得把它称为国家和平的大法官再合适不过了。

以上就是近代君主制真正的起源，是它在发展过程中必不可少的元素，是它的财富。我们在历史的不同时期，会看到不同的君主制特点。我刚才描述的那些君主制一个个地都试图在社会上占据优势。于是我们看到，教士一直在宣传宗教君主制；法律专家努力地想要复兴帝国君主制；贵族有几次

① 叙热：法国政治家、历史学家、圣但尼修道院院长，主持了圣但尼圣殿的重建，是哥特式艺术最早的发起者之一，并促进了其广泛流行。

想要改革选举式的君主制，或是维持封建君主制。教士、法律专家和贵族都尝试过让某种君主制的特点成为主流，君主制则利用这些人来获得更多的权力。国王根据需要或时机，有时自称是上帝的代表，有时是帝王的继承人，有时则是国家中的第一批贵族；他们这么做都是不合理的，这些称号当中也没有一个是真正符合近代君主制的，也没有一个是近代君主制影响力的来源。我再重复一遍，近代君主制有大法官的特征，它以公共秩序、社会公平和共同利益的受托人和守护者之名，最终成为社会的中心和纽带，进入到民众的视野当中，获得了民众的支持和力量。

随着内容的深入，你们会看到，这一始于12世纪路易六世统治之下的近代欧洲君主制的特点在不断发展，不断巩固，最后成为近代君主制的政治样貌。君主制给欧洲社会带来了极大的影响，它把社会上所有的要素削减到只剩下了政府和国民。

宗教战争爆发以后，欧洲进入了新的轨道，顺着这条轨道，欧洲就变成了现在的模样。你们刚才已经看到君主制在这次巨大的变化中扮演了重要的角色。在下一讲中，我们要研究12到16世纪期间，为了维持和解决危在旦夕的秩序问题，曾经有过的在政治组织上的不同尝试；我们会谈到封建制度、教会和市镇为了保留社会原有的元素和它原始的形态，为了抵抗即将到来的改变所做出的努力。

第十讲　欧洲文明的内部协调

COORDINATION INTERNE DE LA CIVILISATION EUROPÉENNE

为了协调近代欧洲中不同的社会元素，让它们在同一社会中，在同一中央权力的统治下共同生存、共同行动的尝试—第一，神权政治的尝试，以及为什么它失败了—四个主要的障碍—格列高利七世犯下的错误—对教会统治的反应—人民的反应—君主的反应—第二，共和制度的尝试—意大利共和国—意大利共和国的问题—法国南部的市镇—打击阿尔比异端教派的宗教战争—瑞士联邦—弗兰德和莱茵—汉萨同盟—封建贵族和市镇的反抗—第三，混合制度的尝试—法国的整体情况—西班牙和葡萄牙的议会—英国的议会—德国的特殊情况—所有的这些尝试都不是很成功—失败的原因—欧洲的整体趋势。

在开始这一讲的内容之前，我想先给这一讲的主题下个明确的定义。

你们应该还记得之前让我们所有人都感到惊讶的一个事实：在欧洲早期的社会中，各种元素丰富多彩，它们相互分离，互相独立于彼此。封建贵族阶级、教士团体和市镇的处境不同，拥有各自不同的法律和道德思想：它们基本上就是各个独立的小社会，只为了它们各自的利益，用它们自己的规则和力量在进行统治管理；它们相互之间也有联系，有接触，但是没有形成真正的联合。它们完全没有能够组成一个严格意义上的民族和国家。

到了这个时期，所有的这些小型社会完成了它们之间的融合，这也是近代社会最终的模样和主要特点。早期的社会元素只留下了两个——政府和人民。也就是说，多样性已经消失了，相似性带来了团结和统一。但是，为了给这样的结果预热，为了最终获得这样的结果，为了让各式各样的小社会能够共同生存、共同行动而不损坏其多样性和独立性，人们做出了很多努力。人们不曾想过要触犯不同阶级的社会地位、特权和它们独特的本质，只是想通过建立一个国家主体，把它们汇集和整合到一个国家的统治管理之下。

但是所有的尝试都失败了。我刚才说的近代社会的统一并没有在这个时期得以完成。在欧洲的某些国家中，依旧保留了某些社会初期的元素和社会的多样性，比如在德国还留有真正的封建贵族和资产阶级；在英国，国家教会有它自己的收入和特殊的审判权。不过，很明显，所谓的相互独立只是表面的假象；在政治上，这些小社会其实已经被融合到了一个更加广泛的社会、一个国家当中，它们被置于公共权力的统治之下，受到同一种制度的约束和同一种思想观念的影响。用一句话来总结就是，初期社会元素的独立和分离在这个时候只剩下了形式的外壳，不具备任何实质性的内容。

这些力图协调所有社会元素，把它们与国家统一联系起来而不改变它们本身，保持它们的多样性的尝试，在欧洲历史中占有重要的地位，贯穿在了我们所关注的这段时期中。在这段时期里，原始欧洲与近代欧洲分离，欧洲社会完成了蜕变。这些尝试不仅在欧洲社会中占有重要地位，还对之后的事件，对把所有社会元素削减到政府和民众两个元素所采用的方式产生了极大的影响。因此，意识到这一点很重要，我们有必要好好了解一下12到16世纪为了创建国家和政府而不损害第二社会的多样性所做的这些政治组织的尝试。这就是我们这一讲的主要内容。

这是个累人的，甚至让人痛苦的工作。并非所有政治组织的尝试都出于善意，有些尝试只是因为受到了自私和专制思想的支配。但肯定有一些尝试的目的是单纯的、不计个人利益的，是以人类精神和社会福祉为目标的。不和谐、充满暴力和邪恶的社会给那些拥有崇高思想、高尚品质的人带来了冲击，因此，他们不断地在寻找脱离这种境况的办法。但是就连这些尝试中发展得最好的那部分到最后还是失败了；那么多的勇气、牺牲、努力和美德都失败了；这难道不是一个很悲伤的画面吗？还有更令人感到痛苦、悲伤和苦涩的事情：这些改良社会的尝试不仅失败了，而且被混入了大量的错误和罪恶。因为善意的缺失，大部分的尝试都是荒谬的、无理的、不公正的，没有考虑到人权和社会情况，所以它们没能成功也不是没有道理的。在这个过程中，我们不仅看到了最坎坷的人类命运，也看到了人类的渺小与脆弱。我们看到，片面的真理能够轻易地占据那些最英勇的英雄的思想，让他们忘记真理的其余部分，让他们对自己有限的视野范围以外的东西都视而不见，以至于只要看到一处合理的地方，他们就会忽视掉所有隐藏在背后的不合理。在我看来，人类的这种坏毛病和缺陷比他们所处的恶劣环境更让人唏嘘不已，人类所犯下的错误比他们所承受的苦痛要多。是的，这些尝试展现出了两种不同的面貌，我们应该去接受它们，去正确地认识这些人，去理解这个有时会缺乏理智的时代。虽然这些尝试都走向了歧途并最终失败了，但人类通过它们展现出了很多美德，也做了很多努力，值得称颂。

从12世纪到16世纪，政治组织的尝试分为两大类：第一类的目标是让社会中的某一种元素占据主导地位，教士、封建贵族或是市镇，让其他的元素都服从于这一个元素，从而获得统一。第二类则意图协调所有小社会，让它们一起行动，在赋予它们影响力的同时，保留它们各自的自由。

跟第二类尝试比起来，第一类尝试要自私和专制得多。的确，第一类尝试的名声不太好，因为本质上的原因，它们采取的行动方式基本上都是专制的；不过，它们中还是有一些是纯粹以人类的福祉和发展为目的的。

第一个出场的尝试，是神权政治，它要求不同的社会都服从于教会社会的影响和原则。

你们应该还记得我讲过的教会历史。我给大家讲过在教会内部什么样的思想和观念得到了发展，它们各自获得了多少认可，它们是如何诞生的，它们带来了什么好的或坏的影响。我还讲了8到12世纪教会经历过的各个阶段——帝国教会、蛮族教会、封建教会和神权教会。希望大家对这些都还有印象，今天我要讲的是教会为了称霸欧洲都做了些什么，以及它为什么会失败。

神权政治其实在很早以前就已经有了，在罗马教廷里，或是在整个教士阶级当中。因为教会在精神思想和政治上占有优势，所以神权政治也就自然而然地产生了。不过，它在刚起步的时候就遇到了障碍；即使拼尽了所有力气，也没能排除这些困难。

神权政治遇到的第一个困难就是基督教自身的本质。基督教和其他大部分的宗教信仰不太一样，它是靠说服、靠单纯的精神力量建立起来的；它从一开始就没有武力的加持。在发展初期的时候，它完全靠《圣经》来征服民众，占领他们的思想。所以，哪怕教会获得了胜利、财富和尊敬，它也没有可以直接干涉社会的权力。它的起源完全是道德精神上的，靠的是它的影响力，这一点对它影响至深。它有很大的影响力，但是它没有权力。教会被巧妙地安插在了市镇的行政管理机构中，它可以对皇帝和大臣产生很大的影响，但是它没有主动管理公共事务的权力，也就是说它没有统治管理的权力。然而，统治管理体系，不管是神权政治还是别的，都不是可以用间接的方式，凭借简单的影响力就能建立起来的；它需要裁判、管理、下命令、征税、获得收入，简单来说就是它需要统治并真正地拥有整个社会。如果只是通过说服民众和政府，的确也能做很多的事情，可以产生很大的影响，但这并不等同于统治，它没有建立起一个制度和体系，没有掌握未来。这就是基督教会因为它自身起源的问题所面临的情况。教会总是站在那个统治着社会的政府旁边，既不能赶走它，也不能取代它。这也是神权政治遇到的一个无法跨越的障碍。

第二个困难也是很早就出现了。罗马帝国倒下之后，蛮族国家纷纷被建立了起来，而基督教教会原来跟被征服的罗马社会是一家的，所以它得先摆脱这个情况，让征服者皈依基督教，让它自己成为征服者中的一员。这项工作完成后，教会原以为自己能够统治社会了，但就在这个时候，它又遇上了封建贵族的傲慢与反抗。封建主义这回可是帮了欧洲一个大忙。在11世纪的时候，民众差不多完全被教会控制住了，君主们也不能再捍卫自己了，只有封建贵族从未接受过教会的奴役，也从未被教会当面羞辱过。回顾中世纪的整体面貌，我们可以从中找到一些原始教会残留下来的痕迹，对比起来看的话，我们一定会对11世纪世俗领主在面对教士时表现出的这种傲慢与服从共存、盲目信奉与精神自由共生的情况感到惊讶。你们应该还记得我之前讲过封建制度的起源，它最初的几个社会元素，以及基本的封建社会是如何在封地主人的住宅附近建立起来的。我之前提到过，教士在那个时候还是位于领主之下的。到了11世纪以后，封建贵族的心中其实还一直保留着那段记忆以及对那时候所处的社会地位的感知，所以，他们总认为自己不仅独立于教会，而且高于教会，是唯一可以真正拥有和统治整个国家的人。他们也一直希望能跟教士阶级和睦相处，他们承认后者的重要性，但是他们不会让后者来认可自己。在几百年中，世俗的贵族阶级都维持了它对宗教社会的独立性；在百姓和国王都被驯服的时候，他们勇敢地捍卫了自己。贵族阶级与教会做着斗争，也许比其他任何一种力量都更加有力地打击了神权政治这种统治形式的尝试。

还有第三个困难，我们通常会忽略它，错误地判断了它所带来的影响。

无论在什么地方，一旦教士团体占领了社会并将后者置于神权政治的统治之下时，这个帝国就会落到一个联合起来的教士团体手中，落到一个在内部完成它的人员招募、把幼小的孩童培养成教士的教士团体手中。纵观历史，看看亚洲和埃及，所有伟大的神权政治都是出自某个教士团体的杰作，这个教士团体本身就组成了一个完整的社会，能够自给自足，不必向外界借用任何东西。

因为教士的独身，基督教教士团体的情况很特别：它必须不断地求助于世俗社会，必须到遥远的地方，到各个阶层和各种社会职业当中去寻找能够让自己延续下去的方式。虽然教会为了同化这些外来元素做了很多工作，但这些努力都是徒劳的，因为某些新融入进来的元素仍然保留了它们原始的一些东西，可能是资产阶级的，也可能是贵族阶级的，它们一直保留着某些过去的思想和从前的状态。也许，独身让教士团体远离了利益纷争和人类的平庸生活，让他们与世隔离；但同时，独身也在不断地迫使教士团体成为世俗社会中的一部分，让它从中吸纳新生成员，改头换面，接受在世俗社会中发生的部分精神思想革命。这些都极大地损害了神权统治的尝试，由独身支撑起来的团体精神也没有在当中起到任何作用。

最后，教士团体在它的组织内部也碰到了反对神权政治的强有力的对手。人们常常提到教会的统一，这也是教会一直憧憬的。在某些情况下，教会也确实达成了这个目标。但是，我们不要受到字面上的影响，也不要被部分的事实所蒙蔽。还有哪个社会能比教士社会的纷争和分歧更多？还有哪个国度能比教会之国更分裂，受到更多的折磨，流动性更强？大部分欧洲国家的教会都一直不停地在与罗马教廷做抗争，大公会议也在与教皇做对抗；宗教异端数不胜数而且总是能死灰复燃；教会分裂近在咫尺；观点意见出奇地多样化，斗争博弈出奇地激烈，权力分配出奇地碎片化。教会内部的生活、内部爆发的分裂以及改革，可能是教会力图在社会上发展神权统治最大的障碍。

所有的这些障碍在5世纪的时候就已经出现在了神权政治的摇篮当中并产生了影响，但是它们没能立马遏制住神权政治的发展，相反，后者的发展还延续了几个世纪。神权政治最光辉的时刻是从格列高利七世统治的那段时期开始一直到11世纪。格列高利七世的主要思想就是把世界置于教士的统治之下，把教士置于教皇的统治之下，把欧洲置于一个广泛且有规则的神权政治之下。我认为，正是出于这样的意图，再加上他容许自己在距离事件如此远的地方进行评判，这个伟人犯下了两个大错：一个是理论家的错误，一个是革命者的错误。第一个错误在于他大张旗鼓地对外宣布了他的计划，而在这个计划当中，他以精神权力本身及其权利作为基础原则，并企图从中获得长远利益，这在逻辑上是不可能的。于是，在他掌握能够战胜一切的方法之前，他不断地对欧洲所有的世俗君权进行威胁和打击。然而不管是通过这种极端的方式，还是假借哲学理论之名，他都没有获得成功。除此之外，格列高利七世还掉入了革命者们都难以逃脱的陷阱里，他们都没有考虑到自己的能力范围和限制。格列高利七世为了加速实现他的理想，与帝国、君主甚至是教士开战。他不遗余力、不加迟疑、公然地宣布他要统治所有的王国和所有的人，因此招致了很多人的反对，包括所有濒临危难的世俗权力以及开始感到害怕并指责这种专制思想的自由思想家。总而言之，也许格列高利七世自己更多地损害而不是推进了他原本想要发展的神权政治。

尽管如此，神权政治还是持续了很长时间，跨越了整个12世纪，一直到13世纪中期。这是教会最强盛、最辉煌的时候。但我不认为我们可以说它在这个时期取得了很多明显的进步。一直到英诺森三世[①]统治的后期，它都只是在利用而不是扩展它的荣耀和权力。在它最辉煌的时候，欧洲大部分地区爆发了反抗它的人民运动。阿尔比教深入到了法国南部这一人口众多且强盛的社会内部。差不多同一时期，在北部地区，在弗兰德也出现了同样性质的思想和诉求。不久之后，在英国，威克里夫巧妙地攻击了教会并创建了罗拉德派。很快，君王也走上了跟人民一样的道路。直到13世纪初，霍亨斯陶芬家族，欧洲最强大、最精明的帝王们才最终在与教皇的争斗中败下阵来。之后，圣路易，也是国王当中最虔诚的一个，宣布世俗权力的独立并颁布了第一份国是诏书，这份国是诏书成为后来撰写这类文书的模板。14世纪初时，腓力四世和卜尼法斯八世发生了争执；英国国王爱德华一世也不再顺从于罗马教廷。这个时候，神权政治的尝试明显已经失败了，教会开始转攻为守，不再强行在欧洲推行它的制度，而是只管守住它已经获得的东西。其实在13世纪末的时候，欧洲世俗社会的解放运动就开始了，也是从这个时候开始，

① 英诺森三世是罗马天主教教皇，1198 年至 1216 年在位。他积极参与欧洲各国的政治斗争，曾迫使英国、丹麦、葡萄牙、瑞士等的国王称臣。他曾发动过第四次宗教战争，镇压异端阿尔比派，批准天主教多明我会与方济各会成立，1215 年主持召开第四次拉特兰公会议，颁布了圣餐变体说教义。

教会停止了它掌控社会的抱负。

曾经在很长一段时间里，哪怕是它有机会可以获得成功的领域，教会也是拒绝去征服；哪怕在教会的故乡，权力的中心意大利，神权政治也完全失败并被另一种不同的制度，被民主制度的尝试所替代了，意大利的共和国就是其中的典型。民主制度在欧洲有着重要的地位，它在11到16世纪扮演了非常耀眼的角色。

我之前讲过市镇的历史和它形成的方式。在意大利，市镇的发展比较早熟而且比其他地方更猛烈。这里的市镇更多，而且比高卢、英国、西班牙的更加富裕；这里保留了更具活力、更有秩序的罗马市政制度。跟欧洲的其他地方相比，意大利的乡下则不那么适合成为它的新主人的住处，因为它们大部分不是已经被开发，被种植上了作物，就是已经干涸枯竭；它们没有森林的覆盖，蛮族人根本没有办法在这里打猎，不能够像日耳曼人那样生活；再加上，这片领土也不是完全属于他们的。意大利的南部，罗马的乡下和拉文纳都还附属于希腊皇帝。趁着这段时期没有君王和战争的干扰，共和制度得到了巩固，并早早地在这里得到了发展。蛮族人不仅没有完全掌控意大利，而且自己也没能过上安详的日子，更不是意大利最终的拥有者。东哥特人被贝利萨留和纳塞赫[①]驱逐和杀害；虽然丕平和查理曼没有对伦巴第百姓赶尽杀绝，因为他们知道自己要跟老意大利人联合起来一起对付伦巴第人，但伦巴第王国被法兰克人毁了，没能被成功地重新建立起来。就这样，蛮族人不管是在意大利还是在别的地方，都不是社会和领土独一无二的主人，也没有过上安定的生活。在阿尔卑斯山的另一头，一个非常弱小而且分散的封建社会被建立了起来。意大利乡下的居民并没有像高卢乡下的居民那样获得任何

① 贝利萨留是拜占庭帝国的统帅，于540年攻陷了东哥特都城拉文纳，俘虏了东哥特国王。纳塞赫是波斯帝国的国王，在位时间为293年至302年。

优势，优势依旧掌握在市镇居民的手中。当这个现象变得特别明显的时候，大部分封地领主，或是出于自愿，或是出于需要，都选择不再继续在乡下生活，而是跑到市镇里定居了下来。就这样，蛮族的贵族变成了资产阶级。也因为这样，意大利的市镇比欧洲其他的市镇获得了更多的力量和优势。我们在欧洲其他的市镇中看到的是民众的弱势和胆怯，它们的资产阶级就像是一个勇敢的、被解放了的奴隶，一直与在他们家门口徘徊的奴隶主做着艰难的斗争。而意大利的资产阶级则不一样：征服者和被征服者都生活在一墙之下；市镇不受附近领主的侵扰；居民们都是，或者说大多数居民都是自由的公民，可以为了维护自己的独立和权利与来自远方的、陌生的君主，比如法兰克的国王或德意志的皇帝抗争。也正因为如此，意大利的市镇很早就拥有了这种强大的优势：其他地方才刚刚建立起不成熟的市镇，而意大利却诞生出了国家和共和政体。

所以在这里，欧洲对共和制度的尝试取得了成功。在这里，共和制度很早就征服了封建制度，并成为了社会组织的主要形式。但是，这个时候它还无法对外进行扩散，也不能保证自己能够永久地延续下去，因为它内部所包含的改良的萌芽太少了，而这是向外扩张和保证经久不衰的必要条件。

当我们去观察意大利共和国从11到15世纪的历史时，一定会被两个从外表上看完全相反的现象所震惊。第一个让人震惊的现象是，这时候的社会发展喜人，充满了勇气、行动和智慧，总而言之，就是一片繁荣昌盛的景象；这里有欧洲其他地方所没有的进步和自由。我们不禁自问，那里的居民命途如何，他们如何度过自己的一生，他们幸福吗？话题一转，我们所看到的东西也不一样了。也许没有其他的历史能够比这更黑暗、更令人悲伤；也许在任何年代、任何国家，人的命运都未曾有过这样的激荡，遭遇过这样的不幸，面临过这么多的纷争、罪恶和灾难。第二个引人注目的现象是，在大部分的意大利共和国中，自由一直在减少。因为缺乏安全保障，各个政党不得不去寻找一个不那么动荡、人民参与度没有那么高的体制来庇护自己。你们去看看佛罗伦萨、威尼斯、热那亚、米兰和比萨的历史，在这些地方，自由并没有得到发展，组织机构的圈子也没有扩大，相反，这个圈子变得越来越小，权力也集中到了一小部分人的手中。简单来说，在这些活力四射、光彩动人、富裕丰饶的共和国当中，少了两个东西：一个是生命的安全保障，这也是社会的首要保障；还有一个就是组织机构的进步。

也因为如此，一个新的、能够阻碍共和制度传播的元素诞生了。意大利遇到的最大的危险来自外部，来自那些外来的君王。而且这种危险没能把这些共和国团结起来一起对付它们共同的敌人。现在，有很多意大利的爱国知识分子惋惜道，中世纪的意大利共和制度是阻挠意大利成为一个民族国家的始作俑者；意大利被分成了很多的族群，没有相互联合、共同组建国家主体的激情。他们为意大利没能像欧洲其他国家一样，经历一种专制的集中统治，最终形成一个统一的民族并获得独立而感到遗憾。所以我们看到，在这个时期，即使是在最有利的条件下，共和制度似乎也不能取得进步，不能延续，也不能推广开来，它没有未来。我们可以把意大利中世纪的组织方式跟古希腊的组织方式在某种程度上进行对比。古希腊社会中也存在着很多小型的共和国，它们相互之间是竞争关系，是敌人，偶尔会因为某个共同的目的而互相联合。经过比较，我们会发现古希腊更占优势。毫无疑问，我们也会在雅典、拉西第梦和迪拜城的内部看到一些极其不公道的事情，但是，跟意大利的共和国比起来，这些地方更安全、更公正，而且更有秩序。不过，古希腊的政治生涯非常短暂，我们来看看是什么因素导致了它权力和领土的分裂。古希腊在与附近的大国——古罗马和马其顿，建立了联系以后就投降了。这些曾经那么辉煌，并且还在蓬勃发展的共和国并没有形成联盟并进行反击。所以，在意大利就更不用说了，毕竟在那里，社会和人的理性都还没有希腊人那么发达和强大。

对共和制度的尝试虽然曾经在意大利取得了胜利，战胜了封建制度，但却没能够延续下去。可想而知，在欧洲的其他地方，共和制度也在节节败退。

我快速地跟你们讲一下它的历程。

在欧洲，有些地区跟意大利很像，比如法国的南部、西班牙靠近意大利的行省——加泰罗尼亚、纳瓦尔和比斯开省。在这些地方，市镇同样发展得很快，获得了很多的财富和重要性。很多小型的封建领主和资产阶级组成了联盟，部分教士也加入了进来。简单来说，它们的情况跟意大利的非常相似。所以，在11世纪到12世纪初期的这段时间里，跟阿尔卑斯山的另一头一样，普罗旺斯、朗格多克和阿基坦的市镇在政治上都取得了巨大的进步，建立了独立共和国。但是，法国的南部地区还是跟北部的封建制度保有联系。随着阿尔比教的到来，战争在封建法国和市镇法国之间爆发了。你们都知道由西蒙·德·蒙德福特率领的打击阿尔比教的宗教战争运动，它其实是北部地区的封建制度为了打击南部地区的民主制度而发动的战争；虽然南部地区的人民极力对战，但最终还是北部地区获得了胜利；南部地区缺乏政治统一，那里的文明也没有发展到可以号召所有人一起同心协力地抗战。共和制度的尝试失败了，宗教战争让封建制度得以在法国南部东山再起。

之后，对共和制度的尝试在瑞士的山区获得了较大的成功。在这里，争斗的场面就很单一了，共和人士只需要对抗一个外来君主，而且这个君主虽然比瑞士百姓强大，但是他还算不上是欧洲最令人害怕的君主。很多人都勇敢地支持了这次的对抗；众多瑞士封建贵族跟市镇结盟，组成了强大的援兵。但是，他们的加入也改变了这次革命的性质，使得后者具有了它原本应该不会有的贵族的、僵化的特点。

我们再来看一下法国的北部地区，看看弗兰德的市镇、莱茵河的周边城市以及汉萨同盟覆盖的一些地区。在这些地方，民主制度获得了全面的胜利；不过我们也看到，从一开始，它就注定不可能得到推广，不可能掌握整个社会。法国北边的市镇被封建制度包围着，它们面临着领主和君王的折磨，不得不一直处于防御的状态。显然，这里的市镇并没有想过要去战胜封建制度，它们只是在勉强地自保罢了。它们虽然留住了自己的特权，但是它们的势力只限于城墙之内。因此，民主制度的规模在这里也受到了限制，止步不前；如果我们试图去别处寻找，如果我们以国家为维度去寻找，会发现根本无法找到它。

你们看到了吧，这就是欧洲对共和制度的尝试。它在意大利获得了胜利，但是没能持续太长时间，也没有获得更多的发展；在高卢南部败北；在瑞士山区小范围内获得了成功；在法国北部的弗兰德、莱茵河和汉萨同盟周边得到了非常有限的发展。共和制度的力量明显不敌社会中的其他元素，即便如此，它也让封建贵族感受到了巨大的恐惧。市镇有着让领主嫉妒的财富，它们所拥有的权力也让领主对它们有所忌惮；民主的思想渗入到了乡下，农民起义变得更加频繁和持久。在欧洲各地，封建贵族在其内部形成了一个对抗市镇的大型联盟；而市镇相互之间却是孤立的，没有任何联系，没有任何勾结，各管各的。当然，不同地方的资产阶级相互之间还是有一点同情和感应的。弗兰德的市镇在对抗勃艮第公爵的时候，无论胜负如何，都曾让法国的其他市镇激动万分。但是，这种激动的情绪是短暂且没有任何结果的：市镇之间没能建立起任何真正的联系和联盟，它们不会把自己的力量借给别人用。因此，封建制度相对来说有更明显的优势。不过，封建制度内部也是零零散散、自相矛盾，所以没能成功地把市镇全部消灭。当斗争持续了一段时间以后，当人们确信不可能获得全面胜利的时候，就不得不去承认这种小型资本主义共和制的存在，处理好与它们之间的关系，把它们当作国家的一部分来接纳。于是便开始了一种新的秩序、一种新的政治组织尝试——混合制度。混合制度的目标在于协调社会中的各个元素——封建贵族、市镇、教会、君主，让它们抛开对彼此深刻的仇恨，共同在一起生活和行动。这也是我接下来要讲的主要内容。

你们应该都知道法国的三级会议、西班牙或葡萄牙的议会、英国议会以及德意志各个邦国的议会；你们应该也知道跟这些议会相关的各个元素是什么；无论是封建贵族、教会还是市镇，都在向这些集会靠近，力图在同一个国家、同一部法律和同一个政权之下，建立一个统一的社会。虽然名字不同，但这是政治参与者一直以来不变的目标和意图。

这种尝试最典型的代表，也是我们最感兴趣、最了解的，就是法国的三级会议。虽然我们对它最为熟悉，但是，我可以确定，三级会议这个名字只能在你们的脑海中唤起一些模糊的、不完整的概念。你们当中应该没有人能够说出在法国的三级会议中有什么东西是固定不变的、有规律的，它们有多少成员，它们商议的主题是什么，它们在什么时候召开过，会议的时长是多久：什么都不知道；但是想要从历史中去获取清晰的、广泛的、永恒的答案是不可能的。一旦我们了解了法国历史上的这些会议的特点，就会发现它们似乎只是意外，是不得不为之的政治选择，无论是对民众而言，还是对国王而言：当国王没有钱财，无法走出困境时，它们对于国王来说是权宜之计；当损失太大，不知该如何补救时，它们对于民众来说也是权宜之计。贵族和教会也参加三级会议，但他们是带着无所谓的态度来参加的，因为他们知道那里不是他们采取行动的主场，参加会议并不意味着他们就能真正地参与到统治管理中来。资产阶级自己其实对此也不是很热心，这不是他们心中想要的权利，而是他们必须履行的义务。再来看看这些政治集会的特点。它们有的毫无价值，有的则非常了不起。如果国王的势力很强，那么参与者就会表现得极其谦卑和顺从；如果国王的势力很弱，非常需要各个邦国的帮衬，那么参与者们就会陷入到帮派之争当中，成为贵族实现野心的工具或是布下的诡计中的一环。简单来说，这些集会有时候是贵族大会，有时候是真正的制宪议会。集会的成果也总是随着会议的解散而消亡，它们总是会定下宏伟的目标，却没有任何实际性的动作。这些伟大的措施当中没有任何一条真正地影响到了法国社会；所有重要的政府改革、司法改革和行政改革都不是由三级会议带来的。但是，我们也不要因此就觉得它们是毫无用处、毫无影响的。虽然我们通常会忽略掉，但它们的确带来了一种精神上的影响，它们是世世代代对政治奴役的一种反抗，是对某些权利的呼唤，比如国家可以有权对税收进行投票、参与事务管理以及对权力机构追究责任。法国之所以没有丢掉它的这些政治准则，就是因为三级会议在其中贡献了很多力量；而且，要在人民的思想和道德风尚当中保留和保持对自由的追求也不是一件容易的事情。这就是三级会议的作用。但是不管怎么样，它们不是统治管理的方法，从来没有成为过政治组织的一种形式，也从来没有完成过它们被创造出来时所定下来的目标，把这个国家里所有不同的社会融合成一个整体。

西班牙和葡萄牙的议会也是一样的结局，虽然它们和法国的处境有众多不同之处。议会的重要性会根据王国和时代的不同而发生变化。在阿拉贡和比斯开，当发生王位继承争夺战或是对抗摩尔人的战争时，议会经常被召开，并且有很大的影响力。而在某些议会中，比如在1370年和1373年召开的卡斯蒂耶议会中，贵族和教士竟然都没有被通知参会。如果我们仔细去研究这些事件的话，就会发现其中有很多意外。总体来看，我们可以认为议会跟三级会议一样，都是历史上的一个意外，它们还算不上一种制度、一种政治组织方式或是一种固定的统治手段。

英国的情况则不同。对此，我今天不讲太多的细节。我建议之后专门给你们讲一下英国的政治生活。今天我就只跟大家讲一下是什么让英国走上了一条跟欧洲大陆完全不同的道路。

首先，英国没有大封臣，没有以个人形式跟王室抗争的公民。英国的大贵族、大领主从很早开始就不得不互相联结，共同抵御外部的侵扰。因此，

CAN
Iter ad Londinum
The Castell

1594 年出版的地图集中乔治·布莱恩的绘画作品《英国坎特伯雷市平面图》

联盟的方针及其政治思想在英国的贵族阶级很流行。其次是它的封建社会。英国的小型封地领主通过一系列动作——具体的我今天就不细说了——团结在了资产阶级周围，与后者一起占领了下议院的席位，并因此获得了比欧洲小领主高得多的权力，一种能够真正地影响国家统治管理的权力。以下就是14世纪英国议会的情况：上议院就是以国王为中心的大议会，它跟权力的实施是联系在一起的。下议院的议员由小领主和资产阶级组成，他们不参与严格意义上的统治管理，但他们可以制定法律，可以积极地保护个人和地方利益。从整体上看，英国的议会没能真正地实行统治管理，但是它是一个固定的组织机构，一种理论上合适、事实上不可或缺的统治管理方法和手段。这种试图拉近社会中的不同元素，让它们联合起来，建立一个政治主体、一个真正的国家的尝试虽然在欧洲的其他地方都失败了，但在英国却获得了成功。

德国的情况我也简单地提一下，让大家了解一下它的主要特点。在那里，人们对于融合、统一和建立一种普遍的政治组织的尝试并不是很追捧。跟欧洲的其他国家相比，德国的社会元素更加不同、更加孤立。如果你们要证据，在近代的德国社会当中也能找得到。德国是欧洲唯一一个长期靠封建选举产生国王的国家。在这里我没有算上波兰和其他斯拉夫国家，因为它们很晚才进入到欧洲文明这个体系当中。德国也是欧洲唯一一个保留了宗教统治者，唯一一个保留了自由市镇政治主权的国家。显然，想要在这里建立一个统一的社会，把欧洲社会初期所有的元素都融合起来，是不太容易采取行动并产生一定的效果的。

我刚刚给大家讲的是14世纪末到15世纪初欧洲重大的政治组织尝试。正如你们所见，它们都失败了。我也讲了造成它们失败的原因，其实原因总的来说就一个：社会还没有发展到可以形成一个统一体的地步。无论是社会的各个元素还是民众的精神思想，都还是太地方性、太特殊、太狭隘、太多样化了；这个时候没有什么共同利益，也没有任何公共舆论可以压制住个人利益和个人观点；甚至是那些最有文化、胆子最大的人对管理和政治上的平等也没有任何概念。显然，我们需要一种特别活跃、特别强大的文明来混合、吸收，或者说是碾压所有这些支离破碎的社会元素；我们首先在利益、法律、道德和思想上要有一个高度的集中。简单来说，我们需要创建公共权力和公共舆论。到了15世纪以后，这项伟大的任务终于完成了。在下一讲当中，我们要来说说它的第一个征兆：15世纪民众的思想和精神状态，以及他们对于建立中央政府和公共舆论的偏好。

第十一讲　十五世纪欧洲的新面相

CARACTÈRE PARTICULIER DU 15E SIÈCLE

15世纪独特的特点—人民和政府逐步集中化—1.法国的情况—法兰西民族思想的形成—法兰西的领土—路易十一的统治方式—2.西班牙的情况—3.德国的情况—4.英国的情况—5.意大利的情况—国家的外部联系和外交的诞生—宗教思想的变动—贵族对改革的尝试—康斯坦茨大公会议和巴塞尔大公会议—人民对改革的尝试—扬·胡斯—文学的诞生—对古代文明的欣赏—古典学派和自由思想家——般性活动—旅游、探索、发明—总结。

严格意义上的近代历史之门就在我们面前，这扇门通往的社会就是我们的社会，这里的制度、观念、道德风俗在40年前还是法国所特有的，但现在整个欧洲都是这样的。时至今日，它们仍然对我们有着很深的影响，尽管在经历了改革以后，它们的形态发生了改变。我之前讲过，16世纪才是近代社会真正的开端。在进入16世纪之前，我们先来回顾一下之前走过的路和去过的地方。我们先是在罗马帝国的废墟之中整理出了所有欧洲的主要元素；我们看到这些元素为了它们各自的发展，一点点地独立并变得更加强大。在历史的第一个阶段当中，这些元素逐渐分离、孤立，以一种特殊的、带有地方性的方式生存在了欧洲大陆上。我们看到这一特点刚刚形成，封建社会、市镇和教会刚刚成形并拥有属于它们各自的位置，就开始趋向于相互靠近、聚集，试图共同组建一个广泛的社会、一个国家和政府主体。为了达成这个目标，欧洲各个国家尝试了各种不同的体制，试图通过求助于神权、贵族、民主和王室来获得社会团结和政治、精神上的纽带。但是，这些尝试都失败了，没有任何体制也没有任何势力能够征服社会并通过它的影响建立一个真正的国家。我们还找到了缺乏整体利益和整体思想的原因，当时一切都还是太独特、太个体化和地方化了，需要一次持久且有力的集中化来延伸和巩固社会，让社会变得更强大、更稳定。这也是它必须达成的一个目标。以上就是我们之前讲的，从罗马帝国覆灭到14世纪末欧洲的情况。

就跟我之前给大家讲过的一样，欧洲一直没有弄清楚自己的目标，不知道自己缺少什么，也不知道自己需要什么。即便如此，它也一直在寻找的路上，就好像它很清楚自己想要什么一样。14世纪末，经历了一系列失败的政治组织尝试之后，欧洲自然地，就像是出于本能一样，走上了中央集权的道路。15世纪欧洲的特点就在于它在不断地实现这个目标，努力地创造出整体的利益和整体的思想，消除特殊的、地方的思想，把所有的元素和思想都集中起来培养，最终创造出一个之前没有的、大范围存在的民众和政府。

中央集权的爆发是在16、17世纪，但它的准备工作早在15世纪就悄无声息、非常隐秘地完成了。无论是社会关系，还是人民的思想，集中化这项工作都只是顺延了事情自然发展的路线，没有经过事先的预谋和布局。这也是我们这一讲的主要内容。

就这样，人类开始执行起了一项完全不是由自己构想出来的计划，他对这个计划一点也不了解；他是一个有智慧且自由的工人，做着一个他完全不了解的项目。直到后来，这个计划变成了现实并对外彰显出来的时候，他才意识并了解到了这个计划到底是什么样的。但这个计划的确是靠人，靠着他的智慧和自由才得以完成的。设想一下，有一台大型机器，它运作的目的只有一个，它的各个部件被交给了不同的工人来管理。这些工人是分散的，他们相互之间不了解；他们之中没有任何人知道整个工程是怎么样的，也不知道他们努力工作后得到的最终结果是什么；他们每个人都只是靠着智慧和自由，理性并自愿地执行着相应的任务。就这样，凭借着人类的双手，改造世界的计划就这么被实施了。文明史上也因此同时出现了两种现象：第一种非常致命，完全不顾科学和人类的意志；第二种则加入了人类的智慧和自由：人类在其中奉献了自己，因为他想并且愿意这么做。

为了更准确、更清楚地了解15世纪和近代社会开始前的序幕，我们把各个事件分成了不同的类别。我们首先来看一下政治方面的，看一下哪些事件促进了国家和政府的形成；然后我们再继续看一下精神思想方面的，看一下人们的精神思想和道德风俗都发生了什么变化，探讨一下整体思想是如何从这个时候开始产生的。

为了简明快捷地叙述这些政治事件，我以欧洲所有的大国为例，让大家看一下15世纪是什么样的，它抓住了什么，又错过了什么。

首先从法国开始。在14世纪末、15世纪初这段时期里，法国爆发了大型的、抵抗英国人的全国性战争。这是一个为了争取领土独立而发动战争、以法兰西之名抵御外国侵略的时代。只要翻开历史就能看见，虽然也有不和，有背叛，但是法国的各个社会阶层还是参与到了这次的战争当中，无论是封建贵族、资产阶级还是农民，都满怀爱国的热忱。圣女贞德的故事充分地体现了战争的人民性。圣女贞德来自人民群体，她是因为人民的热情、信念、支持和情感的激发才参与到了战争之中。朝廷的人和军队里的官员都看不起她，嘲讽她，只有士兵和百姓一直在她的身后支持她，把她送去解救奥尔良的也是洛林的农民。没有任何其他战争能够比这场战争更具有人民性，能够像它这般牵动全国人民的情感。

由此开始，法兰西民族特性便逐步形成。其实，一直到瓦卢瓦王朝之前，法国都是以封建主义为其特点；法兰西民族、法兰西思想和法兰西爱国主义精神都还不存在。可以说，在瓦卢瓦王朝的统治之下，真正意义上的法国才开始形成；在战争中，贵族、资产阶级和农民像是命中注定一般，被一种精神上的纽带、一个共同的名字、一份共同的荣耀以及战胜侵入者的愿望联系在了一起。但是，这其中还不存在我们所理解的真正的政治思想和伟大的团结统一。在这段时期里，对于法国来说，团结统一就是法兰西的名字，是法兰西民族的荣誉，是法兰西王国的存在；不管后者是什么样的，只要它能阻止外国人的入侵就行。正因为如此，抵抗英国人的战争极大地促进了法兰西民族的诞生，把它推向了团结统一。

法兰西在精神思想上逐步成形，与此同时，它的外在形态也逐步固定了下来，也就是说，它的领土问题得到了解决，版图得到了扩大并变得更加稳固。在这段时期里，有很多行省被并入，成为法兰西的一部分。在查理七世的统治之下，法国人赶走了英国人，他们所占领的行省最后基本上都变成了法国的行政区域，比如诺曼底、昂古莱姆、都兰、普瓦图、圣东日等。在路易十一的统治下，十个行省最终归到了法国的名下，其中有三个经历了失守后又被重新夺回，它们是：鲁西永、塞尔达涅、勃艮第、弗朗什-孔泰、皮卡第、阿尔图瓦、普罗旺斯、曼恩、安茹和佩尔什。另外，安娜与查理八世以及路易十二的婚姻让法国把布列塔尼也收入了囊中。就这样，在同一时期中，面临着同样的腥风血雨，法兰西的领土和民族精神都逐渐成形；无论是物质上还是精神上，法兰西都获得了力量和统一。

让我们从民族过渡到政府，我们会看到，事情的发展具有同样的性质，导向的结果也是一样的。从查理六世一直到查理七世的统治前期，法国政府严重缺乏统一、纽带和力量。之后，一切都改头换面：统治权力明显得到了巩固和延伸，变得更有组织性；统治管理的重要手段，比如税收、军队和司法则比较协调有序地、大规模地被创建了起来。在这段时期里，法国组建了常备军：作为骑兵，他们有敕令骑士连；作为步兵，他们有法兰西弓箭手团。战争结束以后，一些行省仍然受到一部分参战人员的勒索，陷于混乱之中，正因为这些军团的存在，查理七世才得以稍微恢复了一点社会秩序。所有当代的历史学家都在感叹敕令骑士连的强大影响力。也是在这个时候，国王收入的主要来源之一——人头税——变成了终身制，这虽然给民众的自由带来沉重的影响，但却有利于提高和加强政府的有序性和力量。与此同时，司法部门机构作为政权的强大武器也得到了扩展，变得越来越有组织性。议会的数量在增加，短期内就增加了五个新的议会：在路易十一的统治下成立

1886年，扬·马特伊科的绘画作品《奥尔良的少女》

的格勒诺布尔议会（1451年）、波尔多议会（1462年）和第戎议会（1477年）；在路易十二的统治下成立的鲁昂议会（1499年）和埃克斯议会（1501年）。那个时候，巴黎议会也变得越来越重要，越来越稳固。它既是司法部门，也扮演了其管辖区内警察的角色。

就这样，有了军队、税收和司法等统治管理之精华的加持，15世纪的法国政府获得了前所未有的统一、有序和稳定。公共权力终于取代了封建权力。

与此同时，还发生了另一个改变，一个不那么容易被发现的改变，但它同样影响了历史，甚至可能更重要，那就是路易十一在统治方式上所做出的改变。

我们经常说起路易十一与大贵族的抗衡、大贵族的衰落、路易十一对资产阶级和平民百姓的青睐。虽然这里面有夸张的成分，但也不乏真实，但与其说路易十一与社会各个阶级之间的纠葛有利于国家，不如说它们让国家动荡不安。尽管如此，他还是做了一件很值得赞扬的事情。在他之前，政府进行统治管理靠的是武力，用的都是一些粗笨的方法：那个时候，为了达到自己的目的而去游说、请愿、操控别人的思想，也就是严格意义上的政治；那种充满了谎言和伪善，同时又兼备谨言慎行的特点的政治还没有成为主流。在路易十一的政府中，他用智慧的统治管理方式替换了原来粗笨的那些，用狡黠取代了武力，用意大利式的政治代替了封建主义式的政治。让我们来看一下历史上这个时期处于竞争当中的两个人——“大胆的查理”和路易十一。查理是老式管理方法的代表，他只会诉诸武力，常常对外宣战；他没有耐心去说服别人，通过精神操控的方式让他们成为自己获得成功的工具。而路易十一则刚好相反，他避免使用武力，而是通过精神上的对话，通过巧妙地操纵思想和利益来征服别人；他没有改变组织机构，也没有改变外部的制度体系，改变的只是获取权力的策略和手段。欧洲近代发生过更大的关于政治管理和政治目标的改革，用公平公正取代自私自利，用广告宣传取代谎话连篇。但是不可否认的是，拒绝继续使用武力，诉诸精神的力量，通过精神思想来进行统治管理而不是扰乱人们的生活已经是一个非常大的进步了。所以，虽然路易十一本性算不上善良，做过错事也犯过罪，但是他凭借自己的聪明智慧开启了新的统治管理方式。

我们现在从法国来到西班牙，在这里，很多事情也具有同样的性质。同样在15世纪，西班牙形成了民族统一；随着格拉纳达王国被攻陷，基督教教徒与阿拉伯人之间漫长的争斗也结束了。同时，国家领土也更加集中；费尔南多二世和伊莎贝拉一世的联姻让阿拉贡和卡斯蒂利亚这两个王国统一在了同一政权的统治之下。跟法国一样，西班牙王国一步步扩大，变得更加稳固；各个组织机构成为国王的帮手，它们变得更加严酷，就连名字都被蒙上了一层苦情的色彩：宗教裁判所取代了原来的议会。虽然它最终的形态不同于它最初的模样，但有些东西是在它刚开始萌芽的时候就有了的：原先它的政治特点比它的宗教特点更明显，它的目的在于维持秩序而不是维护信仰。除了组织机构以外，就连人物之间都具有极高的相似度。费尔南多的个人特点和统治风格都跟路易十一很像，虽然他可能没有后者那么敏锐，脑子转得没有这么快，也没有做过那么多让人头痛和烦恼的事。的确，在很多事情上，包括在一些细节上，他们都表现出了很高的相似度。这并非我个人突发奇想出来的对比或随意妄下的结论。

在德国，情况也差不多。15世纪中期的时候，1438年，哈布斯堡家族[①]重获神圣罗马帝国的皇位，并由此获得了前所未有的稳定：从此以后，选举的作用只在于让所有人都接受世袭。15世纪末期，马克西米利安一世将哈布

① 哈布斯堡家族：欧洲历史上支系繁多的德意志封建统治家族，主要分支在奥地利和匈牙利两国之间，所以也被称作奥地利家族。

1652 年，塞缪尔·霍赫斯特拉腾的绘画作品《维也纳霍夫堡皇宫内的主要广场》

斯堡王朝推到了它的鼎盛时期，形成了稳定的中央集权。在法国，查理七世是第一个为了维护秩序而建立常备军的人；为了同样的目的，马克西米利安也在他的国家里采用了同样的方法手段。在法国，路易十一为文学家们设立了一个职位；马克西米利安一世在德国也做了同样的事。文明在世界各地都取得了进步，为中央集权的发展做出了贡献。

15世纪英国的历史包含了两个重大事件——英法战争和玫瑰战争，一个是对外战争，一个是内战。这两种不同性质的战争最后的结局其实是一样的。对抗法兰西的战争得到英国民众的热烈支持，但其实几乎只有王室才是这场战争的唯一受益者。这里的民众比任何人都更老练、更坚定地去守护他们的力量和钱财，但是在这次的战争中，他们还是没有远见、毫无节制地把自己的力量和钱财都贡献给了王室。关税是当时很高的一项税收，而亨利五世获得了终身享用关税的权利。对外战争结束，或者说差不多结束了以后，内战还在继续；约克家族和兰开斯特家族对王位展开了争夺战。终于，腥风血雨的战争结束了，但英国的上流贵族早已奄奄一息，破败不堪，失去了之前拥有的权力。大贵族们的联盟已经无法再继续操控王位。1485年，亨利七世建立了都铎王朝，开启了中央集权统治的时代，王室获得了巨大的成功。

在意大利，王室虽然无名，但却真实地存在着。在15世纪的时候，共和国逐渐没落并消亡；哪里有名门望族，权力就会往哪里集中。在意大利的北部，伦巴第共和国在米兰公国中消失了。1434年，佛罗伦萨被美第奇家族占领。大部分的共和国，无论大小，都让步于王室家族。不久之后，在意大利的北部和南部，外国王室开始打起了米兰公国和那不勒斯王国的主意。

在我们所观察的这几个欧洲国家和它们的历史当中，无论是国家本身还是它们的政府，组织机构还是领土疆域，之前的社会元素和社会形态都在逐步消失。传统的自由在消亡；新的权力正在被建立起来，并且变得更加稳定和集中。欧洲老式自由的衰败尽显悲凉，让人倍感苦涩。在法国、德国，特

POTENTISSIMVS·MAXIMVS·ET·INVICTISSIMVS·CÆSAR MAXIMILIANVS
QVI·CVNCTOS·SVI·TEMPORIS·REGES·ET·PRINCIPES·IVSTICIA·PRVDENCIA
MAGNANIMITATE·LIBERALITATE·PRÆCIPVE·VERO·BELLICA·LAVDE·ET
ANIMI·FORTIDVDINE·SVPERAVIT·NATVS·EST·ANNO·SALVTIS·HVMANÆ
·M·CCCC·LIX·DIE·MARCII·IX·VIXIT·ANNOS·LIX·MENSES·IX·DIES·XXV
DECESSIT·VERO·ANNO·M·D·XIX·MENSIS·IANVARII·DIE·XII·QVEM·DEVS
OPT·MAX·IN·NVMERVM·VIVENCIVM·REFRRE·VELIT·

马克西米利安一世

别是在意大利，15世纪的爱国主义者们猛烈地攻击了这种变革并为之感到悲痛不已，因为它引发了专制。我们应该欣赏这些人的勇气并理解他们的痛苦，但另一方面，我们也要明白这种变革不仅是不可避免的，而且是有益的。欧洲早期的体制，老旧的封建主义自由和市镇自由已经无法适应新的社会。社会生活是由安全保障和进步组成的。对于任何体制而言，如果它不能在当下保障秩序并保证向未来推进，那么它就是有害的，是会被抛弃的。15世纪时，欧洲那些陈旧的政治形式和自由就是这样的，它们无法给社会带来安全和进步；人们需要到别的地方，需要求助于别的元素和采用别的方法手段。我刚才列举的那些事件都说明了这一点。

在同一时期还发生了另一件事，这件事在欧洲政治史中占有非常重要的地位。15世纪时，政府之间的关系和往来开始变得频繁且有规律。欧洲大陆上第一次有了大型联盟，它们的建立有时是为了和平，有时则是因为战争。大型联盟的建立为后来的欧洲均势体系做了铺垫。在欧洲，外交始于15世纪。的确，我们看到在15世纪末，欧洲大陆的主要势力——教皇、米兰大公、威尼斯人、德国皇帝、西班牙和法国的国王都开始靠近彼此，互相商议，互相了解，互相让步，团结在一起。所以，当查理八世出征那不勒斯王国的时候，西班牙、教皇和威尼斯人结成了反抗联盟。不久之后（1508年），为了对抗威尼斯人，康布雷同盟成立了。1511年，为了对抗路易十二，神圣同盟成立并取代了康布雷同盟。所有的这些联盟都起源于意大利，都源于君王们占有领土的欲望以及对某个人独自称霸、获得绝对优势的担忧。这个现象的出现特别有利于王室的发展。一方面，国与国之间的外在关系需要保持一定的神秘性，需要由一个或一小部分人来处理；另一方面，当时的民众还是太缺乏远见了，他们还不清楚这种联盟会带来什么影响。对于他们来说，联盟不具有直接的、内部的利益，所以他们并不大在意它，而是把它的决定权交到了中央权力机关的手中。就这样，新鲜出炉的外交权就

皮耶罗·德·美第奇肖像

落到了国王的手中；几乎每一个欧洲人都认为只有王室才能拥有外交权，即使这个国家是自由的，即使它有投票的权利和参与统治管理的权利，它也绝对不能参与外交事务；这就像是一种约定俗成的观念、一条普通法里的规定。回顾16到17世纪的英国历史，你们会看到这种观念在当时有多强大。在伊丽莎白、詹姆斯一世和查理一世统治期间，它给英国的自由造成了极大的阻碍。借由这个观念，和平、战争、贸易关系和所有的对外事务被归为了王室特权，绝对权力也因此敢与国家的法律抗衡。民众太胆怯了，不敢对这种特权提出异议，而这种胆怯也让他们付出了惨痛的代价。从16世纪开始，欧洲历史主要是一部外交史。在这之后的300年中，对外关系是历史上最重要的一个事实。随着国家内部逐渐稳定下来，国内的政府，至少在欧洲大陆，没有再遇到很严重的打击，也不再去吸纳更多的公共职能。对外关系、战争、谈判和联盟成为大家关注的焦点和历史的主要部分。这也导致王室特权和中央权力机构支配了大部分民众的命运。

这种情况在当时也很难改变。想要公众有效地参与到这类的事务当中来，需要文明、智识和政治习惯的极大发展。但是从16世纪一直到18世纪，这个目标都远没有得到实现。17世纪前期的英国，詹姆斯一世的女婿腓特烈五世，波希米亚的国王，丢掉了自己的王位；他甚至被剥夺了他的选侯称号以及他继承的领地。整个新教都对他很感兴趣，因此，他对于英国来说有着重要的意义。当时公共舆论强烈要求詹姆斯国王取代腓特烈五世，让后者交出他的选侯称号。议会执意要求发动战争，并表示会提供一切支持。詹姆斯对此并不担心，他有回避的办法。他举行了几次谈判，派了几支部队到德国去，然后回来告诉议会，如果开战的话，他有些许机会能够赢得战争，但是他需要90万英镑。议会对此没说什么，因为这个数字看上去也没有被夸大。但是在看到这个数字的时候，议会还是有点惊讶，也有点害怕，于是就退却了；最终，它好不容易通过投票，同意花7万英镑来重新扶持一个国王上台，收复一个距离英国约有1200公里远的国家。这件事表现出了民众在这个领域上的无知和政治无能，他们在行动的时候并不了解事实情况，也没有考虑过任何责任问题。因此，他们无法有效地、定期地参与到这个环节中来。这其实也是对外关系会落到中央权力机关手中的主要原因，只有后者才能够管理这方面的事务；虽然它行动的出发点不一定是为了公众的利益，但是它一定会咨询公众的意见，一定会遵循一定的常识，一定会让事情有个结果。

正如你们所见，这个时期的欧洲政治历史，无论是国家内部的情况还是国家的对外关系，抑或是对战争、司法和税收的管理，都表现出了同一个特点：一切都在向着中央集权、团结统一、公共利益和公共权力的方向发展。这也是隐藏在15世纪背后的一项工程，虽然它在当时没有呈现出很明显的成果，也没有给社会带来严格意义上的变革，但是它为后面发生的一切做了准备工作。接下来我要跟大家讲的是另一种性质的事实，是精神道德层面上的事实，是人类精神思想和一般观念的发展。同样，在这一方面我们会看到一样的现象和一样的结果。

先从我们经常关注的跟教会相关的精神思想开始，它们形态多变，一直以来在欧洲历史中占有重要的位置。一直到15世纪，除了宗教思想以外，还没有哪种一般思想能够强大到可以真正地影响到民众。只有教会才有权颁布思想道德方面的准则，对人的思想进行控制并提出要求。的确，有时候也有人试图远离宗教，让自己不受宗教思想的影响；为了打破这种想法和尝试，教会也付出了很多努力。而且，直到这个时候，教会都还是能够做到的：那些被教会打败的信仰没能长期地、广泛地占据民众的思想；不仅如此，像是阿尔比教派这样的，还被彻底击得粉碎。虽然教会内部有很多分歧和纷争，但是并没有造成任何决定性的重要影响。在刚刚进入15世纪的时候，发生了一件不同寻常的事情；新观念的出现和民众的需求刺激着教会做出改变和变革。14世纪末到15世纪初的时候，圣座转移到了阿维尼翁，由此产生了两个教皇，一个在罗马，一个在阿维尼翁，也由此导致了西方教会严重分裂。这一次发生在两大教皇之间的争斗就是我们所说的天主教会大分裂。大分裂开始于1378年。1409年在比萨召开了大公会议，会议希望结束这场分裂，废黜这两个教皇并重新提名一个新的教皇——亚历山大五世。但是，分裂不仅没有被平息下来，反而越演越烈：从此以后，西方便有三个教皇，而不是两个，由此导致了更加严重的秩序混乱和权力滥用。1418年，在西吉斯蒙德皇帝[①]的鼓动下，大公会议在康斯坦茨召开。他并没有打算提名新的教皇，而是想进行教会改革。他首先宣布大公会议不可以被解散且高于教皇；他想在教会中宣扬这样的观点并借此改变权力滥用的问题，特别是罗马教廷滥用职权收敛钱财的问题。为了达到这个目的，大公会议下令组建了改革团，也就是我们所说的调查委员会，这个委员会由大公会议中各个国家的议员组成，负责调查是哪些滥用职权的行为污染了教会，提出解决办法，并向大公会议提交报告，最终由大公会议来决定具体的执行措施。但是，就在大公会议忙着做这项工作的时候，有人提出了一个问题：没有教会首领肉眼可见的参与，没有得到教皇的批准，大公会议能否着手进行改革，解决滥用职权的问题？因为受到了罗马派的影响，所以这个问题的答案是否定的。于是在1417年，大公会议选出了新的教皇——马丁五世。教皇自己要负责提交一个教会改革的计划。这个计划没有被通过，大公会议解散。1431年，新的大公会议在巴塞尔召开，其目标宗旨还是跟之前一样，它重新启动并继续康斯坦茨大公会议的改革工作，不过，它也没能获得更多的成功。在议会和教会中都再次出现了分裂。教皇把大公会议从巴塞尔转移到了费拉拉，然后又转移到了佛罗伦萨。部分主教拒绝服从于教皇，继续留在了巴塞尔，于是，这时候西

① 西吉斯蒙德出生于纽伦堡，是查理四世的儿子。他是勃兰登堡选帝侯（1378—1388 年，1411—1415 年），1411 年被选举为罗马人的国王，1433 年加冕为神圣罗马帝国皇帝，他同时还是匈牙利和克罗地亚国王（1387—1437 年在位）和波希米亚国王（1420—1437 年在位）。

方不是有两个教皇，而是有了两个大公会议。巴塞尔的大公会议继续着它的改革计划，并选出了它的教皇——斐理斯五世。一段时间过后，它又被转移到了洛桑，到了1449年，它最终还是解散了，什么事也没做成。

就这样，教皇赢得了这场战斗的胜利，教会事务也继续由他来掌管。大公会议虽然没能做成它想做的事，但有些事情，它没有刻意去策划，最终却做成了。巴塞尔大公会议的改革虽然失败了，但是某些君主却接受了会议中所倡导的思想和制度。在法国，在巴塞尔大公会议教谕的基础上，查理七世于1438年在布尔日颁布了诏书，认可了由选举产生主教，废除了教会的首岁教捐[①]，并要求对教会进行改革，解决教会主要的职权滥用问题。这份诏书在法国被列为国是诏书。在德国，美因茨议会在1439年的时候采纳了这份诏书而且也把它纳入了日耳曼帝国的法律体系当中。宗教力量没能完成的事情，世俗力量似乎势在必得。

但是，改革者们的计划再次受挫。跟大公会议一样，诏书也没能取得成果。在德国，它很快就消失不见了；在与尼古拉五世进行了一次谈判以后，议会于1448年便将它废除了。1516年，在与教宗良十世签订了和解协议以后，弗朗索瓦一世也将它废除了。王室的改革没能比教士的改革获得更多的成功，但是，你们也不要认为改革从此就消失得无影无踪了。大公会议做的某些事情超越了它本身，并留存了下来；诏书也一样，在它被废除后，它的某些影响一直在持续并在近代历史中扮演了重要的角色。巴塞尔大公会议中的观念非常强大而且非常有韧性。有很多优秀且刚毅的人支持并采纳了这些观点。巴黎的让、阿利的让、热尔松和其他许多出色的人都在致力于维护这些观念。虽然大公会议解散了，虽然诏书被废除了，但是关于教会的统治管理和改革的必要性的一系列主要看法和意见在法国埋下了它们的种子并延续

① 指教士将上任后第一年的俸禄献给教皇。

了下来。它们深入到议会当中，成为一种主流的观点，并先后派生出了冉森派和加利刚派。从康斯坦茨大公会议开始一直到博须埃[①]提出的四项建议，所有致力于教会改革的规章制度和努力的源头和目的都一样，它们其实就是同一事实，只不过在不同时期以不同的方式呈现出来罢了。最终，15世纪教会改革的尝试还是失败了，但是这并不意味着它对文明进程没有影响，不意味着它没有产生什么重要的直接影响。

大公会议进行宗教改革是正确的选择，因为只有改革才能预防革命的爆发。差不多在比萨大公会议试图制止西方宗教分裂，康斯坦茨大公会议着手于教会改革的同一时刻，波希米亚爆发了第一次民众宗教改革。扬·胡斯进步的言论和预言起源于1404年，也就是他开始在布拉格教书的那个时期。这两种改革并肩同行，一个是在宗教内部进行的，由教会贵族提出，是一次明智的、受到大家推崇的、小心谨慎的改革；另一个则是在教会外部进行的，以反对教会为目的的、激烈的、偏激的改革。这两大改革相互之间也有纷争。大公会议把扬·胡斯和布拉格的哲罗姆叫到了康斯坦茨，将他们作为异端和反动分子处以了火刑。我们今天能理解这些事件的发生，理解这两种改革的同步性；它们一个是由统治管理机构发动的，一个则是由人民发动的；虽然它们的起源和目的都是一样的，但是它们互相敌对，以至于最终，它们为了达到同样的目标而互相宣战。15世纪就是这样的。由扬·胡斯引导的人民改革在一段时间内被遏制了；在他去世后的三四年，他的拥护者们引爆了战争；战争很残酷，持续了很长时间；最后，还是帝国取得了胜利。尽管如此，就像失败了的大公会议改革和它们未达成的目标一样，民众改革也没有就此停止发酵，终于在16世纪初的时候，它等来了它的第一个机会。如果大公会议的改革能成功的话，人民改革的发生和发展应该会有所不同。但无论

① 博须埃是路易十四的宫廷布道师，宣扬君权神授与国王的绝对统治权。

约1580—1649年间，亨德里克的绘画作品《文艺复兴时期宫殿的庭院》

如何，这两种改革当中必然有一个会成功，毕竟它们的同步性也揭示了改革的必要性。

15世纪欧洲的宗教信仰就是处于这样的一种状态：贵族阶级的改革没能取得成果，民众阶级的改革虽然在开始后不久就被镇压，但却一直有重现江湖的趋势。不过在那个时候，人类的精神思想也没有局限在宗教信仰的范畴里。正如你们所知，14世纪时，古罗马和古希腊文明就开始在欧洲东山再起。但丁、彼特拉克、薄伽丘和其他同时代的人都满怀热情地在极力寻找用古希腊语或拉丁文撰写的手写抄本，出版并传播它们，任何再细小不过的发现都会让人们激动不已。欧洲的古典学派就开始于文艺复兴运动，它对人类精神思想发展的影响其实比我们想象中的还要大。但是需要注意的是，这个古典学派跟我们今天所理解的古典学派不太一样，它不是一个分类、一个跟文学相关的讨论。这时候的古典学派不仅痴迷于古代的手抄本，痴迷于维吉尔和荷马，还非常迷恋整个古代社会：它的机构组织、它的观念思想、它的哲学。古希腊、古罗马无论是在政治、哲学，还是文学上，都比14、15世纪的欧洲要厉害得多，也难怪它会产生这么深远的影响；大部分受到过良好教育、苛刻讲究、积极活跃的人都因为厌烦了当下粗鄙的道德风俗、混沌的思想观念和野蛮的行为举止，转而满怀热情甚至是尊敬地开始向另一个更为稳定和发达的社会学习。就这样，在15世纪刚刚开始的时候，自由思想家们组成了这个古典学派，它会集了高级教士、法律专家和很多学识渊博的人。

就在文艺复兴运动展开的同时，君士坦丁堡被土耳其人攻占，东罗马帝国灭亡，逃亡的希腊人入侵了意大利。人们对古罗马、古希腊有了新的认识和了解，获得了更多的手抄本以及学习古代文明的方式方法。古典学派对古代文化的仰慕和学习热情不断高涨。那个时候可是教会，特别是意大利教会的高光时刻，不是说它获得了多大的政治权力，而是说它得到了很多财富；它放任自己沉醉于一种萎靡不振的、无所事事的、附庸风雅的、猥琐下流的文明之中，任由自己沉迷于文学、艺术以及社会中的物质享受。你们去看一看那个年代在政治和文学上扮演了重要角色的人物，比如大主教彭波，他的生活骄奢淫逸，但他又没有放弃精神思想上的追求，就连他的个性也混合了放肆勇敢和紧张焦躁。有人认为，实际上，如果我们回顾一下这个时期的始末，去了解这个时期的思想和社会关系，就会感觉自己仿佛面对的是18世纪的法国。它们同样都有文化方面的运动，都非常欣赏新的思想和观点，都积极追求美好的生活；它们同样都陷入了骄奢逸乐和放纵；它们都缺少真挚的政治活力或精神信仰，缺乏一种真实的思想活动。15世纪时，文人跟高级教士之间的关系与18世纪搞文学和哲学的人跟大领主之间的关系一样；他们持有同样的观点，支持同样的道德思想，安宁地生活在一起，不用担心周围正在酝酿发生的变动。15世纪的高级教士，比如红衣主教本博，他们一定没有预见到路德和加尔文的出现①；18世纪宫廷里的人也一样，他们也没有预测到法国大革命的到来。

所以，这个时期在精神思想方面有三个重要事实：一个是由教会自己发起的教会改革，一个是民众发起的宗教改革，还有一个是知识文化革命，由自由思想家们创建了新的流派。所有的这些在欧洲发生巨大的政治变化，在它完成民众和政府的集中化时就已经开始酝酿了。这还不是全部，人类最伟大的活动也发生在这个时期：旅行、探索发现、生意往来，还有各种发明创造。葡萄牙人沿非洲西海岸的大航行、达·伽马发现并绕过好望角、哥伦布发现美洲大陆、欧洲贸易的拓展，这些都发生在15世纪。除此以外，成千上万的新发明也是在这个时期如雨后春笋般涌现；还有一些之前已经出现但是使用范围有限的发明在这个时候也开始变得普遍起来。火药改变了战争的模

① 路德和加尔文：两人都否认了罗马教皇的权威，认为《圣经》是基督教教徒信仰的唯一依据和权威，人人都可以通过《圣经》直接与上帝联系和交流，不需要教会作为媒介。

1747 年，乔瓦尼·保罗·帕尼尼的绘画作品《罗谢福柯枢机举行音乐庆典》
法国王太子路易·费迪南和萨克森公主玛丽·约瑟芬结婚之际，红衣主教罗谢福柯枢机在罗马阿根廷剧院举行音乐庆典

式，指南针则改变了航行的模式 ；油画得到了发展，在欧洲出现了很多油画的艺术佳品；1460年发明的铜器雕刻方便了艺术作品的传播；纸张也变得越来越常见；终于，1436到1452年的时候，人类发明了印刷术。也许人们在谈及印刷术的时候总是会对它夸夸其谈，这似乎已经成了老生常谈，但是在一系列的发明创造当中，它的确值得谈论，因为它的影响非常深远。

你们已经看到了15世纪的伟大和活跃，只不过它的伟大还没有表现得很明显，它的活跃所带来的成果也还没有呈现在人们眼前。那些风风火火的改革好像都失败了；政府管理机构得到了巩固；民众活动逐渐平息。似乎社会已经准备好了在快速的发展中迎接更好的秩序。但是革命的种子早在这个时候就已经被播种下了，16世纪的革命近在眼前。这将是我们下一讲的主题。

第十二讲　十七世纪的欧洲改革

DIFFICULTÉ DE DÉMÊLER LES FAITS GÉNÉRAUX DANS L'HISTOIRE MODERNE

梳理近代历史一般事实的困难性—17世纪欧洲的景象—匆忙进行概括总结的危险性—改革的原因—改革的主要特点是人类在精神思想领域对绝对权力的反抗—相关证据—改革的命运—耶稣会会士—世俗社会和宗教社会改革的相似之处。

我们常常哀叹欧洲社会的无序和混乱，抱怨欧洲社会为什么那么分散和支离破碎，让人无法对它进行描述和理解。我们一直在不耐烦地等待、在谈论共同利益、秩序和社会团结统一来临的那个时代。终于，我们今天就要进入这个时代了，在这里，一切都可以总结为公共事实和公共思想。这是一个统一的、有秩序的时代。不过这个时代也有它的不易之处。在这之前，我们很难把各个元素联系和协调起来，找到它们之间的共同点，整理出一个整体。到了近代欧洲，一切都变得不一样了。所有的元素、所有的社会事件都变了，它们相互呼应、相互影响；人与人之间的来往变得更多，关系也更加复杂；人与国家政府之间的关系、国家与国家之间的关系、人类各种思潮之间的关系都是如此。在我们之前研究的那些年代当中，大部分元素都是孤立的，彼此不熟悉，也不会相互产生影响。到了我们今天要讲的这个年代以后，所有的元素都不再是孤立的了，它们相互触碰、相互交叉、相互交替。在这么多的元素当中去寻找真正的统一，去确定这场广泛而复杂的运动的方向，去归纳总结这些复杂多样又相互紧密联系的元素，去确定一个广泛的、主流的元素，以它作为大部分元素和这个时代的代表，并忠实地反映出这个时代的影响和它在文明史中的地位，还有比这更难的事吗？

让你们先大致地感受一下我们在这一讲中会遇到的困难。

我们之前讲过一个起源于12世纪的宗教事件，虽然在本质上它并不是宗教性质的，我想说的是宗教战争。这个事件的维度大、时间长，包含了很多小事件，不过，我们还是能够比较容易地从中梳理出它的主要特点，能够确定它的统一体和它的影响。在这一讲中，我们观察的对象是16世纪的宗教革命，或者我们一般会把它称为改革。请允许我顺便说一下，我会用“改革”这个更简单、更符合表达习惯的词来代替“宗教革命”这个表达，这里没有掺杂任何我个人的评判。你们应该已经感受到要识别出这个大事件真正的特点，总结它是什么以及它做了什么，是一件多么困难的事情。

我们应该在16世纪初期到17世纪中期当中去对这一次的革命进行探索，因为这段时期涵括了它的一生，从它的诞生一直到它的消亡。所有的历史事件在某种程度上都有一个固定的历程，即使它们的影响是无限的，无论是在过去，还是对将来。历史事件的存在是固定且有限的，它们会经历诞生、成长，在一定的期限内完成它们的发展，然后开始走下坡路，从舞台上消失，并让位给另一个新的事件。

改革开始的具体日期并不重要，我们可以说它开始于1520年，也就是路德在维滕贝格公开焚烧从教宗良十世那里传来的将他定罪的谕旨，并从此与罗马教廷正式一刀两断的那一年。从这个时候开始一直到17世纪中期，也就是1648年《威斯特伐利亚和约》签订的那一年，革命的这一生也到此为止了。证据是：宗教革命带来的第一个，也是它最大的影响，就是它在欧洲创建了两种类型的国家——天主教国家和新教国家，并让它们处于争斗当中。这种争斗从16世纪初开始一直持续到17世纪中期，在这期间，没有任何一方能够持续地坐稳胜利的宝座，直到1648年签订了《威斯特伐利亚和约》以后，天主教国家和新教国家才最终相互承认，允许对方的存在，并承诺不会因为宗教的多样性而破坏社会的和平。从1648年开始，宗教多样性就已经不再是国家关注的主要领域了，也不再是外交政策、对外关系或联盟中的一部分。而在这之前，欧洲主要分为两大阵营：天主教和新教。《威斯特伐利亚和约》签订以后，这种区分就不存在了：国家之间是相互结盟还是分开不再考虑宗教信仰这一因素。于是，宗教改革的高潮，或者说它的生涯又要告一段落了，虽然它所带来的影响仍在继续。

让我们来快速地看一下它的这一生，看看它都包含了什么，都有哪些事件和人物。你们会发现，这样干巴巴地把事件和人物罗列出来，不仅列不全，而且很难用一种元素来概括一系列复杂多变的元素、总结16世纪宗教革命真正的特点、确定它在欧洲文明中的作用。

改革爆发的那个时候恰逢一件重要的政治事件的发生：弗朗索瓦一世和查理五世之间、法国与西班牙之间的互相争斗。这次的争斗在刚开始的时候是为了争夺意大利，然后是为了争夺德意志帝国，最后演变成了追求各自在欧洲的强势地位。也是在这个时候，哈布斯堡王朝开始崛起并称霸欧洲；英国在亨利八世的带领下，开始更加频繁、更加大规模地介入到欧洲的政治生活当中。

16世纪的法国被大型的新教和天主教之间的宗教战争充斥着，这些战争变成了大领主试图夺回自己失去的权力、控制王室的手段和机会。这就是宗教战争、结成同盟军以及瓦卢瓦对战吉斯的政治意义，亨利四世的到来最终结束了这种争斗。

在西班牙，在腓力二世的统治之下，爆发了联省革命。表面上是奥兰治公国的亲王与阿尔瓦公爵之间的战争，实际上是宗教裁判与公民自由和宗教自由之间的争斗。在荷兰，凭借着不屈不挠，再加上正确的引导，自由在荷兰取得了胜利。但是在西班牙，自由却失败了，输给了世俗和教会的绝对权力。

在英国，正值玛丽和伊丽莎白的统治时期。伊丽莎白作为新教的领袖，与腓力二世形成了对抗关系；之后詹姆斯六世在英国即位；王室与英国人民

西班牙腓力二世

之间发生了很大的纠纷。

同一时期，在欧洲北部地区诞生了新的国家。1523年，古斯塔夫·瓦萨重新缔造了瑞典；世俗化过后的条顿骑士团建立了普鲁士。这一次，北部地区的这些国家在欧洲的政治生活中获得了它们前所未有的重要性，这种重要性也会在之后的三十年战争中凸显出来。

让我们再一次回到法国。路易十三即位；黎塞留的出现改变了法国内部的统治管理；它与德国的关系发生了变化并在战争中支持了新教。16世纪末，德国参加了对土耳其的战争；17世纪初，它又参加了三十年战争，这场战争也是近代西欧最重要的一次重大事件；古斯塔夫·阿道夫、华伦斯坦、蒂利伯爵、不伦瑞克公爵以及魏玛公爵等大人物陆续登场。

同一时期在法国，路易十四登基；投石党运动爆发。在英国，革命运动的爆发导致了查理一世的下台。

正如你们所见，我只讲了历史上最重大的一些事件，所有人都知道这些事件的名字。由此已经可以看出它们的数量之庞大、种类之繁多以及它们的重要性。除此之外，我们会发现在这段时期里还发生了很多另一种性质的事件，这些事件没有那么显眼，也并非用一个名字就能概述出来。在这段时期里，各个国家的政治制度都发生了翻天覆地的变化：在大部分的大型国家里，君主专制占据了统治地位；荷兰建立了欧洲最强大的共和国；君主立宪制在英国取得了，或者说是基本上取得了最终的胜利。对于教会而言，以前的修道士几乎失去了所有的政治权力并且被新生的耶稣会会士取代了；后者跟前者的特点不一样，大家都认为后者获得了比前者更多的重要性，虽然事实也许并不是这样的。在同一时期，特利腾大公会议抹去了从康斯坦茨和巴塞尔大公会议遗留下来的影响，确保了罗马教廷在教士阶级的最终胜利。走出教会，让我们来看看哲学和人类精神思想的自由发展。这个时期出现了两个重要人物：培根和笛卡尔。他们俩是近代社会最重要的哲学革命的参与

查理一世骑马像

少年时的路易十四

者，是让整个帝国都为之争论不休的两大流派的首领。同样也是在这个时期，意大利文学大放异彩，法国文学和英国文学也开始起步。最后，还是在这个时期，欧洲建立了它最大的殖民地，它的贸易体系也得到了前所未有的发展。

如你们所见，不管从什么角度来观察这个年代，这时候在政治、宗教、哲学和文学等方面发生的事件，无论是数量、类别还是重要性，跟以前的相比都堪称之最。人类精神思想的活动表现在各个方面：人与人之间的关系、人与统治权力之间的关系、国与国之间的关系，还有人的智力劳动成果。换句话说，这是一个由伟人和壮举支撑起来的时代。在这个时期里，我们最关注的一个重大事件就是宗教革命，它是这个时期当中最重要的大事件，人们甚至用它命名了这个时代，因为它决定了这个时代的主要特点。在所有重要的元素当中，宗教改革扮演了最重要的角色，它在改变了其他元素的同时也改变了它自己；其他元素最终也都走向了宗教改革。宗教改革在这一被大事件和各式各样的元素充斥的年代中支配并统领了所有其他的元素，它是最重要的那一个元素。所以，我们在这一讲中要做的，就是要真实、确切地描述并总结宗教改革的特点。

你们应该不难理解要想把这么繁复却又彼此紧密联系在一起的元素集中起来，整合成一个真实的历史统一体是多么困难的一件事情。但这么做是非常必要的。当事件结束之后，当它们变成了历史之后，我们要做的最重要的一件事就是找到那些最广泛的事实和元素，把原因和影响串起来。这其实也是历史永垂不朽的一个部分，世世代代的人都应该对此有所了解，这样才能更好地去认识过去、认识自己。这种对概括性和理性结果的需求是所有精神需求中最强大、最光荣的，但是要注意，不能满足于一些不完整的、仓促的概括和总结。的确，我们总是希望第一眼就能立刻找到整个事件和一个时代的整体特点以及它们的长期影响。人类的思想和人类的意志一样，闲不下来，迫不及待地要去清除障碍、追求自由和结果；它常常会忘记那些困扰它的事情，以至于这些事情都没能被处理掉，直到某一天，这些事情会跳出来让它承认自己犯下的错误并让它付出代价。只有一个办法可以帮助人类的思想逃脱这个危机，那就是在概括和下结论之前，勇敢地、耐心地去研究所有的元素和事实。事实对于人类的思想，就像道德准则对于人类的意志一样；人类的思想必须要去了解事实并且承担事实的重量；只有当它完成这项义务，进行全面的覆盖和考量时，它才能够在更高的地方展翅飞翔，从整体上去观察所有的事情以及它们的影响。在这个过程中，如果它上升得太快，对它最终要达到的观察点没有充分的了解，那么它就有可能会失败、会坠落。这就好像在数字计算当中，开头的一个错误会导致后面一系列的错误一样。在历史中也是一样的，如果在前期工作当中我们没有考虑到所有的情况，如果我们任由自己仓促地进行归纳总结，那么我们很有可能就会误入歧途。

我说这么多，其实从某种程度上来说是为了让大家能够注意一下我的描述。在这门课中，我只能试着去概括和总结一些大家之前没有系统、详细地学习过的事件和元素。现在我们要讲的是17世纪的情况，这项任务将变得更加艰巨，犯错的可能性也会更高，我觉得我有必要提前跟你们说一下。接下来，我就要继续我的工作——概括和总结宗教改革，就像我之前所做的那样。我会尝试着从中找到主要的事实和元素，描绘出它的一般特点，并简单地概括它在欧洲文明中占据什么样的地位、扮演了什么样的角色。

你们应该还记得，我们之前讲过15世纪末的欧洲是什么样的。那个时候存在着两种宗教改革，或者说宗教革命：一种是由大公会议主导的改革，另一种是由胡斯派在波希米亚领导的革命。我们看到它们都失败了，但是我们也知道它们会以另外一种方式和形态重现。15世纪尝试过却没有完成的，16世纪一定会继续。我不会讲16世纪宗教改革的细节，因为我认为几乎所有人都已经对此有所了解。我要关注的只是它对人类命运造成的整体影响。

在寻找促成了改革发生的原因的时候，其对手会把它说成是意外，是文明历程中的不幸；又或者是，比如说，因为多明我会的修士得到了宽恕，由此引起了奥古斯丁教派的妒忌；而路德就是奥古斯丁教派的，所以这就是改革发生的决定性动机。还有一些人会把它归咎于君主的野心、君主和教会势力之间的争斗以及世俗贵族想要侵占教会资源的贪婪。这些人都只是从人对人的行为中不好的那一面、从个人利益和个人激情的角度解释了宗教改革的原因。

另一方面，改革的支持者会试着解释说宗教改革的唯一目的就是改变存在于教会中的权力滥用问题。他们在接受改革的时候就好像它可以化解大家对宗教的抱怨一样，就仿佛它唯一的宗旨就是重建原始教会，一个纯粹的教会。这两种说法无论是哪一种，在我看来都是没有根据的。第二种比第一种靠谱一些，至少它关注了事件的广延性和重要性，但我还是认为它是不准确的。在我看来，改革既不是意外，不是由某种重大的偶然事件或某种个人利益所导致的结果，也不是单纯地出于对宗教改良的需求，不是由人道或真理乌托邦所结出来的果实。改革真正的原因比这些都还要强悍，它甚至主宰了所有其他的特殊原因。之前人们只能，或者说他们认为自己只能从权威那里接受观念意见、了解事实情况；改革实际上是人类精神自由的一次大跃进，是人类的一种新需求，他们需要依靠自己的力量去自由思考和评判。这是人类精神思想一次伟大的跨越，是人类思想在精神层面对绝对权力的一次反抗。在我看来，这才是改革真正的、主要的和广泛的特点。

在这个时期，教会依然控制着人类的精神思想，当我们去观察人类的精神思想状态和教会所掌握的精神权力时，会看到以下两种情况。

对于人类的精神思想而言，它有了前所未有的发展需求，而且比之前更加活跃。多年以来积累的多重因素导致了这种新情况的出现。比如，在某段时期中诞生了宗教异端，它们说服了一些人，然后进入衰落期，最终被别的

教皇保罗三世法尔内塞

教派替代；在另一段时期中诞生了一些哲学的思想观念，它们的发展历程跟宗教异端一样。人类在精神思想上所做的努力，不管是在宗教领域还是在哲学领域，在11到16世纪这段时期里被逐渐地积累起来。终于，它们迎来了一个可以有所收获的年代。除此以外，教会自己创造和推广的教导方式在这个时候也初见成效。教会在之前就自己创建了学校，从这些学校里走出来的人都还是有些学问的；而且日复一日，从这里毕业的人也越来越多。这些人感觉到自己比以前更强大了，于是就开始想要靠他们自己、为了他们自己而去思考，于是就有了这场以复古的方式表现出来的人类思想的变革和革新。这一点我在上一讲中已经论述过了它的过程和影响。

所有的这些因素汇集在一起，在16世纪初促成了思想上对进步的迫切需求和这次有力的变革。

然而对于人类精神思想的统治管理机构、精神层面的统治权力而言，情况则完全相反，它完全进入到了一种消极和停滞的状态。教会和罗马教廷的政治影响力大大地下滑，不仅欧洲社会不再受它的掌控，它自己还得承受世俗统治机构的管制。尽管如此，教会还是保留了它所有的抱负、光芒以及外在的重要性。它遭遇了跟其他统治管理机构一样的经历。大部分针对它的抱怨基本上都没有什么依据可言。16世纪的罗马教廷并没有特别地专制，真正意义上的权利滥用问题没有变得更严重，它也没有比之前更让人讨厌。恰好相反，这个时候的教会比其他任何时候都要随和、宽容。为了让人们能够不对它产生质疑，能够勉强地接受它，它对任何事情都是睁一只眼闭一只眼。虽然它不再能够充分地享有它之前拥有的那些权利，但人们依然认可它的存在并继续向它缴税。有人认为这时候，如果人类的精神思想想要做些什么，教会就心甘情愿地让它去做，不要去干扰它就没事了。但实际上，恰恰是在统治管理机构的重要性下降，变得没有那么强大，无法再像过去那样作恶多端的时候，人们就会开始对它进行攻击，因为也只有在这个时候他们能这么去做。

通过观察这个时期人类精神思想和人类精神世界的统治管理机构，我们可以清楚地看到宗教改革的特点，我再重复一下，它是自由又一次新的跃进，是人类思想的一次大反抗。不用怀疑，这才是最主要的原因，它高于其他所有的原因；它高于所有的利益，不管是君主的还是国家的；它高于那个时候人类对改革和消除不满的需求。

假设改革开始了一段时间，充分地展现了它的意图和不满以后，突然，教会妥协了，对它说："好吧，换我来对这一切进行改革吧，我会让自己重新回到那个更合法、更具有宗教性质的位置上；我会停止所有的欺压和专制，取消所有的贡税；在信仰方面我也会做出改变，我会回归到它最初的本意去对它进行阐释。虽然大家对我有怨言，但是我还是会守住我的位置和权利，继续统治和管理人类的精神思想。"你们觉得宗教革命会满足于这样的结局并就此停手吗？我觉得不会。我坚信革命会继续，改革完成后它会继续要求获得自由。16世纪的重大事件不仅仅是改革，它们的根本是革命。我们一定不能忘记它们的这一特点以及这个特点所导致的良性或恶性的影响。

让我们来看一下宗教改革的命运，尤其看看它在各个国家当中都做了些什么。要注意的是发生和发展改革的环境千差万别，机遇也不对等；如果我们发现，即便在这样的情况下，改革在各个国家都是为了追求某一个目标、获得某一个结果并且都保留某一种特点，那么很明显，能够超越这种差异的应该就是改革最根本的特点以及它所追求的最主要的结果。

只要是16世纪宗教改革盛行过的地方，哪怕它没能完全解放当地人的精神思想，也能为精神思想的发展提供更多新的自由。也许精神思想依旧会受到政治组织机构的束缚，能否获得自由还得看运气；但是，改革消灭了精神统治权力，是它让一向令人害怕的精神统治管理机构缴械投降了。这就是改革在各式各样的环境下达到的一个统一的结果。在德国，政治自由完全不存在，改革并没有帮助实现政治自由；与其说它削弱了王室的力量，不如说它巩固了王室的力量；跟中世纪相比，它更加反对而不是赞成自由制度的发展。尽管如此，改革还是在德国激起并维持了比在其他地方都要高得多的思想自由。在丹麦，绝对权力支配了整个国家，渗入到了市镇组织机构和国家组织机构当中，同样，通过改革的影响，那里的思想也得到了解放，得到了自由的发展。在共和制度下的荷兰以及在君主立宪制度下的英国，虽然严酷的宗教专制持续了很多年，但是人类最终还是完成了精神思想的解放。最后，在法国，情况看上去似乎最不利于宗教革命发挥影响，毕竟宗教改革曾经以精神思想的独立和自由为中心观点在这里活动过，但最终却失败了。直到1685年，也就是南特敕令被废除的时候，改革才在法国成为合法的存在。在这漫长的岁月里，宗教改革一直在书写、在争辩，在激发它的对手去书写、去与它争辩。就这样，这场存在于新老观念之间、由小册子和讨论会组成的战争让自由在法兰西大地上蔓延开来，甚至比我们通常想象中的还要活跃。这种自由不仅有利于科学、道德和法国教士荣誉的发展，也有利于一般思想的发展。你们可以去看看波舒哀和克劳德的讨论会，看看这个时期的宗教论战，再问问你们自己，路易十四是否能接受这种程度的自由。不过，正是改革与反对派之间这种你来我往的较量才让法国在17世纪时享有了更多的自由。那个时候的宗教思想还是非常大胆的，它在处理问题的时候，比费奈隆在写《忒勒马科斯历险记》①的时候还要坦率。这种情况一直持续到南特敕令被废除的那一年。从1685年到18世纪人类精神思想的爆发，中间相隔不到40年；宗教思想对精神思想自由的正向影响刚结束，哲学革命对精神思想自由的正向影响就开始了。

① 《忒勒马科斯历险记》：费奈隆所著作品，以希腊神话为题材，谴责了君王的穷兵黩武和穷奢极欲，表现了17世纪末中小贵族和资产阶级对路易十四的强烈不满。

无论改革渗入到什么地方，它总能在那儿扮演重要的角色，不管是以胜利者的身份还是以失败者的身份。它给人类精神思想的解放、对思想自由的发展都带来了广泛的、重要的和持续的影响。

改革会带来，而且也只满足于带来上述的这些影响；一旦它达成了这个目标，就不会再去寻找别的目标了。这就是改革最原始的、最基本的特点。在德国，改革并没有要求获得政治自由，相反，它接受了政治自由的缺失，我不愿意把这说成是政治奴役。在英国，改革同意了教士的等级结构，承认了一个比罗马教廷更过分、更奴性的教会。为什么在某些方面那么偏激和呆板的改革在这里会表现得那么随便和顺从呢？因为它已经达成了它想要达到的目标，也就是废除精神权力，解放人类思想。一旦它达成了它的目标，它就会让自己去适应任何的制度和环境。

接下来再让我们通过一个反向的观察来验证一下我们刚才所说的。让我们一起来看一下在那些改革没能进入，或是早夭、没能获得任何发展的国家中都发生了什么。历史会告诉我们，在这些国家当中，人类的思想没有得到解放：意大利和西班牙这两个欧洲大国可以为此做证。在欧洲，只要是改革占据了重要地位的地方，当地人的精神思想都获得了前所未有的活力和自由；而在同一时期，在改革不曾渗入的地方，当地人的精神思想则陷入了懦弱和无力当中。无论是正向说明，还是反向论证，我们得到的结果都是一样的。

思想的大跃进，废除精神思想领域的绝对权力，既是改革的主要特点，是它带来的最广泛的影响，同时也是它的核心内容。

我刻意用了“现象”这个词。在宗教改革的过程当中，人类精神思想的解放实际上更偏向于一种现象而不是一种方针政策，是一种结果而不是一种意图。所以我认为，宗教改革在执行上所下的功夫比在策划上的多，甚至多于它所期待的。很多革命都是做的远远落后于想的，执行跟不上计划，而这一次的改革则恰好相反，它的结果超出了它的预期；它更像是一个伟大的事件，而不是一个精妙的方案；它自己都不能完全了解或是承认那些它最终做成的事情。

改革的反对者一直以来是怎么批判它的呢？为了让它就此打住，他们又利用了它带来的哪些影响呢？

对改革的评判分为两大类：第一种，控诉它催生了纷繁复杂的教派，导致了精神思想极度的放纵，整个精神世界权威的毁灭和整个宗教社会的瓦解；第二种，控诉它的专制和迫害。“你们激起了人类的放纵，”他们会对改革者这么说，“是你们制造了放纵。之后，你们又想控制它，镇压它。你们是怎么镇压的呢？通过最残酷、最暴力的方法。你们凭借着不合法的权力在迫害异端。”

大家可以去大致地浏览并总结一下所有针对改革的主要评论，拿掉纯教条主义的部分你们就能得出上述这两大类主要的批判。

改革派其实对此相当为难。当人们把教派的繁杂怪罪于他们时，他们并没有承认，也没有支持教派自由发展的合法性，而是采取了弃绝的态度，说他们为此感到懊恼并请求大家的原谅。以迫害之名去责备他们？虽然有些尴尬，但是他们还是会辩解说这样做是必要的；他们会说自己有权利去抑制和惩罚错误，因为他们才是掌握真理的人；只有他们的信仰和规章制度才是合法的；罗马的教会之所以没有权利去惩罚他们，就是因为与改革者为敌是不合理的。

当迫害的指控不是由改革者的对手，而是由改革者自己孕育出的孩子说出口时，也就是说当那些被改革者弃绝的教派说“我们做的事就是你们之前做过的那些；跟你们一样，我们之间也会产生分裂”这个时候，想要回应就更尴尬了，而改革派常常会选择用加倍的严厉来应对。

实际上，当16世纪的宗教改革在努力地摧毁精神世界的绝对权力时，它并没有真正地理解什么是精神思想的自由：它虽然解放了人类的思想，甚至还声称会依法统治和管理人类的思想，但实际上，它只是实现了宗教信仰自由；在理论上，它想要用一个合法的权力来替换掉不合法的权力而已。宗教改革既没有走到理论的最前端，也没有下到改革的最深处。于是，它就这样犯下了两个错误：一方面，它不了解也不尊重人类思想的所有权利；它一边为了自己的利益去追求人类思想的权利，一边又在别的地方侵犯人类思想的权利。另一方面，它不知道如何去有分寸地行使精神权威所拥有的权利；我说的不是可以行使强制手段的权利，毕竟在精神思想这个领域里没有人能够真正地拥有这种权利，我说的是纯精神层面的、可以通过影响来作用于个人思想的权利。在经历过改革的各个国家当中，都缺少了某种能够让精神社会良好运行，让老旧的一般性观念规律运转的东西。没有人能把传统的需求、自由的需求同权利结合起来，其中的缘由一定就隐藏在当时的环境当中，然而改革并不能完全弄懂并接受其中所有的原理以及它所带来的影响。

这一点会让改革看上去轻率冒失、思维狭隘，常常成为对手攻击它的短板。它的对手就很明确自己在做什么以及自己想要什么，能够找到决定了自己行为的原理，也能够承认所有的后果。罗马教会是史上最能有条不紊、顺从逻辑完成发展的统治管理机构。的确，跟改革比较起来，罗马教廷做了更多的妥协和让步。理论上，罗马教廷更加全面地调整了自己的体制，采取了更加和谐的管理方式。知道自己在做什么，想要什么，并能够对原本的教义和意图进行如此彻底的、理性的调整，可以形成一种强大的力量。在16世纪宗教革命的发展历程里就有一个很好的例子。大家都知道反对宗教革命的主要势力是耶稣会。你们去看一眼耶稣会的发展史：无论在哪里，它们都没能取得成功；任何事情，只要有了它们一定规模的参与，都会遭遇不幸。在英国，它们让国王声名狼藉；在西班牙，它们祸害的则是百姓。历史的整体趋势、近代文明的发展、人类精神思想的自由，耶稣会要求反对的所有这些力量最终都站到了它的对立面并战胜了它。耶稣会失败了，但你们还记得它曾经使用过的手段吗？没有什么特别的或厉害的。耶稣会的会士没有促成过什么了不起的大事件的发生，也没有发动过广大人民群众的力量。他们都是通过一些地下的、黑暗的、低级的手段，用不恰当的方式敲击人们的想象力，给他们灌输这种不管原理和目的是什么都以大事为重的公共利益观。而被耶稣会打击的那一方呢，刚好相反，它们获得了胜利，而且赢得很光彩。宗教改革做了很多大事，采取的是光明正大的手段。它发动了人民群众，为欧洲培养了伟人，改变了国家的命运和形态。简单来说，它所做的一切都是为了抵抗耶稣会、命运以及表象；常识想要获得胜利，想象力想要大放异彩，而它们原本的命运并不能满足它们。尽管如此，耶稣会明显也有它厉害的地方。它们的名字、影响和历史都跟一个很重要的点联系在了一起：它们能清楚地了解支配它们行为的原理，知道它们努力的目标；它们有思想、有意志；这些让使用过卑鄙手段、经历了反复挫折的耶稣会变得没有那么可笑。而耶稣会的对立方则相反，其领导的事件的影响力大于其思想的影响力，它们缺乏对于自己行动的原理及结果的了解；不完整、不符合逻辑、狭隘，这些缺点使得它们虽然身为战胜耶稣会的胜利者，但却处于某种理性或是哲学上的劣势，这种劣势有时候甚至会影响其行动的开展。我认为第二种情况就是新旧精神秩序在对抗的时候，改革所表现出来的弱点，它让改革处于一个非常尴尬的位置，对改革维护自己的权利造成了阻碍。

我们还可以从很多角度去观察16世纪的宗教革命。关于它教条方面的问题，它在宗教领域做的事以及它是如何处理人类精神与上帝和未来之间的关系的，我没有重点讲，也没有什么可说的。但我可以给你们分析它与社会之间复杂多变的关系，它们之间的这种关系所带来的影响很重要。比如，革命试图在教徒和普通民众当中振兴宗教，而在这之前，宗教是由教士和教士阶层独占的一个领域；教士会向众人分发宗教的果实，但他们是唯一真正掌握宗教、有权利谈论宗教的人。改革把宗教信仰又带回了大众传播的轨道上，重新开放了这一之前信徒无权介入的领域。此外，改革还带来了另一个影响，它破除，或者说是基本上破除了政治宗教，把独立重新交还给了世俗力量。一旦信徒能够重新掌握宗教，那么宗教就无法再继续管理和统治社会了。在经历过宗教改革的国家当中，不管教会的组织机构有多么繁杂，甚至是在英国这种跟古代教会组织最相近的国家里，精神权力都没有认真地打过世俗权力的主意。

我还可以列举出很多改革带来的其他影响，但是，我觉得让大家了解它的主要特点，了解人类精神思想的解放和精神世界绝对权力的废除就够了。要注意的是这种废除并不是全面的，但它可能是迄今为止，人类往这个方向迈出的最大的一步。

在结束这一讲之前，请大家再注意一下，在近代欧洲历史当中，世俗社会和宗教社会在革命中的命运非常相似。

我在讲教会的时候提到过，基督教社会在刚开始的时候是一个完全自由的社会，它只建立在共同的信仰之上，没有规章制度，也没有严格意义上的统治管理机构，其运作靠的只是变化不定的精神力量以及当下的需求；在欧洲，世俗社会在刚开始建立的时候也是这样的，至少部分是这样的，那时候的世俗社会由各个蛮族族群组成，非常自由，个人的去留全凭自己的意愿，没有成文的法律也没有统治力量。这一阶段过去之后，随着社会的极大发展，贵族制度基本掌控了宗教社会，宗教社会处于教士阶级，也就是主教、大公会议、教会贵族的统治之下；在世俗社会，情况也是一样的，野蛮时期一过，同样也是贵族制度，是世俗的封建制度占据了统治地位。宗教社会在结束了贵族制度的模式之后就进入了君主专制制度的模式。这意味着罗马教廷对大公会议、对欧洲教会贵族阶级的胜利；在世俗社会中也发生了同样性质的革命，王室权力同样也是通过摧毁贵族权力称霸并掌控了欧洲世界。16

世纪时，宗教社会爆发了反对君主专制体系、反对精神世界绝对权力的起义。这场革命为欧洲带去了信仰自由，让信仰自由在欧洲得到了认可；在世俗社会也发生了类似的事件，世俗的绝对权力同样被攻击、被打败。正如大家所见，宗教社会和世俗社会经历了同样的跌宕起伏和同样的革命，只不过宗教社会的步伐总会快人一步罢了。

刚才我们提到了近代社会中最重要的元素之一——信仰自由，人类精神思想的自由。同时，我们也看到政治的中央集权正在各地盛行。在下一讲中，我会讲到英国革命。在这一重大事件当中，我们会看到文明发展的两大成果——信仰自由和君主专制的第一次较量。

第十三讲　英国革命

CARACTÈRE GÉNÉRAL DE LA RÉVOLUTION D'ANGLETERRE

英国革命的整体特点—引发革命的主要原因—英国革命更多的是政治性而非宗教性的—相继出现的三大党派—1.司法改革派；2.政治革命派 ；3.社会革命派—三大党派都失败了—克伦威尔—斯图亚特王朝复辟—司法改革派的政府—政治阴谋政府—民族党派的政府—1688年发生在英国和欧洲大陆的革命。

到了16世纪以后，古代欧洲社会所有的元素凝聚成了两个最主要的元素——信仰自由和权力的集中化。前者在宗教社会中盛行，后者则是世俗社会的主流。在同一时期，思想解放和君主专制在欧洲大获全胜。

很难说这两个元素某一天不会打起来，毕竟它们之间有某种东西是互相矛盾的。一个是精神世界绝对权力的失败，另一个是世俗世界绝对权力的胜利；一个为古代教会君主制的衰落做了铺垫，另一个则在消耗古代市镇和封建的自由。虽然两者之间具有某种同步性，但宗教社会的革命总是走得比世俗社会的革命快一步；一个已经开始解放个人思想了，另一个则还在忙于把所有的权力集中成一个广泛的权力。两者之间的同步性并非源于它们的相似之处，而且也完全无法避免它们之间的矛盾。它们的确都是文明进程中进步的果实；虽然它们在历史的时间轴上相会了，但是它们各自对应的情况则截然不同，分属于人类不同的精神发展时期。所以在成功地达成一致之前，它们一定会产生冲突，相互争斗。

它们之间的第一次对抗发生在英国。信仰自由——改革的成果，对抗政治自由的毁灭——君主专制胜利的果实，它们分别是精神世界和世俗世界对于废除绝对权力的尝试。这就是英国革命的意义，也是它在欧洲文明进程中所扮演的角色。

为什么这种争斗首先发生在了英国而不是在其他地方呢？为什么在英国，政治领域的革命跟精神领域的革命离得那么近？

英国王室跟欧洲王室一样，经历了起伏跌宕；终于，在都铎王朝的统治之下，英国无论是权力集中的程度还是它的活力都达到了前所未有的地步。但这并非意味着跟之前的统治者相比，都铎家族的实用专制主义更残暴，让英国付出了更惨痛的代价。我相信，在金雀花王朝的统治之下，也有同样多，甚至是更多的暴政、愤恼和不公。我也相信，在那个年代，欧洲大陆上的君主专制政府比英国的更加残暴和专横。只不过，在都铎王朝的统治之下，出现了一个新的现象，绝对权力变得系统化：王室声称自己拥有原始的、独立的主权。这种话它之前从来没有说过。亨利八世、伊丽莎白、詹姆斯一世、查理一世的理论主张不同于爱德华一世或爱德华三世，尽管实际上这两位爱德华的权力范围也很广泛，而且也很专制。16世纪在英国真正发生了改变的不是它在位的统治力量，而是它君主制度的理性体系。王室试图夺取绝对权力并让自己凌驾于所有法律之上，当然也包括那些它自己宣称愿意遵守的法律。

另一方面，在英国，宗教革命的完成不同于在欧洲大陆，它是由国王自己来主导完成的。当然，长期以来在英国，也有一些民众改革的种子或者说是尝试在萌芽和爆发。但是，因为有亨利八世的冲锋陷阵，统治政权成为革命者。正因为如此，至少从本质上来说，在纠正教会的专制和权利滥用，解放人类精神思想这方面，英国的改革跟欧洲大陆的比起来会显得有些不彻底，毕竟它还要服务于参与者的利益。留下来的国王和主教一起瓜分了前任政府或教会遗留下来的财产和权力。其影响很快就显现出来了。有人说，改革已经完成了；然而改革的大部分动机并没有立即消逝，并以民众的形式重新出发。这一次，它的讨伐对象是主教；它讨伐的内容跟它当时讨伐罗马教廷时的一样；它指责主教的行事作风跟教皇一模一样。每当宗教革命的整体

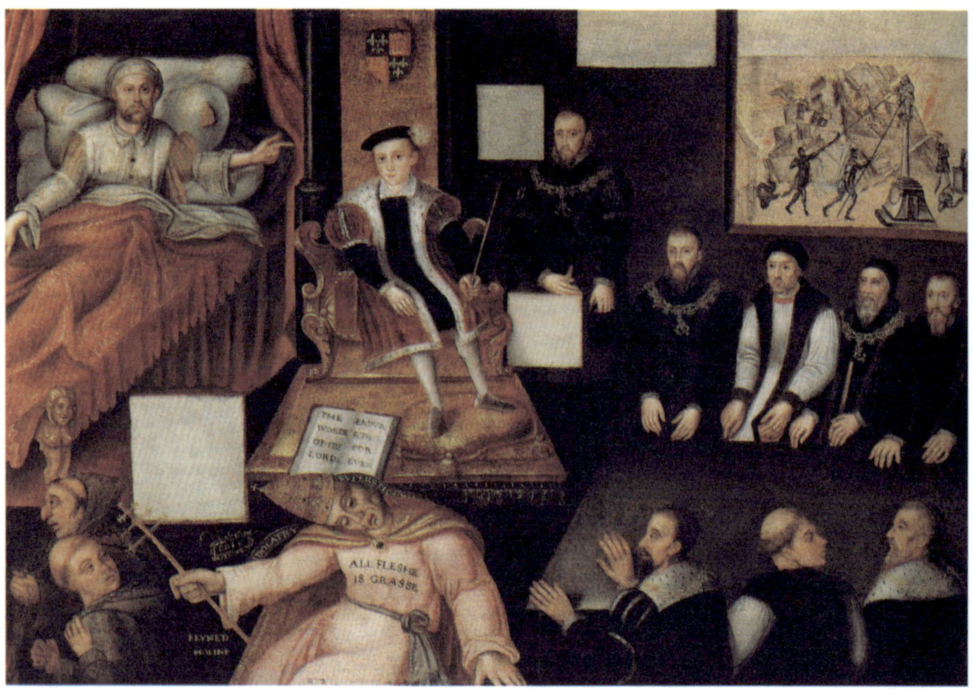

《爱德华六世与教皇：宗教改革的寓言》

这幅伊丽莎白时代的作品描绘了权力由亨利八世移交给爱德华六世的画面。爱德华六世坐在一块国袍之下，脚下是一位颓废的教皇；图片的右上角是一幅推倒并砸碎偶像的图像；在爱德华身边的是他的舅舅，保护者爱德华·西摩和枢密院的成员

发展受到牵连时，每当涉及需要对抗以前的教会时，改革派的所有成员都会联合起来，一起对付他们共同的敌人。但是，一旦危机过去，他们内部的纷争就会死灰复燃；民众改革派会再一次攻击贵族和皇室改革派，揭露他们职权滥用的行为，抱怨他们的专横跋扈，敦促他们要遵守诺言，不要再去谋取他们已经丢失的权利。差不多也是在同一时期，世俗社会爆发了一场解放运动，人们对政治自由产生了前所未有的需求，或者说这种需求在过去不是很强烈。英国的贸易在16世纪得到了快速的发展，同时，大批的土地和地产也更换了主人。这个现象常常被人们忽视，实际上，随着封建贵族的衰落以及其他许多原因，英国土地所有权的划分也有所发展。所有的文献资料都表明，这个时期英国土地所有人的数量大幅上升，大量的土地归小贵族、资产阶级所有。17世纪初，大贵族和上议院的人远没有下议院的人富有。除了工业财富的大量积累以及大批土地资产易主之外，还有一个现象，那就是新的一批精神思想运动的展开。伊丽莎白在位的这段时间可能是哲学和文学活动最活跃的一个时期，有很多大胆的思考和想法。清教徒义无反顾地继续追寻一种既狭隘又严厉的教条；另一些人可能没有那么多的道德束缚，比较自由，不受任何规则和制度的限制，这类人非常乐于接受任何可以满足他们好奇心和热忱的思想和观念。在这里，精神思想运动是一种强烈的享受，很快，自由就变成了一种需求并迅速成为国家公共思想中的一部分。

当然，在欧洲大陆某些发生过改革的国家当中，也有同样的趋势，也有某种对政治自由的需求，但是它们都缺乏能够让这种需求成为现实的手段。对自由的需求，在这些国家中找不到可以依靠的对象；无论是在组织机构方面，还是在道德风俗方面，它都找不到任何支撑点；它一直处于一种模糊不清、不确定的状态，徒劳地在寻找着各种解决办法。但是在英国，情况则不一样。16世纪，也就是在改革结束之后，政治自由的思想再次出现，它可以在英国以前的规章制度和整个社会当中找到支撑点以及采取行动的方式方法。

没有人不知道英国自由体制的起源，没有人不知道1215年大贵族联手制服了约翰国王并强迫他签订了《大宪章》。但是很多人都不知道，一代又一代，大部分的国王都修订并签署了《大宪章》，13到16世纪之间签了不下30次。《大宪章》不仅得到了承认，而且新加入的法令法规让它得到了更多的支持和发展，可以说是天衣无缝。与此同时，下议院被组建起来并在国家的最高组织机构当中占领了一席之地。在金雀花王朝的统治之下，下议院才真正地开始扎根。这个时候它还没有在国家当中扮演重要的角色。政府不受它的控制，甚至也不受它的影响。它只在被国王召唤时才能够参与进来，而且几乎总是不情不愿地、犹豫不决地，与其说它担心别人嫉妒它获得更多的权力，不如说它害怕自己受到牵连和影响。但是，当涉及维护公民的私权、财产或房屋时，简单来说就是关系到个体自由时，下议院会全力地、坚持不懈地完成它的任务，它提出的原则甚至成为英国宪法的基础。

金雀花王朝之后，特别是在都铎王朝的统治期间，下议院，甚至是整个议会都展现出了它的另一面。它不再像金雀花王朝那段时期那样维护个体自由。肆意占有和触犯私权变得更加常见，而且经常被人忽视。而这个时候，议会在整个国家的统治管理机构中占据了越来越重要的位置。为了改变国家的宗教，解决继承问题，亨利八世需要一个支撑、一个公共工具，而被他选中的就是议会，特别是下议院。在金雀花王朝，下议院是一个抵抗工具，是私权的保障；在都铎王朝，它变成了政治上的、管理统治的工具；到了16世纪末的时候，即使它服务过专制也遭受了专制的剥削，但它的重要性还是得到了极大的提高。就这样，下议院完成了它的权力建设，在这个的基础之上才有了代议制政府。

当我们在观察英国16世纪末的自由体制时，会发现：第一，自由的准则和原则一直以来都被白纸黑字地写在文书里，国家和司法机构对此很重视；

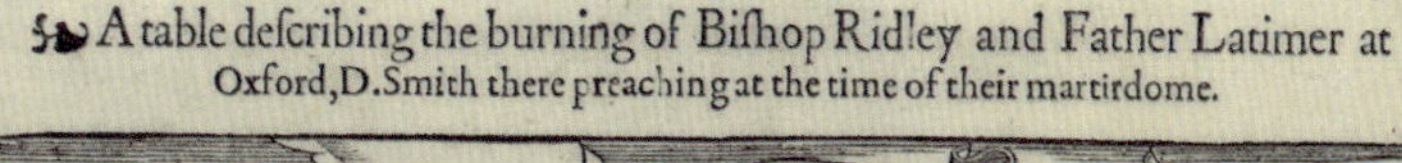

玛丽统治期间，新教徒休·拉蒂默和尼古拉斯·里德利被烧死在火刑柱上

第二，虽然在很多事例当中，自由跟它的对立面在很大程度上被混杂在了一起，但这也足够支持自由的发展，为自由辩护，反对专制和武断，为自由的保卫者提供支援；第三，一些地方的、特殊的制度和法规已经被广泛地播撒上了自由的种子——法官，集会和武装的权利，市镇行政机关和司法机关的独立性；第四，王室比之前任何时候都更依赖议会和议会的力量，因为它已经挥霍掉了自己大部分的收入、财产和封建权利，为了生存下去，它不得不求助于国家投票选举。

所以说，16世纪英国的政治情况跟欧洲大陆是完全不同的。虽然它经历了都铎王朝的专制，经历了君主专制长期的统治，但是在自由的思想这方面，它有一种坚固的支撑点、一种可靠的行动方法。

这个时候在英国同时出现了两种国家需求：一方面，人们对已经开始的改革提出了革命和宗教自由的需求；另一方面，人们对发展中的君主专制提出了政治自由的要求。这两种需求其实可以相辅相成，走得更远。于是它们结成了联盟。想要追求宗教改革的一方以信仰和觉悟之名来要求政治自由，反对国王和主教；支持政治自由的一方也在寻求民众改革的支持和帮助。双方联合起来，共同对抗王国在世俗世界和精神世界掌握的绝对权力。这才是英国革命的意义和本源。

所以，英国革命的主要内容就是要守护或者说是夺取自由。这对于宗教改革派来说是一种方法，对于政治自由派来说则是一个目标，但是对于它们双方而言，革命都与自由相关，自由是它们必须一起去争取的东西。另外，在主教派和清教徒派之间，也没有真正的宗教纷争；他们没有陷入严格意义上的教义和信仰主体之争；他们之间甚至不存在特别现实、特别重要、影响特别大的不同观点；但是重点不在这里。清教徒派之所以会抗争，其实是因为他们想要从主教派那里夺取实际的自由。当时还存在着第三个宗教派系——长老派。长老派需要建立自己的体系、教义和教规，完成它整个教会的构建。不过，尽管它竭尽全力，也还是不能在这方面为所欲为。作为防御方，它被主教派打压，如果没有政治改革派的承认和认可，它什么也做不了，它必须有首领和同盟，自由对它来说是最主要的利益；自由也是整体利益，是所有参加革命的各个派系共同的追求。从整体上看，英国革命基本上是政治性的，但革命完成的那个年代以及那个时候的民众是带有宗教性的；虽然它的首要目的和最终目标是政治性的，是要达成自由，废除所有的绝对权力，但它利用了宗教思想和宗教热情。

我会梳理一遍这场革命的不同阶段，把它拆解成几个接连发生的主要部分；然后再把它跟欧洲文明的整体发展历程结合起来。在这个过程中，我会特别注意它的地位和它的影响。从各个事件的细节当中就能一眼看出，它的确是信仰自由和君主专制遭受的第一个打击，也是针对这两大势力爆发的第一次争斗。

在这场激烈的争斗中出现了三大派系，从某种程度上来说，它包含了接连发生的三次革命。对于每一个派系而言，在每一次的革命当中，都会有两个派系——政治派系和宗教派系结成同盟，共同作战；政治派系在前，宗教派系在后，两者缺一不可。因此，革命在各个阶段总是会被刻上政治和宗教的双重印记。

改革中第一个出现的派系是司法改革派，它挥舞着的旗帜下其他派系也都纷纷开始了活动。当英国革命开始的时候，当议会在1640年召开的时候，所有人都在说，很多人也都非常真挚地这么认为，司法改革足以改变一切，以前的法律和国家行为当中有很多可以修改、避免职权滥用的地方，通过司法改革可以建立一个完全符合民众意愿的政府系统。司法改革派强烈谴责，并由衷地希望能够通过国家法律来阻止非法征税、肆意监禁等受人指摘的行为。在这些思想观念的深处，是对国王的统治权，也就是绝对权力的信任。虽然带有某种神秘力量的本能明确地告诫司法改革派这其中有一些东西是不对的，是危险的，但是他们却因此更加希望大家永远不要再去提及这个部分；迫于解释的压力，他们承认王室拥有一种高于所有人类、超越所有监管的权力，并在需要的时候为此做辩证。同时，司法改革派还相信这种在理论上带有专制性质的统治权应该遵循某些规则和形式，不能够逾越某些限制；大宪章、各种规章条例和以前的法律文书都对这些规则、形式和限制有了充分的描述和保障。以上是他们在政治方面表现出来的特点。在宗教方面，司法改革派认为主教团和主教侵占的部分太多、获得了太多的政治权力，而且他们的审判权限过于宽泛，应该要对此加以限制和监督。尽管如此，司法改革派还是很支持主教团，无论是作为教会组织机构，作为教会的统治管理部门，还是作为拥护王室特权、维护和支持国王在宗教领域统治权的工具。在政治领域，国王统治权的行使要遵循已有的法律法规；在宗教领域，国王的统治权则需要靠主教团来支持和行使。这就是改革派的双重体系，它的代表人物有克拉伦登[1]、科尔佩珀、卡佩尔勋爵和福克兰勋爵本人。他们是公共自由最热诚的朋友，是一群最不会奴颜婢膝地服从于朝廷的大领主。

在司法改革派之后的第二个派系，我称之为政治革命派：这部分人认为之前的法律限制和保障都还不够，需要来一场大的改变、一场真正的革命，不是形式上的那种，而是对政府进行实实在在的改变；他们认为应该取消国王和国王顾问团权力的独立性；赋予下议院政治优势 ；政府应该属于下议院和下议院的领袖。政治改革派并没有像我这样如此清楚和系统地了解它自己的思想和意图，但这的确就是他们意见观点和政治诉求的本质内容。他们不相信国王绝对的统治权，也不相信君主专制，他们认为下议院的统治权才能代表这个国家。隐藏在这个观点之下的是人民的统治权，政治改革派完全不知道这种观点的影响和后果，只不过这种观点出现了以后他们就接受了它，

---

① 克拉伦登：系克拉伦登伯爵，爱德华·海德。

而它正是以下议院的统治权这样的形态呈现出来的。

长老派属于宗教派系，他们跟政治革命派的联系非常紧密。长老派想要在教会内部进行一次革命，就像政治革命派谋划着要在国家内部进行一次革命一样。政治革命派想要把政治权力交给下议院，同样，长老派想要赋予议会宗教权力，以一种联系紧密却有等级之分的议会的形式来管理教会。而且，长老派的革命更大胆、更彻底，因为他们不仅想要改变教会管理的形式，还想要改变教会管理的内在；而政治革命派只是想要转移影响力和优势，没有打算要颠覆组织机构的形式。

因此，不是所有政治革命派的领袖都赞同长老派的教会组织方式，他们中的很多人，比如汉普顿和霍利斯，似乎更倾向于一种适度的、专注于教会事务、信仰更自由的主教团。于是，长老派妥协了，因为他们不能失去自己的同盟。

第三个派系的诉求更多，他们认为所有政治组织形式都是危险的、致命的，要求改变统治管理的内在和形式。信奉这个派系的人离开了英国，放弃了英国国家的规章制度和记忆，他们想要根据自己设想的纯粹的理论去建立一个新的政府。他们想要完成的已经不是一个简单的政府革命，而是一个社会革命了。我刚才提到过政治革命派想要在议会和王室之间创建新的关系；拓展议会，尤其是下议院的权力，让议会能够负责处理重大的公共事务，统筹管理整体事务，仅此而已；他们没有任何，比如改变国家的选举制度、司法体系、市镇和行政系统的想法。而这些改变都在第三派系，也就是共和派的谋划之中，他们宣称这是必要的；简单来说，他们想要改革的不仅仅是公共权力，还有社会关系以及私权的分配。

跟上一个派系一样，共和派也由政治和宗教两个部分组成。在政治这一块儿，他们都是一些严格意义上的共和主义者、一些理论家，比如勒德洛、哈灵顿、弥尔顿等。此外还有一些视时务和利益而行的共和主义者、一些军队的将领，比如艾尔顿、克伦威尔和兰伯特，这些人的初衷还是很真挚的，但是他们也很快就被个人的利益和时局的需求所支配和控制了。除此以外还有宗教共和派，也就是所有认为唯有耶稣才拥有合法权力的宗教派系，如果暂时还无法实现的话，他们也接受由耶稣选派的人来进行管理统治。最后，还有一定数量的自由思想者和空想家，他们提出的愿景是人人都能富有，财产平等以及普选制度。

1653年，在持续了12年的争斗当中，所有的派系相继亮相然后走向了失败。但是当时各个派系至少对自己的承诺是深信不疑的，而且群众也被他们说服了。司法改革派很快就被取代了，他们眼睁睁地看着过去的制度体系和法律法规被鄙视、被蹂躏，新的发明创造从四方涌入。政治革命派看到了新机制下议会这种形式的衰败；看到下议院在风光了12年以后，被保王党和长老派相继挤兑，成员大量减少不说，还成了大众讨厌和鄙视的对象，无法再继续进行统治管理。共和派看上去似乎稍微好一些：在表面上，他们还是领土和权力的主人；下议院只有五六十人，全部都是共和派 ；他们可以相信并告诉自己他们就是国家的主人。但是，国家并不乐意就这样让他们管理着；他们不能四处随心所欲，也不能对民众和军队产生任何影响。社会当中不再存有任何的联结、任何的安全性；正义不能被伸张，如果正义被伸张了，那也不是出于正义，只不过是因为激情、财富或是派系的利益罢了。人与人之间的关系不可靠，走在大路上也不能保证安全，盗贼横行；物质混乱和精神混乱并存；无论是下议院还是共和最高行政法院，都没有可以镇压这一切的能力。

虽然三大革命派系相继出现，意图根据自己的理论和意愿来引导下议院的发展，统治管理国家，但是它们都彻底地失败了，什么都没能做成。波舒哀说过：“人会去听取别人的建议、预见事情的发展，他们不会放任自己遵循于命运的安排。”这个表达其实有误，历史也告诉我们事实并不完全是这样的。克伦威尔就是一个最好的例子，他就放任自己于命运的安排，喜欢冒险和碰运气，做起事情来不顾一切，没有谋划也没有目标；但是他能下定决心，充分利用命运的安排，走得很远。他有无止境的野心、令人羡慕的机敏；他能从每一天遇到的不同情况当中获得新的进步；他能巧妙地让命运为他服务而不是试图改变命运。这就是克伦威尔。克伦威尔经历过的事情可能是其他人一生都不曾遇到过的；在革命的各个不同阶段，有他在似乎就足够了。他出现在革命的初期和末期，先是成为反抗运动的带头人、无政府的煽动者、英国最狂热的革命者；然后，他又成为反革命者，支持秩序的重建和社会重组；在革命的历程中，他一个人就扮演了各个重大参与人的角色。我们可以说克伦威尔是米拉波，他不善言辞，虽然非常积极活跃，但是刚开始的时候，在很长的一段时间里，他都没能在议会中大放异彩。之后，他是丹东，是波拿巴。是他，而不是别人，颠覆了政权；同样还是他，重新恢复了政权，因为其他人都不知道该怎么做；国家需要有人来管理统治，所有人都失败了，只有他成功了。于是，他当上了统治管理国家的领导，之后，他的野心越来越大，越来越难以满足；这个推着命运前行的人决心一直奋斗下去，永不停歇；但同时，他也是个明事理的人，他很谨慎，知道什么事情可以做什么事情不可以，这些让他克服了过度膨胀的激情。他应该非常向往绝对权力，非常希望把王冠戴到他自己以及他家人的头上，但是，他及时地意识到了其中的危害，并放弃了这种想法。虽然实际上，他已经能够实施绝对权力了，但他知道他所处的那个时代并不希望他这么做，他知道他参加过的所有革命，无论在哪个阶段，都是反对专制的，更何况英国一直以来都希望通过议会和议会制来管理和统治国家。不过，因为无论是从心理上还是事实上，克伦威尔其实都是一个专制的人，所以他就开始打算自己建立一个政府，实行议会制。他跟各个党派沟通，意图把宗教狂热分子、共和派和长老派都纳入到议会当中，再拉上军队的官员。他尝试了所有的办法，试图建立一个愿意跟他并肩作战的政府。然而他也只是白忙活了一场。所有党派一旦在议会中有了一席之地，就开始想要从他的手中夺取权力，然后自己坐上统治的宝座。我并没有说个人情感和利益不是克伦威尔优先考虑的因素。但是可以确定的是，哪怕他今天放弃了权力，他也不得不在明天把它重新夺回来。因为无论是清教徒还是保王派，共和派还是军官，那个时候只有克伦威尔能够在统治管理国家的时候稍微公正一点，带来些许秩序。事实证明确实如此。现实不可能任由议会的那些人，我的意思是说那些在议会中占有一席之地的党派们，去获得他们守不住的东西。克伦威尔的情况就是这样的：他在一个体系中进行着他的统治和管理，他很清楚这个体系不

1660—1665年间，利夫·维斯丘耶的绘画作品《1660年查理二世从荷兰返回英国复辟》

是属于国家的；他手握权力，这虽然是必要的，却也是不为人们所接受的。没有任何一个党派能够把他的统治管理当作英国最终的统治管理。保王派、长老派、共和派，甚至是军队——它看上去似乎是对克伦威尔最忠诚的一个派系——都坚定地认为克伦威尔只是一个起到过渡作用的统治者。事实上，他从来都没能够统治人们的思想；他只不过是一个在万不得已的情况下、出于暂时的需要才被选中的人。作为英国的守卫者、英国唯一的主人，为了守住权力，克伦威尔在他的一生当中，不得不使出浑身解数。没有任何一个政党能够像他一样进行统治管理，但是也没有任何一个政党愿意让他一直这样统治下去：所有的政党都在打压他。

克伦威尔去世之后，只有共和派能接手国家的统治管理权；但他们接手之后并没有做得比之前更好。这其实是一种错信，或者至少可以说是民众对共和派产生的错误的崇拜。弥尔顿在这个时候出版了一本展现了他的激情和才华的小册子《建设自由共和国的简易办法》。你们可以看到，这些人是多么盲目，他们很快就再一次陷入了之前已经遇到过的统治难题之中。经过了长时间的等待之后，英国迎来了一个重大事件的发生，事件的领导人是蒙克。英国完成了王政复辟。

斯图亚特王朝复辟在英国是一个重大的国家事件。它既表现出了基于传统和国家记忆的旧政府的优点，也有新政府才具有的优势，毕竟还没有现成的证据，人们还不知道它会犯什么错、带来什么样的影响。君主制是唯一一个在20年的统治时间里，没有因为管理无能、做得不好而受到诋毁的制度。就因为这两个原因，王朝复辟受到了大家的欢迎，只有小部分政党在激烈地反对它，民众都非常真挚地在支持它。当时，英国认为王朝复辟是合法统治的唯一的机会和方式，认为这是这个国家一直热烈期盼的。而这也正是王朝复辟所承诺的，它特别强调自己会合法地进行国家统治管理。

以查理二世为核心的第一批管理国家事务的保王派其实就是司法改革

派，其代表人物就是该党最能干的领袖——大法官克拉伦登。1660年到1667年，克拉伦登担任宰相一职，在英国举足轻重。克拉伦登和他的朋友们再一次把国王的绝对统治权摆上了台面，不过这种权力要受到法律的规定和限制，比如在税收方面国王会受到议会的压制，在私权和个体自由方面国王会受到法院的影响。但是，在国家统治管理方面，国王还是享有了几乎完整的自由和绝对的优势，他可以不考虑甚至是反对议会，特别是下议院的绝大多数意见。不过，除此之外，国王对司法还是比较尊重的，也比较关心国家利益，比较看重他自己的尊严，比较在乎道德品质。以上就是克拉伦登七年统治的特点。我认为这里面的一些基本思想，比如国王绝对的统治权以及将政府置于不受议会影响的位置，是非常陈旧且无力的。无论王朝复辟前期的反响如何，议会长达20年对抗王室的努力让这些思想都化为了灰烬。很快，在保王党内部出现了一种新的元素，那些认同当时主流思想的自由思想家，那些狡诈的、不择手段的坏人意识到，力量其实掌握在下议院手中。这些人不怎么关心司法问题或是国王的绝对统治权，他们只在乎胜利，为此，他们不会放过任何可以获得权力和影响力的机会。这些人组成了一个政党，并跟对执政政府不满的民族党派结成了联盟。克拉伦登政府被推翻了。

新的管理统治体系被建立起来；保王党中这些阴险狡诈、自由放荡的人组成了所谓的“政治阴谋政府”以及很多由此衍生出来的其他行政部门。

他们的特点如下：他们不在乎任何道德准则、任何律法法律，不讲求实事求是，也不在乎是否公正公平；他们无时无刻不在寻找获得成功的方式方法；如果成功与否取决于市镇的影响，那么他们就顺着市镇的意思来；如果成功需要忽视下议院的意见和影响，他们就对下议院视而不见，最多可能第二天道个歉。这些人可能今天腐败堕落一下，明天再溜须拍马一番；他们完全不在乎国家的整体利益、尊严和荣誉。简而言之，这是一个极其自私且不道德的政府，它不遵循任何学说教义，没有任何政治眼光；然而实际上，在

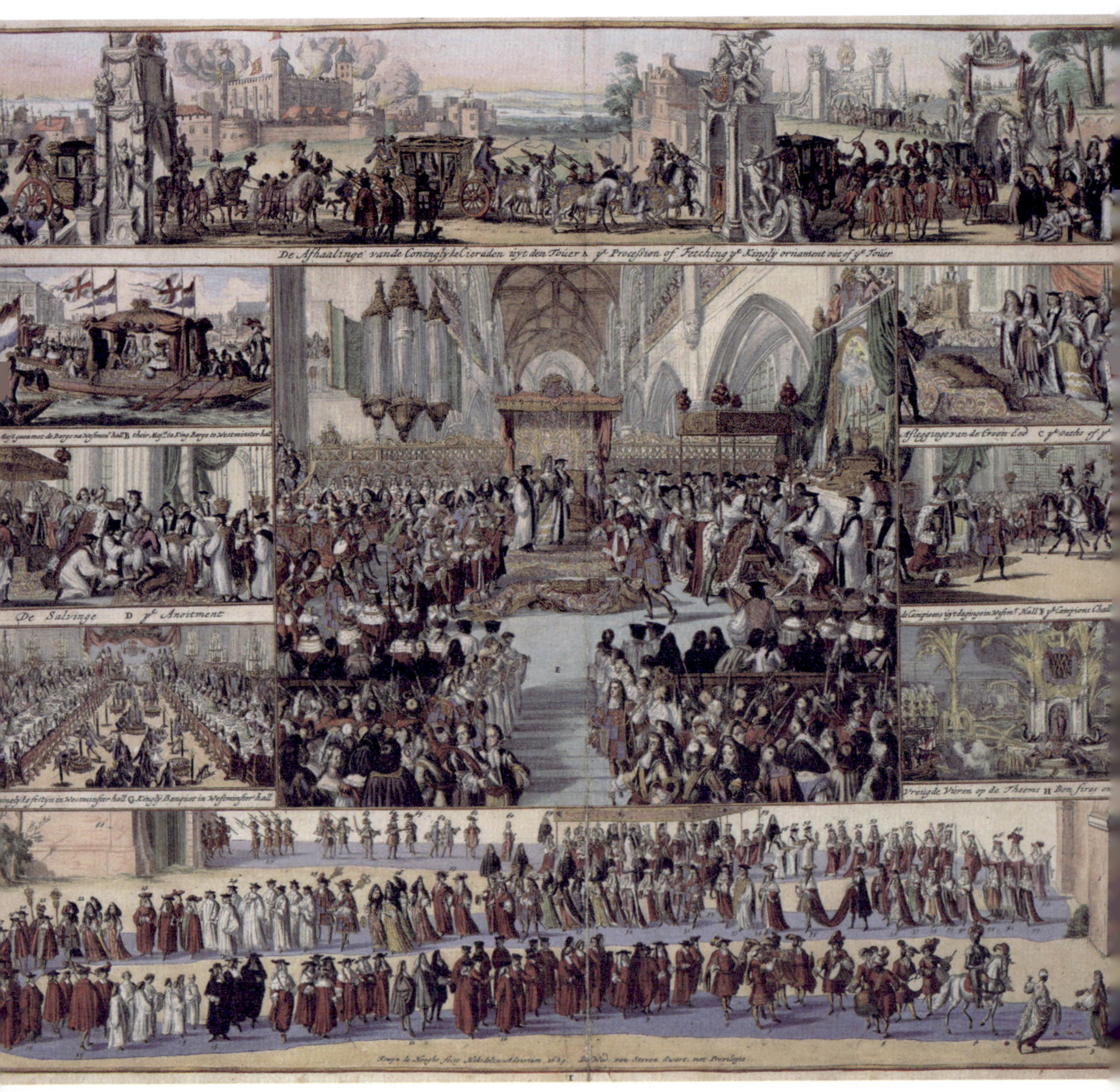

约 1690 年，罗曼·德·豪德的绘画作品《威廉三世和玛丽二世的婚礼》

具体处理事务的时候，它却也不乏智慧和开明。这就是这个政治阴谋政府、这个以丹比伯爵为核心的内阁以及1667年到1679年英国整个政府的特点。尽管它不道德，尽管它藐视了国家真正的利益和道德准则，但是跟克拉伦登的政府比起来，它却没有那么不受欢迎、遭人憎恨，这是为什么呢？因为它更符合当时的需要，它更了解群众的感受，虽然实际上它对此嗤之以鼻。它不像克拉伦登政府那么老套，那么让人感到陌生，虽然它做了更多不利于国家的事，但是国家却更能容忍它。

终于在某一刻，贪污受贿、奴颜婢膝、无视法律、弃公共荣誉于不顾达到了一定程度，迫使人们不再屈服于这个狡猾的政府并发起了全面的反抗。下议院内部组建了一个民族爱国党派。国王决心把这个党派的领袖揽入麾下。罗素伯爵和沙夫茨伯里伯爵在埃塞克斯伯爵事件中亮相了；罗素伯爵的父亲在内战的时候控制着第一批议会军队；沙夫茨伯里伯爵虽然不具备其他人的美德，但却有高于他们的政治手腕。在面对相关事件的时候，民族党无能无力：它既不能夺取国家的道德精神力量，也不能周密地顾及国王、朝廷或是其他相关人员的利益、习惯和特权。它没能让国王和人民群众看到它的机敏和活力。没过多久民族党就失败了。党派领导人的美德、他们无穷的勇气以及他们壮美的牺牲让他们得以载入史册，被抬到了很高的位置。但是，他们的政治能力跟他们的美德并不相称；他们虽然没有被权力蒙蔽双眼，却也不知道如何去使用权力；他们为了追求自己理想的政治事业而牺牲，但却没能将这项事业引向成功。

这一次的尝试也失败了。你们现在看到了，英国的王朝复辟在某种程度上跟革命是一样的，所有的党派、所有的内阁政府，司法的、腐败的、民族的，都在进行尝试，但是没有一个能获得成功。整个国家和朝廷都陷入了跟1653年英国革命快结束那时差不多的情况。它们甚至连采取的应急措施也一样：查理二世为了保住他的王国选择了重新掌握绝对权力，与克伦威尔为了保证革命的胜利所做出的选择一样。

后来詹姆斯二世继承了他哥哥的王位。除了绝对权力以外，还出现了另一个问题——宗教问题。詹姆斯二世希望天主教和专制都能获得胜利。如此一来，就跟革命刚开始的时候一样，民众在对抗政府的时候，既要反政权，又要反宗教。人们常常问，如果威廉三世没有出现并带领他的荷兰士兵结束掉詹姆斯二世和英国民众之间的争斗的话，那么历史又会变成什么样。我坚定地认为类似的事件还是会发生。那个时候整个英国，除了一小部分人以外，都与詹姆斯为敌，即使方式不同、形态不一；像1688年光荣革命那样的大事件还是会发生的。但是，这个大事件的发生不仅仅是因为英国的国内情况，它既有英国方面的因素，也有欧洲方面的因素。正因为如此，英国革命除了带来它的影响以外，还跟整个欧洲文明进程产生了联结。

就在英国发生“光荣革命”的这段时间，欧洲也开始了同样性质的争斗，绝对权力与宗教和世俗自由的对抗。虽然主角不同、形式不同、战地不同，但是在本质上，它和英国的“光荣革命”是一样的，爆发的原因也是一样的。路易十四想要称霸世界，或者至少可以说他让人产生了这样的担忧；实际上，欧洲对此确实很担忧，所以才有了由各个政治团体组成的反抗同盟，其领导人就是欧洲宗教和世俗自由党派的首领，威廉三世——奥兰治亲王。在威廉的带领下，信仰新教的荷兰共和国开始与路易十四引领并代表的君主专制进行对抗。从表面上看，这似乎事关各国的内部独立问题，跟各国的宗教和世俗自由没有什么关系。路易十四和他的对手们也都不认为他们之间所争论的东西跟在英国的一样。欧洲的这种争斗不是在党派之间进行，而是在国家之间进行；它以战争和外交的形式出现，而不是以政治运动和革命的形式出现。但是在本质上，它和英国革命是同一回事儿。

当詹姆斯二世在英国再一次发动绝对权力和自由之间的争斗时，恰好在欧洲，路易十四和奥兰治亲王作为两大体制的代表相互之间也在进行争斗，影响范围从斯海尔德河一直到泰晤士河。对抗路易十四的联盟实在是太强大了，所以我们看到有很多君王，即使他们不在乎宗教和世俗自由，也都或是公开、或是秘密地加入了这个联盟。德国皇帝和教皇英诺森十一世都支持威廉三世。与其说威廉三世去到英国是为了英国本国的利益好，不如说他是为了吸引整个英国参与到这场对抗路易十四的战争中来。他把这个新兴的王国视为自己需要从敌人那里挖掘过来的新生力量。在查理二世和詹姆斯二世统治期间，英国是属于路易十四的；路易十四控制着英国并不断地让英国跟荷兰作战。威廉三世出现以后，相当于把英国从路易十四的君主专制派中剥离了出来，让它成为宗教自由派最强大的工具和支撑。这就是1688年英国革命的欧洲元素；也正是因为这样，除了对18世纪的精神思想产生了影响以外，英国还在欧洲一系列的重大事件当中占领了一席之地。

正如我在本讲的开头所说，英国这次革命真正的意义和主要特点在于它尝试废除世俗世界和精神世界的绝对权力。这一点贯穿了革命的各个阶段，第一阶段一直到王朝复辟，第二阶段一直到1688年革命的爆发。我们在研究这次革命的时候，要观察它在内部的发展，也要观察它与整个欧洲之间的关系。

接下来我们要研究的是欧洲大陆上最重要的一个事件，君主专制和信仰自由之间的对抗。我们至少要讲到其中的缘由和采用的方式方法。这是我们下一讲，也是最后一讲的内容。

第十四讲　法国在欧洲文明进程中的角色

DIFFÉRENCE ET RESSEMBLANCE ENTRE LA MARCHE DE LA CIVILISATION DE L'ANGLETERRE ET CELLE DU CONTINENT

英国文明进程与欧洲大陆文明进程的异同—17和18世纪法国在欧洲的全盛—17世纪法国政府在欧洲的全盛—18世纪法国国家在欧洲的全盛—路易十六的内阁—他参与的战争—他主导的外交—他的统治管理—他的法律法规—他快速没落的原因—18世纪的法国—哲学革命的主要特点—课程总结。

在上一讲中，我试着总结了英国革命真正的特点以及它的政治意义。我们发现它是16世纪欧洲文明最终导向的两大元素——君主专制和信仰自由——所带来的第一个震动。这两大元素第一次出现在了英国。有的人认为欧洲大陆和英国的社会状态完全不同，将命运如此相异的国家进行比较是不可能的事；还有人声称英国人民经历了某种精神思想上的孤立发展，就像他们完成了物质上的孤立发展一样。

的确，欧洲大陆各国的文明和英国的文明之间存在着很大的不同，认清这一点很重要。大家在听这门课的过程中应该也有所察觉。但是，不同的思想和社会元素在英国的发展跟在欧洲大陆的基本上同步，甚至英国的脚步会比欧洲大陆的还快一些。我之前在跟大家讲过欧洲文明相对于古代文明和亚洲文明的特点，提到过欧洲大陆文明在初始阶段时是非常多样、丰富和复杂的；当时没有任何一种元素能够拥有绝对的优势，所有不同的社会元素融合混杂在一起，相互争斗和变换，不断地需要做出妥协以便大家能够共存。这是欧洲大陆文明的整体特征，但它也尤其是英国文明的特征：在英国，这个特点被更多地保留了下来，比欧洲大陆的更明显；在英国，世俗世界、宗教世界、贵族阶级、民主思想、王权、地方和中央组织机构、政治和精神的发展不分先后，一同获得了巨大的发展，或者至少可以说它们之间间隔的时间并不长。比如在都铎王朝统治时期，君主专制的发展格外惹眼，但同时我们也能看到民主思想和民众力量在不断地得到加强；17世纪爆发的革命既带有宗教性，又带有政治性，虽然封建贵族阶级被极大地削弱，出现了衰败的态势，但它仍然占有一席之地，继续扮演着重要的角色并产生相应的影响。整个英国历史都是这样的，从来没有任何一种旧的元素会完全消亡，也从来没有任何一种新的元素可以获得全胜；没有任何一种元素可以占据绝对的统领地位。不同的元素和力量同步发展，不断地改变着自己的意图和利益。

相对而言，欧洲大陆的文明发展就没有那么复杂和完整了，它的各个社会元素，宗教世界、世俗世界、君主制度、贵族阶级和民主思想不是同步，而是相继发展起来的。在某种程度上，每一个元素、每一个体制都有它自己的发展次序。比如，在某一个时期里，我也不能说唯独只有封建贵族阶级得到了发展，但它的发展的确在当时占据了主导地位。对于君主制度和民主思想来说也是同样的道理。把中世纪的法国和中世纪的英国做个对比，也就是把欧洲历史上的11、12和13世纪跟英国历史上相应的年代进行比较，你们会发现，在这个时期，法国的封建君主专制基本成形并占据了绝对的主导地位，而王权和民主思想基本上没有什么地位；在英国，封建贵族体制占据了主导地位，但同时王权和民主思想也在制约着它，不让它继续变得强大和重要。在路易十四的统治下，王权在法国获得了胜利；在伊丽莎白的统治下，王权在英国获得了胜利，不过在英国，王权必须注意保持分寸，必须接受来自贵族阶级或是民主思想带来的限制！在英国，每一个体制、每一个思想都有属于它们自己的高光时刻，但不会像在欧洲大陆上那样绝对：胜利者永远都得去容忍对手的存在并认可它们的重要性。

历史上，欧洲大陆和英国的一些优势和劣势也跟它们文明进程中的这一不同之处有关。比如，社会各个元素的同步发展极大地促成了英国比其他欧洲国家率先达到整个社会的共同目标——建立一个稳定且自由的政府。这样的一个政府要能够照顾并协调好所有的利益和力量，让它们能够共同生存和发展。然而，由于多方面的原因，英国社会各个元素之间的关系以及它们所处的情况就是这样的，所以要广泛地建成这样一个稍微稳定一点的政府对于它来说并不是那么困难。同样，自由的精髓就是所有的利益、所有的权利、所有的力量和所有的社会元素能够同时作用、同时表达。所以，跟大部分国家相比，英国可谓是近水楼台先得月。还是因为同样的原因，良好的国家观念和处理政治事务的聪明才智在英国得到了更快的发展。良好的国家观念旨在照顾到所有的社会元素，欣赏并认可它们；而英国的社会状态要求它必须这么做。这是英国文明自然导向的结果。

但是在欧洲大陆，每一种体制和思想都有自己的次序，都能够享有一段更加完整和独有的发展期，都能在更广的范围获得更伟大、更耀眼的发展。比如，王权和封建贵族制度在欧洲大陆的发展就更为大胆、广泛和自由。可以说，欧洲大陆在政治上的所有尝试面都更广，完成度也更高。因此，政治思想，我说的是一般性思想而不是具体处理事务时的那种常识，在欧洲大陆的地位更高，表现出更多的理性。每一种体制在某种程度上都是单独呈现的，能在舞台上停留很长的时间，因此我们可以从整体上对它进行观察，可以追溯到它的初始元素和最终的发展形态，充分厘清其中的原理。相反，任何仔细观察过英国智慧的人都会被以下两种现象震惊：首先是它对于常识和实践能力的信任；其次是一般性思想的缺席，在理论问题上缺乏思想高度。无论我们是翻看英国的历史、法律还是其他文献，都很少能够从中找到事实发生的主要原因和根本道理。在任何方面，特别是在政治科学这一块儿，纯学说、哲学以及严格意义上的科学在欧洲大陆的发展要比在英国更加繁荣，至少它们在欧洲大陆绽放出来的光彩要比在英国更加耀眼夺目。因此，我们不得不认为导致这样的结果很大部分原因是欧洲文明和英国文明发展历程的不同。

无论人们如何看待这种差别所带来的优势或劣势，这种差异都是真实存在的，是它让英国变得与欧洲大陆有所不同。不过，单凭各种思想和社会元素在英国同步发展，在欧洲大陆相继发展这一点无法推断出它们本质上的目标和道路不一样。从整体上看，欧洲大陆和英国都经历了同样的文明发展的重要阶段，在两地发生的各个重大事件都遵循了同样的发展历程，同样的原因也都导向了同样的结果。这一切，你们应该可以从我跟你们描绘的那幅截至16世纪的文明画卷中看到，或者你们也可以通过学习17和18世纪的文明史去了解。信仰自由和君主专制制度在英国几乎是同步发展起来的；在欧洲大陆，虽然两者都得到了发展，但是它们相互之间还是隔了一段时间。这两个元素接连大放异彩之后，便开始大打出手。英国和欧洲大陆社会的发展进程从整体上看是一样的，虽然它们之间有差异，但是它们的相似之处更多。让我们来快速地看一下近代文明史。这可以帮助你们消除这方面的疑虑。

当我们回看17、18世纪的欧洲历史时，一定能够发现引领了欧洲文明史的国家是法国。我在开始讲授这门课的时候也强调了这一点，也试着跟大家解释了其中的原因。在这一讲中，这一事实会格外明显。

在路易十四发展起君主专制制度和绝对统治权之前，它们曾经在查理五世和腓力二世的统治下成为西班牙的主流。同样，在18世纪法国发展信仰自由的思想之前，它曾经在17世纪的英国盛行。但是，无论是率先在西班牙发展起来的君主专制制度，还是率先在英国发展起来的信仰自由，都没能将它们的影响延伸到整个欧洲。从某种程度上来说，这两种思想和体制被限定在了它们各自爆发的那个国家。想要扩大它们的征服，就必须先经过法国；想要让它们打入欧洲，就必须先打入法国。法国文明的这种传播力以及在各个时代法国所展现出来的这种合群的天赋，在这一刻体现得更加淋漓尽致。关于这一点我就不再赘述了，你们在观察18世纪法国文学和哲学的影响时，应

1715 年，克劳德 – 盖 · 哈雷的绘画作品《路易十四在镜厅接受热那亚总督的赔偿》

该已经找到了充分的理由。你们知道法国哲学在自由这方面获得了比英国更多的权威；你们也知道法国文明是如何变得比其他国家的文明更活跃、更具有感染力的。所以对于这个问题，我就不再在细节上多做停留了，我重点说一下法国和近代欧洲文明史之间的关系。当然，如果要细说历史的话，我们需要考虑到在这个年代，法国文明跟欧洲其他国家的文明是有不同之处的。但是，因为篇幅所限，我不得不先忽视掉某些元素。我更希望能把大家的注意力集中到法国文明的进程上来；虽然它不能呈现出欧洲文明的完整景象，但是它可以让我们看到欧洲主要事物的发展历程。

法国对欧洲的影响体现在17、18世纪的各个方面。首先是法国的统治管理机构影响了欧洲，走在了整个文明发展的最前面；其次是法国社会、法国自身的领先和影响。我们看到刚开始是路易十四和他的朝廷，之后是法国以及它的观念占据了人们的思想，吸引了人们的注意。的确，17世纪时，冲在最前面的似乎是一些其他的民族，他们比法兰西民族更加积极地参与到了重大事件当中。我们看到，德意志人民参加了三十年战争，英国人民发动了英国革命。在这个时期当中，各个民族都在为了自己的命运而奋斗，跟同时期的法兰西民族相比，他们扮演了更加重要的角色。同样，18世纪时，出现了更强大、更受人尊重、更让人畏惧的政府组织机构。在欧洲，腓特烈二世、叶卡捷琳娜二世和玛丽亚·特蕾莎[①]都比路易十五更活跃也更重要。尽管如此，在这两个世纪当中，法国依然走在了欧洲文明的最前端，先是通过它的

① 腓特烈二世：霍亨索伦王朝的第三位普鲁士国王，后世尊称其为腓特烈大帝。他是欧洲开明专制和启蒙运动的代表人物之一。

叶卡捷琳娜二世：俄罗斯罗曼诺夫王朝第十二位沙皇，俄罗斯帝国第八位皇帝，也是俄罗斯历史上唯一一位被冠以“大帝”之名的女皇。

玛丽亚·特蕾莎：最后一位神圣罗马帝国皇后以及第一位奥地利皇后，凭借尊贵的血统得到了奥地利、匈牙利、波希米亚三顶王冠，并使她的丈夫和儿子获得了神圣罗马帝国王冠，让古老的哈布斯堡王朝得以重现并焕发活力，奠定了奥地利大公国成为近代国家奥地利帝国的基础。

统治管理机构，然后是通过它本身；有时候是因为国王的政治行动，有时候则是因为它的文明发展。

为了更好地理解法国和欧洲文明进程中的主要影响，我们需要去研究17世纪的法国政府和18世纪的法国社会。随着时间和人物的改变，我们研究的领域和场景也要有所改变。

当我们在研究路易十四的内阁的时候，当我们尝试着去分析它强大的原因以及它对欧洲的影响的时候，除了它当时的辉煌、它的征服、它的宏伟以及它在文学上的荣耀以外，我认为我们更应该去关注外部因素，因为法国内阁在欧洲拥有的优势是由外部因素所决定的。

我认为，这种优势有其更深层的基础和更严肃的原因。不要以为仅仅凭借着战争的胜利、热闹的节日和杰出的伟大作品就能让路易十四和他的政府在那个时代扮演那个无人敢置疑的角色。

你们当中应该有很多人还记得，你们应该也都听说过29年前三执政官政府[①]对法国产生的影响。在外，有步步紧逼的外国入侵势力以及军队的节节败退；在内，是统治权力和民众的彻底瓦解，没有收益、没有公共秩序。这是一个被打败、被羞辱、失去了秩序的社会，这也是三执政官政府接手统治时法国所处的情况。没有人不记得这个政府当时惊人且讨喜的做法，因为它的积极活动，法国用很短的时间保住了国家独立，恢复了国家荣誉，重建了行政管理机构，修改了法律，简单来说就是，它让社会在权力机构的统治和管理下得以重生。

路易十四的内阁在刚开始的时候，也为法国做出了类似的贡献。虽然时间、方法和形式不同，但是他所追求的以及他最终达成的结果跟三执政官政

① 三执政官政府：1799年到1804年间，在雾月政变以后，由拿破仑·波拿巴、埃马纽埃尔－约瑟夫·西哀士和罗歇·迪科三人组成的临时执政府，拿破仑称帝以后，它便解散了。

府是一样的。

你们应该也还记得在黎塞留枢机主教之后，在路易十四未成年时，法国沦落成了什么模样：西班牙军队长期蹲守在边境，甚至有时候会进入到法国的领土内部；持续地被侵犯威胁；内部的分歧达到了巅峰——内战；孱弱的、在内和在外都不受待见的政府。在欧洲，没有哪个政府能比马扎然[①]政府更惨、更无能、更让人瞧不起的了。换句话说，整个社会可能处于一种不那么暴力的状态，但它变得跟雾月政变之前差不多了。路易十四的内阁把法国从这种状态中抽离了出来。在路易十四的带领下，法国获得了胜利，其意义就跟法国在马伦哥战役上获胜一样：不仅保证了法国领土上的完整，还让法国重新找回了国家尊严。我将从主要的几个方面——战争、对外关系、统治管理和立法，对路易十四的内阁进行观察。我很少做历史类的对比，我也并没有想要让大家觉得我的这个对比有多么重要，但是，我相信你们会看到，我做这样的对比不是没有道理的，是有实质性内容的。

首先让我们来看看路易十四发动的战争。我之前多次提到过，最初，欧洲的战争意味着民族的迁移。出于需求、心血来潮或是其他原因，整个民族，有时候是其中的大多数，有时候只是其中的部分部落，从一片土地转移到了另一片土地上。一直到13世纪末宗教战争结束之前，欧洲战争呈现的主要特点都是这样的。

近代战争则不同：它们的战场常常在很远的地方，发动者不再是民众，而是政府。各个政府带领着它们的军队到远方的国度去寻觅奇遇。士兵们背井离乡，一些人去到了德国，另一些人去到了意大利，还有一些人则去到了非洲，只为了满足他们个人的突发奇想。整个15世纪，甚至部分16世纪的战争都是这样的。是什么促使法国允许查理八世去占领那不勒斯王国？很明

① 马扎然：法国的政治家、外交家，黎塞留去世之后，他来到巴黎并接替了其枢机主教的位置。

显，这场战争并非出于政治上的考量，只不过法国国王认为自己有权掌管那不勒斯王国罢了。出于他的个人目的，为了满足他的个人愿望，他便向远方的这个国家发动了征服战争。这场战争不仅对扩大法兰西王国的领土没有什么帮助，反而还削弱了它的对外力量，扰乱了国内的安宁。查理五世远征非洲也是一样的。最后一次这种性质的战争是查理七世对俄罗斯发动的战争。反观路易十四发动的战争，它们完全不具备这种特点，它们是由一个固定的中央政府发动的战争，目的在于征服它周边的国家，扩大或是巩固它的领土，换句话说，它们属于出于政治考量的战争。这些战争可能是正义的，也可能是非正义的，也许让法国付出了惨痛的代价。虽然我们有1000种理由去质疑战争的道德性和战争泛滥的问题，但的确，这些战争要比之前的战争理性得多，不再是出于心血来潮或是追求刺激，而是由更严肃的动机所决定的，比如想要把边境拓宽到哪个区域，想要征服哪些跟自己说同一种语言的民众，或者是要采取多大程度上的防卫措施以应对强大的邻国。当然，其中也会掺杂个人追求，但是仔细看一下路易十四发动的战争，特别是他在统治初期发动的战争，你们会发现它们的确是出于一些政治上的考虑，是为了法兰西的利益，为了法兰西国家的安全和强大。

战争最终的结果也更加证实了这一点。从很多方面来看，今天的法国都是靠路易十四打拼出来的。那些被他征服的行省，弗朗什-孔泰、弗兰德、阿尔萨斯，直到现在都还归属于法国。有些征服是明智的，有些则不是：路易十四发动的征服战争是明智的，是符合政治需求的，是正义的、理性的，不像之前的战争那么不理智和随性妄为。

如果从路易十四发动的战争转到在他的统治下法国的对外关系，也就是他的外交政策，情况也是一样的。我之前强调过，在15世纪末，外交就在欧洲诞生了。我跟大家讲过，国家之间和政府之间如何从偶然的、平淡的、短暂的关系过渡到了固定的、长期的关系；这种关系如何成为公共利益；简单来说，就是在15世纪末16世纪初的时候，外交是如何影响各个重大事件的。但是说实在的，一直到17世纪外交都还没能成体系，它不能促成长期的联盟和联合，特别是那种建立在固定的原则、长久的目标以及坚持到底的精神之上的长期联合。在宗教革命的时候，各国的对外关系基本上都受到宗教利益的影响。新教同盟和天主教同盟共同掌控着欧洲。到了17世纪，随着《威斯特伐利亚和约》的出现和路易十四内阁的影响，外交改变了它原有的特点。一方面，它不再独受宗教原则的影响，政治联盟和联合的缔结会有其他方面的考量。同时，它变得更加系统、更有规律，总会带有某个确定的目标并遵循一定的原则。就是在这个时期，欧洲有了平衡体系；就是在路易十四的统治之下，这个体系以及跟这个体系相关的所有考量成为欧洲政治的中心。当我们去寻找路易十四政策中的主要思想和主要原则时，我们会发现以下几点。

我之前跟大家讲过，路易十四想要普及君主制度，他主张的君主专制制度和奥兰治亲王主张的宗教自由、世俗自由以及国家独立发生了冲突。你们也看到，这个时期，在欧洲，所有的权力都分属于这两股势力。但是，还有一点是我们之前没有讲到的，它很隐蔽，甚至常常被忽略，我们今天就来讲一讲。君主专制制度被镇压，世俗和宗教自由被认可，这是荷兰及其盟友与路易十四对战的结果。但是，绝对权力和自由之间的问题并不止于这样的表面。人们常说扩张绝对权力是路易十四外交的主要原则，但我不这么认为。这个原则只在他执政的晚期，在他年老的时候扮演了重要的角色。路易十四打过西班牙、德国和英国，但他的目标一直都是让法国变强大，让法国在欧洲占领优势以及打压敌对势力；简单来说，国家政治利益和国家实力才是他一直奋斗的目标，他积极投身于绝对权力的扩张绝非完全出于对权力、对扩大法国领土和他的统治范围的向往。有很多证据都可以证明这一点，以下的证据来源于路易十四本人。在他1666年撰写的《回忆录》中，我们找到了他关于这个话题的随记：

今晨，我与来自英国的一位绅士，西德尼先生进行了交谈。他告诉我，让共和党在英国重新恢复活力是有可能的，并要求我支付他40万里弗尔[①]。我告诉他我只能给他20万。他让我把另一位英国绅士德·拉德洛先生从瑞士叫过来并与之对此进行商议。

我们的确也在德·拉德洛的回忆录中，在差不多的时间段里，找到了下述的段落：

我收到了来自法国宫廷的邀请，他们要求我去巴黎商议关于英国的相关事宜。但我不太信任他们。

而德·拉德洛也确实留在了瑞士。

这个时候，削弱王室在英国的力量是路易十四的目的。他制造了很多内部分歧并力图让共和党派在英国复苏，以期阻止查理二世在英国国内变得更强大。在对英的外交政策上也是一样的。每一次当查理二世的威望看上去有所抬升的时候，英国的民族党派就会被压制，法国外交官在这一刻发挥了他们的影响，他们通过付钱给英国反对党派的首领来打压英国国王的绝对权力，以此削弱法国的敌对势力。你们只要仔细地去观察路易十四在对外关系这方面的行动，就会发现这个令人惊讶的事实。

① 里弗尔：法国的古代货币单位名称之一，又译作“锂”“法镑”“利弗尔”。里弗尔最初作为货币的重量单位，相当于一磅白银。需要注意的是，同中国的纹银一样，里弗尔（磅）只是货币的计量单位，在实际流通中，并没有与其等值的贵金属货币。在古代英国，价值相当于一磅白银的金币叫作索维林。在古代法国，价值相当于一磅白银的金币叫作法郎。

1706 年 5 月 23 日，法国和英国之间的拉米伊战役

这个时期，法国的外交能力很强、反应很灵敏。德·陶西、德·阿沃和德·邦罗波斯在知识分子当中声名远扬。如果我们把路易十四手下的公函、回忆录和才干与西班牙、葡萄牙、德国外交官的进行比较的话，就会发现法国的大臣们是做得最好的，他们不仅更认真、更务实，而且拥有更自由的思想。虽然他们是专制国王身边的大臣，但是在对待国外事务和政治团体这方面，他们能比当时大部分英国本土的人更好地评判对于自由的需求和民众革命。除了荷兰以外，17世纪在欧洲还没有哪个国家的外交能与法国的外交相提并论。约翰·德·维特、奥兰治的威廉①以及宗教和世俗自由党派杰出领导人的部下们似乎是唯一可以与路易十四的手下进行对抗的人。

大家都看到了吧，不管我们观察的是路易十四发动的战争还是他的外交关系，最后我们得到的结果都是一样的。想要像路易十四的政府那样去发动战争和进行交涉，需要让自己变得坚实可靠，不仅要展现出让人害怕的一面，也要机敏能干，让人肃然起敬。

现在让我们把视线转移到法国内部，来观察一下路易十四的行政管理和立法情况。通过观察，我们会进一步了解路易十四政府之所以获得力量、绽放光芒的原因。

想要具体地解释一个国家的政府可没那么容易。尽管如此，从最宽泛的角度来看，行政管理是尽可能最快、最稳当地向社会各个层级传达中央权力的意愿并为中央权力带去社会力量——财力或人力——的所有方式方法的集合。如果我没有弄错的话，这就是行政管理的主要特点和真正目的。因此我们看到，在社会需要创建统一和秩序的时候，行政管理是达成这个目标，拉近并巩固各个不和谐、分散的元素，让它们团结在一起的重要方法。路易

① 约翰·德·维特是荷兰的政治家，也是17世纪荷兰最重要的政治人物之一，当时正值荷兰发展的黄金时代，尼德兰七省共和国（也译作“荷兰共和国”）得益于繁盛的海上贸易和全球化，成为欧洲最为强大的国家之一。奥兰治的威廉指的是威廉三世，他是英格兰国王，同时也是尼德兰执政。

十四的行政管理就做到了这一点。在他之前，无论是在法国还是在其他欧洲国家，想要让中央权力渗入到社会各个层级、把社会力量集中到中央权力机构当中是非常困难的。但路易十四一直致力于此，并在某种程度上获得了前几任政府无法比拟的成功。细节我就不讲了，各种公共事业，税收、道路、工业、军队管理等分属于行政管理下的部署和安排一律都或是起源于路易十四的统治时期，又或是在这段时期得到了发展和完善。那个时代最伟大的人物，柯尔贝尔和卢福瓦侯爵[①]就是以行政官员的身份恪尽职守、大展身手的。法国政府因此获得了一种广泛性和一种稳定性，这是其他欧洲政府所没有的。

立法方面也是一样的。我再说回开头时我做的那个对比，说回执政府的立法行动，说回它了不起的修订工作以及它对法律法规的整体改造。其实路易十四也做了类似的工作。他颁布了重要的法令，包括刑事法令、诉讼法令、贸易法令以及海洋、水和森林相关法令。这些法令的颁布过程跟我们今天颁布法典的过程一样，需要在最高行政法院内部进行讨论，有些是在德·拉穆瓦尼翁[②]的主持下完成的。有些人把参与到这项工作的讨论之中当作一种荣耀，比如皮索尔[③]先生。当然，如果只看立法本身，我们对路易十四的立法工作还是有颇多指责的，它的危害甚至一直持续到了今天，这一点没有人会反对；它并没有以真正的公平和自由为核心，而是更多地考虑到了公共秩序，想要赋予法律更多的规律性和稳定性。尽管如此，在当时这已经是一个很大的进步了，路易十四的法令跟过去相比有了很大的改善，为法

① 柯尔贝尔：法国政治家、国务活动家。他长期担任财政大臣和海军国务大臣，是路易十四时代法国最著名的伟大人物之一。

卢福瓦侯爵：弗朗索瓦－米歇尔·泰利耶，法国政治家，担任陆军国务大臣，是路易十四时代法国最著名的伟大人物之一。

② 德·拉穆瓦尼翁：法国政治家、大臣，出身于巴黎著名的法学世家，是法袍贵族的一员。

③ 亨利·皮索尔：路易十四的大臣，与让－巴普蒂斯特·柯尔贝尔是亲戚关系。

国社会迈向文明做出了巨大的贡献，这一点毋庸置疑。

通过从以上这几个方面对路易十四的政府进行了观察之后，我们很快就能发现它的力量和影响力从何而来。它是欧洲第一个以一种对自己很有把握的形象示人的统治权力；在国家内部，它不用跟对手抢占生存之位，它和它的民众在它的领土上过着安宁的日子，只用操心如何统治管理的事情。而在它之前，所有欧洲国家的政府都在不断地投身于战争活动当中，并因此失去了安全的环境和空闲的时间；不然就是被各个政治党派和内部的敌人纠缠着，不得不一直把自己的时间花费在各种相互争斗上。路易十四的政府似乎是第一个只专注于自己内部事务的政府，它让人觉得它是最终的，同时也是在不断进步的统治权力；它不担心变革，因为它相信未来。的确，如此创新的政府是很少见的。我们把它与另一个同样性质的政府——西班牙腓力二世的君主专制政府做个比较：西班牙的政府要比路易十四的更专制，但它不如后者稳定、安宁。腓力二世是如何在西班牙建立起绝对权力的呢？他压制国家的所有活动，拒绝一切改变，将西班牙置于完全停滞的状态。相反，路易十四的政府在面对各种发明创造时表现得很积极，它支持文学、艺术和财富的发展，支持文明的进步。这才是它在欧洲一枝独秀的真正原因。整个17世纪法国在欧洲都保持了这种领先优势，而且不只是在统治管理的方式方法上，就连它的君王和民众都要比其他国家的更胜一筹。

看到以上的描述，我们不禁自问，一个如此闪耀、如此成熟的政府怎么那么快就衰败了？不久前它还在欧洲扮演了如此重要的角色，怎么到了下一个世纪就变得如此不可靠、如此脆弱、如此不受人尊重了？毫无疑问，法国政府在17世纪的时候走在了欧洲文明的最前面；但是到了18世纪以后，它就消失了。在这之后，是脱离甚至是反对法国政府的法国社会引领了欧洲文明的进步。

在这里，我们说一下绝对权力难以纠正的毛病以及它不可避免会带来的影响。我不细说路易十四政府的过错，虽然它的确犯下过大错；我也不谈西班牙的继承战争，不谈南特赦令，不谈巨额的支出，也不谈那些消耗了它自身财富的致命的措施。我承认在前文中我所提到过的路易十四政府的丰功伟绩，也承认也许从来没有哪个专制政府能像它那样真正地为本国和欧洲的文明做出贡献，被民众和时代认可。但是，这个政府仅仅以绝对权力作为原则，没有其他任何基础，所以它快速的衰败也在情理之中。路易十四的政府主要缺乏的是一些制度体系，一些独立的、靠自己生存、有能力自发采取行动和进行对抗的政治力量。之前的那些制度体系，如果我们可以这么称呼它们的话，都已经不复存在了，因为路易十四把它们都摧毁了。这些规定应该让他很头疼，他不想被它们束缚，所以他特地把它们都换成了新的。这个时期最引人注目的就是中央权力的行动和中央权力的意愿。路易十四的政府是伟大的、强大的、杰出的，但是它没有根。自由的制度体系不仅仅是政府的智慧，也是它长治久安的保障。没有哪个体制能够在没有规章制度的条件下长存。专制权力之所以能够持续，就是因为它有制度体系：或是把社会和民众进行严格划分的等级制度，或是宗教制度。在路易十四统治期间，无论是自由还是权力，都缺乏规章制度的约束。那个时候，法国没有任何事物可以保护它的国家不受政府非法行动的影响，可以保护政府本身不受时代的影响。于是，我们看到法国政府最终走向了衰败。这不仅仅是因为路易十四老了，因为他在统治后期变得羸弱了，而且是因为整个专制权力都老了，都衰弱了。1712年的时候，无论是君王还是君主专制，都尽显疲态。更何况路易十四除了废除了政治规章制度以外，还淘汰了过去的政治风俗习惯。所有的政治风俗习惯都变成了独立性质的。能够感受到自身强大的人既可以服务于统治权力，也可以去打击统治权力。骄傲和自豪来源于权利得到保障，而活力却随着独立的到来而消失殆尽。

以上就是路易十四结束统治之后，法国及其统治权力所处的境况：一方面，社会财富、社会力量以及文化活动得到了极大的发展；另一方面，统治政府整体停滞不前，没有自我革新、让自己能够适应人民发展的方式方法。在经历了半个世纪的辉煌以后，它注定走向故步自封和衰败，就像它的创建者一样，从生机勃勃走向衰弱，甚至是解体。这就是17世纪末时的法国，它影响了法国在下一个世纪中的发展方向和特点。

毫无疑问，人类思想的迸发和信仰自由是18世纪最主要的特征和事实。对于这一点，我在这门课中曾多次提到，我也概括过这一时代的特点。因为时间有限，我不细讲这一伟大的精神革命所经历的各个阶段，但是有几点是大家很容易忽视的，在这里我要特别提出来。

第一点，我其实刚才也提到过，它也是最先让我感到惊讶的一点，那就是在18世纪时，政府基本上淡出了人们的视野，人类的精神思想成为主要的，甚至是唯一的行动者。除了对外关系依然由舒瓦瑟尔公爵领导的外交部来管理，还有其他类似的事务以外，比如在争夺美洲土地的战争中做出让步，可以说没有哪个政府能像这个时候的法国政府一样，如此毫无作为、无动于衷、死气沉沉。路易十四的政府曾经是那么积极主动和野心勃勃，无论在哪里、做什么都是冲到了第一个，而取代它的，却是一个自觉软弱和害怕被牵连，极力在躲闪和逃避的政府。如此一来，伟大的抱负和行动只能交给国家来完成了。国家通过舆论和精神文化活动参与了各项事务，成为唯一的精神思想上的权威、真正的权威。

第二个让我对18世纪人类精神思想状态感到惊讶的特点是信仰自由的普遍性。在这之前，特别是在16世纪，信仰自由的实施范围是有限的、特殊的；信仰自由涉及的是宗教问题，有时候也会同时涉及宗教和政治问题，但不会延伸到所有领域。但是，到了18世纪以后，信仰自由就变得很普遍了，宗教、政治、纯哲学、人和社会、精神和物质的本质，一切都变成了研究和怀疑的对象，变成了体系中的一部分。过去的科学被推翻，新的科学被建立。这场运动在各个领域都曾发力，虽然它的驱动力只有唯一的那一个。

这场运动还有一个特点，而这个特点可能是世界历史上独一无二的，那就是它完全是一种投机行为。对于在这之前的所有重要的人类革命而言，革命行动很快就会跟投机混合在一起。因此，16世纪时，宗教革命刚开始只是一些思想和纯精神上的讨论，不过它很快就导向了重大事件的发生；思想流派的领袖很快就成为政治党派的领导人：精神思想上的工程跟平日生活里的现实混合在了一起。16世纪的英国革命也是这样。18世纪，在法国，你们会看到人类的精神思想作用于各种事物，介入到各种跟生活利益切实相关的问题中来，对事物的发展有着直接的、深刻的影响。然而，挑起和参与争论的人都不采取切实的实际行动，都只是一些在一旁观战的投机者，只知道评头论足，从来没有真正地参与到事件当中来。还不曾有哪个时代像18世纪这样，精神思想和外部行动分离得如此厉害。直到18世纪，精神世界和世俗世界才真正地在欧洲实现了分离。也许这是精神世界第一次脱离世俗世界独立发展。而这个事实也对事物的发展产生了极大的影响：因为它，这个时期的思想虽然看上去充满了抱负，但却缺乏经验；哲学从来没有像现在这样，一方面想要改变世界，另一方面却对这个世界一无所知。终有一天还是需要回归到现实中来，需要让精神思想活动参与到外部事件当中来。但是，因为精神思想和外部事件已经完全分离了，所以想要让它们再次相会其实是很困难的，而且它们之间还会发生更加激烈的碰撞。

当时人类精神思想发展的另一个特点，它极致的大胆，也让人感到惊讶。在这之前，人类精神思想的活动都是限定在一定的范围里面的；人类身处事件中心，有些东西会让他们顾虑良多，从而在某种程度上限制了他们的思想活动。18世纪时，老实说，我很难指出有哪些外部事件能够影响人类精神思想的发展，能够让后者为之让步。整个社会处于一种愤恨和不懈的状态，因此，人类的精神思想认为它有责任去改变所有的事情。人类的理性认为它自己是创造者：规章制度、观念思想、社会和人本身，所有的一切都需要它来改变。这么大胆的想法应该是头一回出现吧？

以上就是路易十四结束统治之后，法国统治权力在18世纪时需要面对的情况。这两种力量相互之间是不平等的，它们之间也不可能不起冲突。英国革命中的一个主要事实，反对信仰自由和君主专制，在法国也爆发了。当然，两者之间还是有很大差别的，而这些差别也会一直延续并反映到最终的结果上。但是，从本质上来说，它们的整体情况是一样的，事件最终的发展方向也是一样的。

我没有打算继续我的推论。我们已经接近课程的尾声了，我需要就此打住。

在结束之前，我只想让大家注意一个在我看来最重要、最有教益的事情，那就是绝对权力的危害、缺点和毛病，无论它以哪种方式呈现，无论它如何改名换姓或是改变它自己的目标，它都有无法克服的缺陷。正如你们所见，路易十四政府的垮台基本上可以说都是因为它。之后，统领了整个18世纪的人类思想精神也一样，它同样获得了一种近似于专制的权利以及过度的信任。它的那种冲劲是很美的、很好的，也是很有用的。如果需要做一个总结，给出一个最终的观点的话，我会毫不犹豫地说：在我看来，18世纪是历史中最伟大的一个时代，是造福人类最多的一个时代，是进步最多、最广的一个时代；如果可以的话，我会把它比作案件当中的公诉人，因为它勇于表达它的意见和观点，我对它的评价是非常正面的。但不可否认，人类精神思想专制的一面毁了它，使得它对同时代的事物以及那些跟主流观点不同的思想产生了一种不合理的藐视和敌对的态度，这也让它一步步地走向了歧途和专制。18世纪末，这种错误和专制与人类理性的胜利混合在了一起，而错误和专制这部分所占的比重很大，我们不能装作不知道；我们应该让大家对此都有了解，而不是避而不谈。我认为，这部分的错误和专制尤其应该归咎于在那个年代，人类的权利得到了拓展之后，他们的精神思想发展出现了偏差，迷失了方向。但到了我们现在这个年代，我们尤其应该承认所有的权利，不管它是道德精神上的还是凡尘世俗间的，不管它属于统治管理机构还是属于民众，属于哲学家还是属于部长大臣，不管它的动机如何，只要它是人类掌管的权利，它就天生带有一种缺陷；它一定会有软弱的一面，一定会被滥用，因此我们一定要对它加以约束。只有权利、利益、观点的广泛自由，只有所有的这些元素合法地共生并得到充分的表达，整个体系才能够把每种元素和每种力量都限制在合理的范围内，避免其中任何一种力量蚕食其他的力量，让信仰自由能够真正地服务于所有人。以上就是我们从18世纪末世俗专制权力和精神专制权力的争斗中总结出来的重要结论，也是我们应该从中吸取的重大教训。

再回到我之前提到过的一点。你们应该还记得，在刚刚开始这门课的时候，我定下的目标是向你们介绍欧洲文明的整体发展情况，从罗马帝国的覆灭一直到今天。我讲得很快，有很多重要的东西没有告诉你们，对于我所讲的东西也不能全部都给出具体的例证。一方面，我不得不省略很多东西，但另一方面却又常常要求你们相信我所说的。不管怎么样，我希望我达成了我的目标，概括了近代社会发展的重大事件。请允许我再多说几句。在开始这门课的时候，我尝试过给文明这个词下一个定义并去描述它。在我看来，文明主要体现在两方面：人类社会的发展和人类自身的发展；社会、政治上的发展和内部的、精神思想上的发展。我把在这个学年里我要讲的内容限制在了社会历史这个领域上。我仅从社会的角度介绍了文明的发展情况，没有谈到人类自身的发展。这一次我没有跟你们讲到思想观念的发展史和人类精神思想上的进步史。我有一个计划，下个学年当我们再次在这里重聚的时候，我要跟你们着重地讲一讲法国的情况，跟你们一起仔细地、从不同的方面去探究法国文明的发展史。我会尝试着向你们讲述法国的社会历史和法国的人类历史，与你们一同观察各种各样的规章条例、意见观念和精神文化活动的发展，让大家能够真正地从整体上，对璀璨的法国文明的发展有一个全面的认识。无论是在过去还是在将来，它值得，我们对它最真挚的热爱。